BUSCA TU
PROPIO
Ángel

BUSCA TU PROPIO Ángel

LOS CUATRO PRINCIPIOS PARA HONRAR
A DIOS Y REVOLUCIONAR TU VIDA

LILIANA GEBEL

ORIGEN

Busca tu propio ángel es un libro escrito única y exclusivamente como fuente de inspiración, motivación e información. El contenido no debe utilizarse como recurso sustituto de las evaluaciones y/o recomendaciones de su médico, psicólogo, educador o profesional cualificado en cada área. Debe consultar con un profesional certificado antes de tomar cualquier acción.
La mención de compañías, organizaciones o autoridades no implica responsabilidad por parte de la autora o la editorial, así como no implica vínculo alguno entre estos y la autora o la editorial. Las informaciones de contacto como direcciones de internet, textos o redes sociales que se proporcionan son de apoyo, no implican ninguna obligación ni relación contractual y estaban vigentes al momento de imprimir este libro.

Primera edición: noviembre de 2019

Diseño de cubierta: Dogo Creativo
Fotografía de la autora: Godo Valladares
Arte caligráfico: Vivian Furlong
Edición: D'Paz Editorial

ISBN: 978-1-644730-43-0

Impreso en Estados Unidos – *Printed in USA*

Penguin
Random House
Grupo Editorial

A mi papá, "mi nego amado": con tu simpleza, me enseñaste a ver la vida de una manera diferente. Hace tres décadas que te fuiste de nuestro lado y, aunque aquel cáncer pareció ganar la primera batalla, lograste tu victoria final, llegando a la presencia del Señor tal como anhelabas. De alguna manera, fuiste el catalizador y mi inspiración para esta obra.

ÍNDICE

PRÓLOGO

Este no es un libro que hable de ángeles o de apariciones místicas; aun así, me gustaría contarte una historia que transcurrió durante un caluroso diciembre de 2003 en Argentina. Estábamos a punto de estrenar una obra teatral en el estadio Luna Park, de Buenos Aires, y un día antes nos tocaba la prueba de sonido y el ensayo general.

En la industria del entretenimiento, se ha acuñado la frase: "En la víspera, siempre faltarán cosas por probar y, aun así, el *show* debe comenzar". Y, en efecto, estábamos por confirmarlo ese mismo día. Obviamente, la jornada de ensayo se nos pasó volando; llegó la madrugada y el personal necesitaba ir a descansar, aun a sabiendas de que al día siguiente no podríamos continuar con las pruebas, puesto que el público llegaría pasado el mediodía para la primera función. Aún faltaba verificar parte de las escenografías, las pantallas y la iluminación, y lo fundamental en una puesta teatral: ensayar con el vestuario y ver si se llegaba a tiempo con los cambios. O sea, era un verdadero caos.

Aquella noche nos fuimos a la cama con una sensación de angustia muy profunda; la recuerdo como una de las más preocupantes de toda nuestra vida.

Liliana siempre tuvo una sensibilidad espiritual asombrosa, así que, sin perder la calma, recuerdo que me dijo:

—No tienes de que preocuparte, todo saldrá bien.

—¿Qué te hace pensar que todo saldrá bien, si ni siquiera hemos terminado el ensayo técnico? —respondí enfadado.

—Bueno... —replicó calmadamente—, no hay mucho más que podamos hacer.

—¡Tiene que haber algo más! ¡Mañana es el espectáculo!

—Bueno, supongo que aún podemos orar para que Dios envíe a sus ángeles a hacer lo que resta.

Parecía una idea descabellada, pero era muy tarde y nos habíamos quedado sin opciones. Y aunque sonaba más bien a un paso de comedia, eso fue lo que hicimos.

Después de todo, ella estaba calmada y supongo que podía pensar con más claridad que yo.

Pedimos que Dios asignara ángeles en el escenario y en las escenografías, en las luces y en las pantallas. ¡Y estoy seguro de que rogamos por una buena docena de querubines para el sonido, incluyendo a su ingeniero!

Finalmente, quedamos exhaustos mientras tratábamos de recordar a dónde más podríamos enviar a algún ángel desocupado a esas altas horas de la madrugada.

Ahora viene lo mejor de la historia, y trataré de relatarla tal como ocurrió.

A la mañana siguiente, Liliana se despertó primero y dirigió los ojos hacia un espejo que estaba frente a la cama. Y fue allí cuando lo vio.

Un ángel. Tal como te lo cuento: un ángel.

No estaba soñando, mucho menos alucinando y, lo que es más sorprende, no entró en pánico. Ahora entiendo por qué los profetas o la mismísima virgen María no comenzaron a gritar neuróticamente al encontrarse con uno de ellos: Liliana vio un ángel en nuestra habitación y sintió una extraña sensación de paz.

Sé que mueres por los detalles y trataré de recordar algunos.

Ella relata que era medianamente alto, con cabello rojizo y crespo, y, al parecer, cumplía con su guardia nocturna apostado en nuestra habitación. Como un soldado en lo alto de un muro, protegiendo el fuerte. Ida y vuelta, una y otra vez, trazando una suerte de camino invisible paralelo a nuestra cama. Suponemos que el Señor no le advirtió a su ángel que Él, por alguna razón, le abriría los ojos espirituales a Liliana para que pudiera ver a su emisario celestial.

Llegamos a esa conclusión porque, cuando Liliana apartó sus ojos del espejo para verlo cara a cara…, ¡el ángel se sorprendió de manera evidente! Supongo que él daba por sentado que no lo estaban viendo. Liliana sonrió y el ángel se esfumó, no sin antes hacer un gesto del tipo: "Bueno, supongo que ya me viste, ¿no es así?".

Cabe aclarar que no tuve parte alguna en este encuentro cósmico; dormía profundamente, que es lo que se supone que uno hace cuando un ser celestial vela por tu descanso.

—No tienes de qué preocuparte —me dijo Liliana apenas me desperté—. Los ángeles ya están haciendo las tareas a donde le pedimos a Dios anoche que los enviara.

—¿Cómo puedes estar tan segura?

—Acabo de ver a uno de ellos, justamente aquí, en el dormitorio.

Te aclaré al inicio que este no es un libro sobre ángeles, pero aun así, me pareció oportuno relatarte este maravilloso incidente, luego de preguntarle a Liliana si me permitía hacerlo. Quizá porque me pareció que la esencia de estas páginas le hace honor al título. Deja que intente explicártelo de esta manera: hay cosas que solo pueden resolverse en el mundo sobrenatural, situaciones que no tendrán salida posible a menos que Dios y sus ángeles intervengan en la ecuación. De hecho, me gusta saber que hay cosas en nuestras vidas que no resisten explicación lógica y que no podrían haberse llevado a cabo sin una intervención sobrenatural.

Aquella noche en el estadio Luna Park fue el vívido ejemplo. Todo salió a la perfección. Ya sea que lo creas o no, estamos seguros de que el Señor envió por lo menos a un centenar de ángeles en nuestra ayuda. Me gusta pensar que muchas situaciones de la vida no admiten explicaciones racionales. Celebro todo aquello que no pueda ser explicable si lo sobrenatural está en medio del asunto.

Pero hay ciertas cosas en las que Dios no intervendrá, a menos que hagamos lo que nos corresponde. Un ángel no te enviará un empleo mientras duermes hasta el mediodía. Otro ángel no te enviará un cónyuge mientras tienes lástima de ti mismo y ni siquiera te acicalas para lucir presentable. Una compañía o una iglesia no crecerán mientras sus líderes se dedican a viajar en un crucero o a dormir doce horas diarias. Y un cuerpo y una mente no se mantendrán saludables mientras su dueño tenga una vida desordenada, ingiera cualquier tipo de comida chatarra en cantidades industriales y descuide su mente y su corazón.

Por eso, a Liliana le asiste más de una razón para escribir este libro de una manera magistral; porque estoy convencido de que cualquier persona que hubiera tenido un encuentro sobrenatural con un ángel, como le sucedió a ella, si tuviera la posibilidad, escribiría todo un libro sobre el tema, intentando sumar testimonios de otros casos similares. Y acto seguido, añadiría unas cuantas lecciones de cómo cruzarte de brazos mientras los seres celestiales hacen el trabajo por ti. Sin embargo, en esta ocasión, la autora aborda una temática que será un parteaguas respecto a todo lo que hemos leído hasta la fecha, ya que quizá fue justamente aquella experiencia la que, de alguna manera, la llevó a plantearse una pregunta crucial para poder navegar mar adentro por las páginas de este libro: ¿Y si, en algunas cuestiones específicas, nuestro ángel asignado… fuéramos nosotros mismos? El solo planteamiento de la interrogante hace que quiera devorarme todos los capítulos en una sola noche, aun con lo controversial que esto puede sonar.

"Hay muchas situaciones que sabemos que no podemos evitar, pero la mayor parte está en nuestras manos —escribe Liliana en un fragmento de esta obra, y agrega—: En ti está la voluntad para tomar la decisión de tratar, curar y superar los problemas que quizá han aquejado tu mente durante años".

Fui un mudo testigo del arduo trabajo de Liliana al investigar acerca del cuidado de nuestro templo, incluyendo sus distintas *habitaciones*, como el cuerpo, el alma, la mente y el espíritu. Y luego de casi tres largos años (en los cuales ella enfermó gravemente de la vista y, por si fuera poco, tuvimos que afrontar un tratamiento para lo que casi pudo ser una enfermedad en los riñones de uno de nuestros niños) trabajó para plasmar conceptos muy prácticos que te ayudarán a direccionar tu vida de manera integral. Algo así como una reingeniería de base, un cambio radical en la manera de plantearnos nuestra forma de vivir.

"Amarás al Señor con toda tu mente, alma, corazón y fuerzas" es el pilar que sostiene la estructura de estas páginas. Y lo que hace Liliana con precisión quirúrgica es plantear cada capítulo como si fueran vagones de un tren que transitan sobre el riel de la pregunta: ¿Cómo lograremos amar a Dios en cuatro dimensiones si no cuidamos, como un celoso ángel asignado, esos cuatro componentes?

Tienes en tus manos un libro muy atinado para la época en que vivimos. Percibo que será uno de esos manuscritos que nunca pasarán de moda porque no está apegado a una teología novedosa y mucho menos pretende ser una oda ponderando la idea preconcebida del feminismo mal entendido.

Este es un proyecto que llega en el momento oportuno por la simple razón de que hoy los especialistas han arribado a los mismos principios que la Biblia ha pregonado por años. Todo lo que no cuides repercutirá en tu espíritu, se somatizará en tu salud y perjudicará tu calidad de vida.

Cuando la gente es neurótica, cuando tiene un sentido de prisa interior permanente, es propensa a tener el doble de riesgo de sufrir un infarto. Cuando alguien es pesimista, tiene mucho más riesgo de gestar enfermedades autoinmunes y de padecer cáncer.

Si, además, no logra tener paz, corre un mayor riesgo de desarrollar enfermedades degenerativas y de dañar su sistema inmunológico. El dolor no solo es una cuestión de opioides porque, cuando algo te duele, te duele también la vida; y tarde o temprano todo termina gravitando en tu salud.

"No creas que es un libro de recetas o de ejercicios —señala Liliana—. Sin embargo, te compartiré todo aquello que me ha funcionado y todos los secretos que, gracias a lo curiosa que soy, he descubierto a lo largo de estos años".

Y otra vez le asiste la razón porque, a lo largo de cada capítulo, Liliana, con habilidad, entreteje magistralmente la gran literatura, sumada a las verdades bíblicas, con ejemplos concretos de la vida y principios orientadores. Ella utiliza un estilo ameno y transparente, logrando que sea un placer leerlos. El enfoque persuasivo de su autora les confiere a estas páginas un tono personal único. Si a ello le sumas el trasfondo de Liliana como *health* y *life coach* y en el asesoramiento de imagen, entre otras áreas, eso añade un plus que nos provee herramientas para lograr una vida que ame y honre a Dios en sus cuatro dimensiones.

Con absoluta objetividad, quiero destacar que Liliana tiene un don para crear un tapiz elegante mediante su prosa cautivadora, adornado siempre con su experiencia personal, del cual emana una convicción profunda de querer hacer cambios intencionales.

¡Las mujeres lo van a devorar, y los hombres también deberían hacerlo!

En resumen, este maravilloso libro provee una gran oportunidad para hacer una pausa y reflexionar sobre cómo incorporar nuevos hábitos espirituales, pero sobre todo prácticos.

Te doy mi palabra de que, al leerlo, vas a escuchar solo la voz de Liliana, como en medio de una charla de café. Ella comienza a conducirte por aguas mansas entre la conjunción de la sencillez y lo cotidiano, pero poco a poco te adentra en las profundidades de las verdades bíblicas de cada principio.

Te animo a hacer este maravilloso *tour* por la flora, las cascadas y los accidentes del terreno de la literatura sencilla, pero profunda. Te aseguro que mucho antes de arribar a las últimas páginas te habrás convencido de que tu ángel ha estado mucho más cerca de ti de lo que pensabas.

DANTE GEBEL

INTRODUCCIÓN

¿O ignoráis que vuestro cuerpo es templo del Espíritu Santo, el cual está en vosotros, el cual tenéis de Dios, y que no sois vuestros?

1 Corintios 6:19[1]

Durante mucho tiempo, hemos pensado en la figura de un ángel protector, un guardaespaldas asignado divinamente, lo cual es una verdad inescrutable: "Pues Él dará órdenes a sus ángeles acerca de ti, para que te guarden en todos tus caminos"[2]. Pero ¿y si de alguna manera nosotros también fuésemos nuestro propio ángel? ¿Y si estuvieses abortando el plan de Dios para tu vida por el simple hecho de no cuidar y proteger tu propio templo del Espíritu? ¿Y si ese ángel asignado estuviese justamente frente a tu espejo?

Seguramente me conoces como la esposa del evangelista Dante Gebel. Puede ser que también hayas leído mi libro anterior *El sueño de toda mujer* o quizá por primera vez cruzamos nuestros caminos… En cualquier caso, puedo contarte que llevo casi tres décadas dedicada al ministerio cristiano *tras bambalinas*, pero he trabajado arduamente todo ese tiempo para aportar mi granito de arena propagando mi fe y promoviendo que cada persona la viva de manera integral, manifestándola en cada aspecto de su ser.

Durante todos estos años de trabajo ministerial he podido convivir con cientos…, con miles de personas y, especialmente, con muchísimas mujeres que, si bien dedican sus vidas a Dios, sirven fielmente, se congregan con regularidad e, incluso, muchas son pilares fundamentales en sus iglesias, lamentablemente no son un testimonio vivo de esa fe que profesan. ¿Por qué?, te estarás preguntando. Pues porque no hay concordancia en sus vidas. Muchas, como también me sucedió a mí en algún momento, nos preocupamos por crecer espiritualmente, pero dejamos atrás nuestras emociones, no cuidamos de nuestra mente, no progresamos intelectualmente y nuestros cuerpos quedan en el más completo abandono, como si fueran un lastre o *el pecado* mismo, del cual hay que escapar a como dé lugar.

No pienses que hablo desde la superficialidad y que ahora me he convertido en una fanática del físico, pues no se trata de cubrir solo un aspecto de nuestro *yo*. Cada parte es vital.

A lo largo de todos estos años, por ejemplo, he visto a miles de personas que, aunque se declaran fieles servidoras de Dios, viven deprimidas, llenas de resentimiento, batallando cada día en sus relaciones familiares, con problemas de salud, sobrepeso, frustradas y amargadas. Y por años, me he preguntado ¿por qué hay tantos cristianos deprimidos, enfermos y obesos si la Biblia contiene todas las claves para evitarlo? ¿Cuál es la causa de este desequilibrio que no nos deja ser reflejo de Dios desde el cabello hasta los pies, con cada palabra que emitimos, con nuestras acciones y nuestra forma de enfrentarnos a la vida?

Sucede que, paradójicamente, aunque tenemos el "manual del fabricante de nuestras vidas" —la Biblia— disponible a toda hora y podemos recitar los versículos de memoria, mantenemos malos hábitos en nuestra alimentación o llevamos un estilo de vida sedentario, por ejemplo. Y eso, aunque no lo creas, implica no dejar a Dios actuar de verdad en nosotros, pues, aunque Él realice su labor de restauración en nuestro corazón, no le permitimos seguir trabajando a cabalidad en el proyecto maravilloso de transformar todo nuestro ser a su imagen y semejanza.

No sé si te pasa lo mismo que a mí, pero por regla general jamás me iría a arreglar el cabello con quien no luce el suyo con un estilo prolijo o, al menos, bien cuidado. Por eso, siempre me he preguntado en qué minuto los cristianos olvidamos la cita bíblica con que comienza este libro, la cual nos llama a cuidar de nuestro propio templo, de nuestro cuerpo, sin mutilarlo: es decir, sin separarlo del corazón, del alma y de la mente. Y es que este *cascarón* que podemos tocar, alimentar, vestir o ejercitar es mucho más que eso. Es el sagrado contenedor que hemos recibido para conservar, cuidar y desarrollar todas esas áreas que nos forman como individuos: una mente maravillosa, un corazón que nos da vida, un alma que nos anima y un armazón complejo, pero creado a la perfección para permitir que cada *sección* de nuestro *yo* crezca, se desarrolle y honre el regalo de la vida. Y entonces... ¿por qué los ignoramos?

De la misma manera en que esa pregunta se ha vuelto recurrente en mi vida, también he doblado mis rodillas pidiendo orientación y sabiduría para encontrar la respuesta. ¡Y la encontré! ¿Sabes dónde? En mi propia historia.

Como seguramente sabes, soy de nacionalidad argentina y, como buena sureña del extremo más austral del continente, me crié entre un universo de sabores, siempre girando en torno a la comida. Seguramente te sucedió lo mismo, pues en la mayoría de nuestros países la vida, el afecto, las celebraciones y todo lo demás giran en torno a los alimentos, al festejo y a la *buena* mesa. Y aunque mi familia era bastante humilde, prácticamente durante toda mi adolescencia tuve problemas con el peso por el tipo de alimentos que consumíamos.

Casi todos estamos de acuerdo en que la mejor manera de llevar la vida es *saludablemente*, libre de enfermedades. Pero cuando queremos aplicar ese principio a nuestra cotidianidad nos damos cuenta de que no sabemos cómo ni por dónde comenzar. ¡Eso lo viví por años! Mi prioridad siempre fue verme delgada, pues era joven y no pensaba en el futuro. Sin embargo, a los veintiún años, y faltando quince días para casarme, mi papá falleció de cáncer. Tenía apenas cuarenta y nueve años. Ese hecho hizo que me replanteara muchas cosas, ya que su enfermedad y su muerte crearon en mí ese sentimiento concreto de *mortalidad*. Fue entonces que comenzó mi búsqueda por mantener un cuerpo saludable y por cuidar *mi templo*.

Desde el principio no fue una tarea fácil ni exitosa. Por aquella época no había mucha información en internet como existe ahora, así es que comencé a comprar revistas y a leer cuanto libro encontraba que hablara del tema. Con el paso de los años, comencé a estudiar y a darme cuenta de que, sin trabajo duro, no hay resultados y para eso se requiere poner en uso toda nuestra disciplina y voluntad. Nuestros padres o mentores siempre nos enseñan la importancia de tener un buen empleo y de esforzarnos para lograr metas financieras en la vida, pero no solemos aplicar esta misma regla cuando se trata de nuestra salud física ¡y ni hablar de la salud mental o emocional!

Recuerdo que una vez hablé con una persona que me contó que le encantaba estar delgada, pero su gran problema era que le gustaba, tanto o más, comer y sentía que nunca iba a lograr su meta de lucir esbelta. Por esa razón, se había dado por vencida y había escogido el camino más fácil: dejar que la ansiedad por la comida la guiara. Pensaba que, a fin de cuentas, algún día, cuando alguna enfermedad la estuviera rondando o experimentara alguna situación que la alertara, comenzaría a cuidarse. ¿Te parece lógico? ¿No suena más sensato invertir tiempo y dinero en nuestra salud, de manera preventiva, para no tener que invertir luego en el tratamiento de una enfermedad?

En mi caso, las constantes peleas e intentos por mantenerme en el peso ideal, sin la información correcta, especialmente después de tener a mis hermosos hijos, terminaron desajustando y enfermando mi tiroides. Si nunca has tenido problemas con tu glándula

INTRODUCCIÓN

tiroides, ¡no imaginas la cantidad de estragos que desata cuando se vuelve loca! Desde cambios abruptos de peso hasta depresión y una larga lista de síntomas que ya te contaré con detalle.

La buena noticia es que fue precisamente a través de todo el proceso que inicié para recuperarme y tomar el control de mi salud que encontré la respuesta a esa pregunta que me había hecho durante tantos años: ¿en qué fallamos gran parte de los cristianos que no damos testimonio del inmenso amor de Dios con nuestra imagen, nuestra actitud y nuestra salud? Y este libro no solo trata de contarte lo que me produjo resultados, sino lo que el Señor me ha enseñado durante estos años.

"¿Cuál es el primer mandamiento de todos? Jesús le respondió: El primer mandamiento de todos es: [...] amarás al Señor tu Dios con todo tu corazón, y con toda tu alma, y con toda tu mente y con todas tus fuerzas. Este es el principal mandamiento".[3] Esta cita la hemos repetido decenas de veces, pero estoy segura de que jamás has encontrado el sentido real que contiene, ¡y que es maravilloso! Pues el Señor Jesús tenía la habilidad de plantear las verdades espirituales de la manera más sencilla y concreta posible para que nadie quedara al margen de la comprensión. Y mientras los fariseos tenían una lista de seiscientas trece cosas permitidas o prohibidas, Él, en cambio, ¡las deshizo todas con esta simple declaración!

Él nos manda amar al Padre de cuatro maneras diferentes. Ahí está la respuesta: estamos llamados a amar y honrar a nuestro Dios con todo nuestro ser, sin descuidar ninguna de sus facetas. ¡No puede crecer una sin la otra! Es el amor multiplicado por cuatro. Y esa es la única manera de ser verdaderos espejos de su Palabra, de su amor y de su perfección, de la cual somos reflejo. En este libro encontrarás una manera práctica de cómo llevar a cabo este balance entre cuerpo, corazón, mente y alma para lograr amar integralmente a Dios.

No creas que es un libro de recetas o de ejercicios. Pero sí te contaré todo aquello que me ha funcionado y todos los secretos que, gracias a lo curiosa que soy, he descubierto a lo largo de estos años. Es cierto que no soy nutricionista ni tampoco doctora, pero quiero traspasarte toda mi experiencia, mis estudios en distintas áreas del cuidado y bienestar personal y mi búsqueda de cómo lograr una vida lo más sana posible.

En este libro encontrarás los fundamentos y sugerencias para balancear tu cuerpo, tu corazón, tu mente y tu alma; y lograr así amar a Dios de manera integral y coherente. Con ese objetivo:

- Abordo las enfermedades emocionales que intoxican nuestro corazón y las sugerencias dirigidas a erradicarlas para siempre a fin de honrar a nuestro donante espiritual: Jesús.
- Analizo los males del alma, desde el *raquitismo* espiritual hasta el consumo de alimentos espirituales *chatarra*, así como las maneras de sanarla.
- Examino los trastornos, distorsiones y falencias de nuestra mente que no nos dejan expresar el plan divino en nuestras vidas.
- Incluyo, además, la visión de algunas expertas y líderes de opinión que aportan su experiencia en sus respectivas áreas para apoyar tu transformación.
- Ofrezco información concreta a partir de la Biblia sobre la importancia de la salud integral, incluyendo el cuidado en la alimentación y el cambio de hábitos nocivos en nuestra vida. Un plan completo para honrar a Dios desde la punta del cabello hasta los pies.

Mi propósito es contagiarte un mensaje que sirva para incrementar tu energía, renovar tu metabolismo y mejorar y mantener una buena salud, tanto física como mental y emocional, sin descuidar tu espíritu como piedra angular.

En cada una de estas páginas, he volcado todo lo que he aprendido durante estos años, no solo para mantenerme delgada, sino para mantener mi energía, una buena salud, activar mi mente, adquirir nuevos conocimientos, sanar las heridas del corazón, perdonar y avanzar.

Estoy consciente de que, para muchas personas, especialmente aquellas más ortodoxas, sumergirse en estas páginas quizá sea un proceso un poco escandaloso y más de uno me llamará hereje o algo todavía peor. También sé que otras muchas, en cambio, van a sentirse liberadas cuando lean el libro, como, por ejemplo, algunas mujeres que mantienen sus mentes atadas a viejos paradigmas y no saben cómo liberarse para buscar el conocimiento que les permita desarrollarse de manera integral.

No te equivoques pensando que me he vuelto una férrea feminista, ¡para nada!

Honestamente, suelo pensar que el feminismo equivocado nos hace mal cuando sus reclamos nacen desde el enojo, el odio y el resentimiento. ¿Por qué pedir igualdad de género si nosotras no nos damos nuestro lugar, no nos ponemos como prioridad ni nos respetamos y cuidamos integralmente? En cambio, creo que como mujeres debemos encontrar nuestro lugar trabajando primero en nuestro interior para después poder impactar el exterior con ese brillo, esa confianza, la certeza, sabiduría, salud, estabilidad y belleza que exudamos por cada poro cuando estamos sanas, en armonía y equilibrio.

¡Cuando nuestro ser está saludable y equilibrado podemos enfrentar lo que sea! No te quepa duda alguna. Estamos perfectamente diseñadas para eso.

Te invito a que comiences a trabajar en ti para que seas el vivo retrato de la perfección divina y puedas amar a Dios en mente, cuerpo, alma y corazón, tal como nos ha sido encomendado. ¡Conviértete en tu propio ángel! ¡Cambia tu vida y la de tu familia para siempre! Y aprende a amar a Dios con todo tu corazón, con toda tu alma, con toda tu mente y con toda tu fuerza.

CAPÍTULO I

CON TODO tu corazón

Les daré un nuevo corazón, y les infundiré un espíritu nuevo; les quitaré ese corazón de piedra que ahora tienen y les pondré un corazón de carne.

EZEQUIEL 36:26[1]

La fe en Dios, en la cual fui formada desde niña y, fundamentalmente, mi trabajo pastoral, me enfrentan constantemente a demasiadas personas con corazones enfermos, cargados de sentimientos tóxicos como el odio y la venganza, atados a complejos, aplastados por la vergüenza y con anclas gigantescas que los arrastran hacia la oscuridad. Eso, tristemente, obliga a sus pobres corazones a palpitar lo que no sienten y quizá, lo que es peor, a sentir lo que no deben. Un corazón enfermo juzga a unos y a otros por lo que tienen, por sus logros, por sus propias frustraciones que intenta proyectar en los demás, y no por lo que son o por su potencial.

Mi propósito siempre ha sido ayudar a sanar corazones, pero es un trabajo mucho más complejo que preparar un plato de comida para la familia en casa, comprar un auto u obtener una maestría. De eso no cabe duda. Por eso, por mucho tiempo me dediqué a la tarea de reunir toda la información que considerara importante para cumplir con el sueño de curar los corazones enfermos y ayudarlos a vivir mejor. Así que, mientras el tiempo pasaba, me daba más y más cuenta de algo que es tan sorprendente como doloroso: como esté el corazón, de igual forma estará el resto del cuerpo de cada persona. En Proverbios, no en vano, se dice: "Sobre toda cosa guardada, guarda tu corazón; porque de él mana la vida".[2]

De hecho, en la Biblia leemos muchas veces que Dios nos advierte que debemos cuidar nuestro corazón, pero no tomamos muy en cuenta este consejo.

Recuerdo que hace muchos años, cuando aún vivía en Buenos Aires, Argentina, todas las habitaciones de nuestra pequeña casa se inundaron de un olor asqueroso, nauseabundo. Con mi esposo, pasé días y días buscando dónde estaba el origen de ese olor tan desagradable hasta dar con la respuesta. Nos dimos cuenta de que no era de las tuberías, sino la cisterna. Solucionar el problema no fue sencillo porque había que realizar una limpieza profunda y radical. Pero una vez que se limpió completamente ese depósito, ¡todas las cañerías funcionaron y olieron perfectamente bien! Pues te cuento que así también funciona nuestro corazón. Bombea sangre, se esfuerza, trabaja a toda máquina día y noche desde el momento en que empezamos a formarnos en el vientre de nuestra madre y hasta nuestro último aliento. Pero también, a lo largo de nuestra vida, experimenta situaciones que lo contaminan, que lo dañan, lo entristecen, lo estresan, saturan sus conductos…, repercutiendo en el resto de nuestro ser, y por eso debe ser cuidado y sanado.

Nuestro corazón, dicho así, científicamente, es "el músculo que bombea la sangre a todo el organismo" y es irremplazable, pues sin este motor que no deja de latir, simplemente ¡no podemos vivir! Pero no es solo un mecanismo físico de bombeo de cinco mil litros de sangre a través de sesenta y dos mil millas (más de noventa y nueve mil kilómetros) de vasos sanguíneos. Los estudios dicen que el corazón incluso segrega sus propias hormonas, semejantes a las del cerebro, y que tiene una memoria celular.

Tan vital es que en la mayoría de las culturas ancestrales el corazón era considerado un órgano *sagrado*. Para los aztecas, por ejemplo, el corazón y la sangre humana servían de alimento a sus dioses; por eso, solían hacer apoteósicas ceremonias arrancándoselo a los prisioneros cuando estaban vivos para ofrecerlo a sus deidades; de esta forma calmaban su ira y conseguían sus favores.

Honrando a nuestro donante

Imagino que has leído o al menos oído hablar de los trasplantes de corazón, ¡una maravilla de la medicina moderna! Pues, para muchas personas con graves problemas cardiacos, esta compleja cirugía suele ser la única posibilidad de seguir viviendo. ¡Es un verdadero renacer! El donante que fallece, de alguna manera, también continúa viviendo a través de quien lo recibe. Es un proceso increíble que implica una inmensa cuota de generosidad.

Una vez leí una historia fascinante en el libro *Emociones que matan*, del doctor Don Colbert, que me dejó impactada. En un simposio internacional de psicólogos y psiquiatras, un médico contó que tenía una paciente, una niña de ocho años, que había recibido un trasplante de corazón de otra pequeñita de diez años que había sido asesinada. Su mamá la llevó al consultorio de este médico porque la niña que había recibido el trasplante soñaba con el hombre que había matado a su donante. Después de varias sesiones, el médico no podía negar la realidad: la niña sabía quién era el asesino de la pequeña que le había dado una nueva oportunidad de vida. Finalmente, fueron a la policía y, utilizando la descripción que ella les dio, encontraron al criminal. La hora, el arma, el lugar, la ropa que llevaba, incluso lo que la víctima había dicho antes de que la matara…, ¡todo lo que la niña decía era exacto! Y es que no podemos separar nuestro corazón físico de las emociones. ¡Todo está conectado!

Lo más interesante de estos casos es que está comprobado que muchos beneficiados por un trasplante reciben también reacciones sensoriales y hábitos nuevos, guardados en lo que se conoce como "memoria sensorial del corazón". He sabido de historias realmente impresionantes sobre personas que, al recibir ese órgano vital, han comenzado a experimentar gustos y a realizar actividades propias de su donante, ¡a quien nunca conocieron! Y por lo general, ni siquiera saben de quién se trata. Hay algunos que, por ejemplo, cuando se recuperan del trasplante, comienzan a cantar, demostrando un gran talento para la música cuando nunca antes lo habían manifestado. Luego se han enterado de que sus donantes era cantantes o músicos. ¡Qué maravilla! ¿No te parece? Por eso, quienes corren con la suerte de recibir un nuevo corazón generalmente redoblan sus esfuerzos por convertirse en seres extremadamente nobles, disciplinados y generosos, con el propósito de honrar a esa persona que les regaló un soplo de vida…, una nueva oportunidad.

Imagina entonces, ¿qué debería suceder cuando le entregas tu corazón a Cristo? ¡Tienes la responsabilidad de honrar a tu *donante celestial*! ¡Claro que sí! Te ha regalado no solo la oportunidad de seguir hacia adelante sin importar las circunstancias, sino también un auténtico *renacer*. Cuando le entregas tu corazón a Cristo, Él también te entrega su corazón a ti. Eso implica cuidar de tu nuevo corazón. No puedes maltratarlo ni descuidarlo. Debes tratarlo tal como se hace con un valioso regalo. Debes hacer todo lo posible para que ese nuevo órgano vital esté saludable, física, emocional y espiritualmente.

Lo maravilloso de esto es que, si lo permites, los recuerdos sensoriales de ese corazón te traerán hábitos nuevos, una compasión nueva, generosidad nueva, ¡vida nueva!, pues sentirás lo que Cristo siente, a tal punto que tu corazón se quebrantará por lo mismo que se quebranta el suyo. Suena sencillo…, pero ¿realmente lo es? ¿Crees que el corazón físico sea un reflejo de lo que sucede en el corazón espiritual? Pues te cuento que las emociones negativas y, generalmente, reprimidas pueden llevar a nuestro corazón físico a deteriorarse. Seguramente habrás escuchado hablar cientos de veces sobre alguien que tuvo un infarto y, seguramente, fue después de experimentar angustia, un episodio de mucho miedo o estrés muy agudo. Y es que si quieres tener un corazón saludable, no solo tienes que tomar en cuenta tu alimentación y tu actividad física, sino también tus emociones.

Nuestra compleja telaraña

Te voy a confesar algo: tratar de definir el contenido que debía ir en cada capítulo de este libro no fue tarea fácil. Y es que no hay manera de separar nuestra vida y la forma en la que la enfrentamos en *secciones*. Estamos hechos de una forma magistral y tan precisa que cada parte de nuestro cuerpo y de nuestro ser está vinculada a otra, y todas se interrelacionan y retroalimentan. Por eso es que, si *alimentamos* a una de ellas, debemos hacer lo mismo con las demás si queremos que se desarrollen armoniosamente. Es como cuando tratas de ejercitarte para ponerte en forma: ¡no puedes trabajar solo una parte de tu cuerpo y abandonar las demás, o lucirás deforme! Así es que, escribiendo estas páginas, pude comprobar nuevamente mi postura: la única manera de crecer es hacerlo como un todo. Así de sencillo y complejo a la vez.

No podemos siquiera separar un órgano de otro para tratar de curarlo, pues para lograrlo se necesitan diversas funciones que otras partes del cuerpo se encargan de realizar. Estamos perfectamente sincronizados. ¡No estamos hechos al azar!

Ahora bien, toda esta *telaraña* de funciones interconectadas va mucho más allá. Cada día aparecen nuevos estudios confirmando que nuestro corazón es mucho más que el órgano vital de nuestro ser a cargo de mantenernos con el soplo de vida. Es algo que en la actualidad los científicos están comprobando. ¿Te das cuenta? ¡Efectivamente somos un todo! ¡Indivisible!

Las emociones que le dan sentido a la vida

Hace un tiempo, leí un artículo que me impactó enormemente. Hablaba sobre un estudio que realizó un grupo de científicos de la Universidad Keio, en Japón,[3] para demostrar que el corazón del ser humano no solo determina nuestras acciones fisiológicas, sino también nuestras emociones, tal como lo planteó hace miles de años el filósofo griego Aristóteles. Otros estudios, como uno realizado en la Universidad de Sussex, en Reino Unido,[4] también lo han confirmado. Incluso los expertos han ido más allá, explicando que el corazón tiene que ver también con nuestro cerebro. Estos investigadores probaron que el funcionamiento del corazón está relacionado con el carácter que mostramos y con nuestra conciencia interoceptiva, es decir, con la manera en que nuestro cerebro interpreta las señales de nuestro cuerpo. Lo cual demuestra, una vez más y de manera científica, que somos un TODO donde cada parte depende de las demás e interactúa con ellas.

De hecho, hoy en día, es precisamente gracias a la ciencia que se puede comprobar mucha información que ya sabían otras culturas ancestrales como la oriental y que, incluso, aparece registrada en la Biblia. Por ejemplo, te puedo contar algo que, cuando lo leí, me sorprendió muchísimo, y es que investigadores de la Universidad Concordia, en Canadá; así como neurocientíficos de la Universidad de Siracusa,[5] Nueva York, Estados Unidos; y del Hospital Universitario de Ginebra, en Suiza; a través de diversos estudios usando imágenes de resonancia magnética descubrieron el sitio exacto del cerebro donde se originan el amor, la atracción sexual y la adicción a las drogas. El lugar se conoce como sistema límbico e incluye el hipocampo y la amígdala, entre otras estructuras diminutas, pero extremadamente complejas. Aunque parezca difícil de imaginar, esa área ubicada en un rinconcito de nuestro cerebro controla gran parte de las emociones, nuestra conducta, nuestros estados anímicos y el grado de memoria que tenemos, así como las sensaciones que nos causan agrado y placer, pero que, si no son manejadas correctamente, nos pueden llevar a una adicción. ¡Imagina el grado de importancia de esta parte!

Según la medicina tradicional china, existen cinco emociones básicas: alegría, rabia, tristeza, preocupación y miedo. Todas las demás emociones serían distintas *versiones* o fusiones de estas cinco básicas y todas se almacenan en los principales órganos del cuerpo, en lo que ellos llaman "teoría de los cinco elementos". Según esto, el corazón y el intestino delgado son los encargados de la alegría, por ejemplo, la cual estimula la función del músculo del corazón y permite mantener nuestra mente tranquila, calmada y en equilibrio. O sea, de acuerdo con esto, nuestra mente estaría absolutamente ligada al corazón y al intestino. Por eso, si existe desequilibrio en torno a esa emoción, entonces comenzamos a tener dificultades para dormir, taquicardia, tristeza, problemas de concentración e, incluso, comenzamos a actuar de manera egoísta.

El corazón, según esta visión oriental, es el órgano rey, puesto que todas las emociones pasan a través de él y todas, cuando son excesivas, le afectan. Según los chinos, también filtra las emociones y es el que guarda las experiencias y aprendizajes. Interesante, ¿verdad?

Te estarás preguntando, pero… ¿por qué me debería importar todo esto? o ¿qué relación puede tener con mi visión cristiana? Bueno, es que, contrario a lo que muchos puedan pensar, esta relación del cuerpo podemos extrapolarla también a nuestra vida cotidiana y al uso concreto de los conocimientos. Pues lo que nos están probando todos los estudios y muchas de las visiones ancestrales es que parecen coincidir y debemos educarnos para tomar aquella información que nos sirve y que demuestra tener algún sentido y valor para nosotros. No en vano nuestro Creador nos ha hecho seres inteligentes y nos ha dado las herramientas para continuar aprendiendo constantemente.

Hay muchos cristianos que le tienen miedo a conceptos como *meditación, poder de la atracción* y *confesión positiva*, pero la realidad es que todo esto lo tenemos en la Biblia, que es el "manual del fabricante", como yo la llamo. En Mateo, por ejemplo, nos indica el poder que tienen nuestras palabras: "Lo que atemos en la tierra, será atado en el cielo; y todo lo que desatemos en la tierra, será desatado en el cielo".[6] Dios nos dio un arma poderosa que es la oración para que *desatemos* bendición sobre nuestras vidas. Pero a veces nos pasa que, como creemos que estas cosas no provienen de Dios, nos quedamos esperando a que Él haga el trabajo que deberíamos hacer nosotros.

Las investigaciones actuales concuerdan con esas visiones ancestrales en algunos aspectos, como la que dice que, al estar todo interrelacionado, el estado físico y emocional de nuestro corazón tiene que ver con nuestra salud cardiaca y con la manera en que tomamos decisiones. Aunque hay otras zonas que intervienen en la forma en que actuamos, nuestro músculo cardiaco también tiene mucho que ver. Por ejemplo, si nuestro corazón está fuerte y bombea suficiente sangre, cada parte de nuestro cuerpo funcionará mejor, empezando por el cerebro. Por lo tanto, tendremos una mente más clara, lúcida y seremos más estables emocionalmente. De esa forma, nuestros actos serán más responsables, nuestra memoria funcionará mejor, tomaremos mejores decisiones y ¡hasta podremos descansar mejor porque nuestro ciclo de sueño será saludable!

En cambio, con un corazón débil y con poca sangre, nuestro cuerpo será como un vehículo con escasa gasolina. Al principio, el cansancio se apoderará de nosotros y nuestra mente funcionará con dificultad. Podemos llegar a experimentar lagunas en la memoria, olvidarnos de todo con facilidad, perder el conocimiento, pasarnos la vida somnolientos y sin claridad para tomar buenas decisiones; seguramente estaremos irritables y lo más probable es que caigamos en una profunda depresión.

Enfermedades físicas del corazón

El estrés

Un experimento[7] que realizaron los científicos de la Universidad de California ha demostrado que, frente al estrés o las enfermedades que experimenta nuestro cuerpo, nuestro sistema de *sensores* capta las señales nerviosas y de inmediato le avisa al cerebro para que se prepare y defienda. Eso implica que cualquier alteración en los latidos de nuestro corazón, un aceleramiento, la sensación de estar indefensos, con temor o ansiedad, de inmediato genera cambios tanto en el ámbito físico como en el emocional, puesto que puede llegar a modificar incluso nuestra personalidad.

Cuando nos estresamos, hay manifestaciones físicas: temblamos, sentimos que nuestras piernas se debilitan, es probable que perdamos el apetito, nos apriete el estómago, palidezcamos y tengamos la sensación de estar desolados… Todo esto es gracias a las hormonas del estrés, como el cortisol, que, cuando se pasa de la raya, comienza a hacer estragos en nuestro organismo. De hecho, es bueno que sepas que, muchas veces, cuando te percatas de que comienzas a subir y subir de peso y no entiendes el porqué, si comes saludablemente y no llevas una vida sedentaria, es posible que lo que te esté sucediendo sea que tus niveles de cortisol están por las nubes y esto puede afectarte durante largos periodos. Eso genera bastantes problemas metabólicos. Uno de ellos es el llamado síndrome de Cushing, y no es otra cosa que la acumulación de grasa en el cuerpo.

Por lo general, el estrés comienza por emociones negativas, traumas o cambios drásticos en nuestras vidas. Si te pones a pensar en qué está produciéndote estrés actualmente, seguramente llegarás a la misma conclusión. El error más grande que cometemos es centrarnos demasiado en las habilidades que creemos necesitar para desempeñar cierta tarea, responsabilidad o cualquier otra actividad y esto nos genera demasiado estrés. Si quieres practicar un nuevo deporte que necesita de todas tus habilidades, ten en cuenta la experiencia que te contaré a continuación.

Me encanta hacer ejercicio: senderismo y salir a hacer cardio con mis amigas, pero no practico ningún deporte en especial. Cierta vez, fui invitada, junto con mi amiga Vera, de vacaciones a la casa de Fernanda, una amiga que tenemos en común. Ella tiene un hermoso apartamento en México frente a la playa. Después de pasar un tiempo maravilloso juntas, decidimos practicar *paddle surf* (surf de remo), este deporte consiste en mantenerse de pie en una tabla más grande que las usadas para surfear, mientras se lleva un solo remo para poder navegar.

El punto es que le tengo un poco de miedo al agua y no sé nadar muy bien, mucho menos en mar abierto. Pero después de que me confirmaron que llevaría puesto un chaleco salvavidas, decidí hacerlo. Era un desafío personal para superar ese miedo.

Comencé mi travesía arrodillada en la tabla, luego debía pararme, pero una y otra vez me caía y no lograba hacerlo. Seguí intentándolo hasta que mi instructor me dijo que decidiera ponerme en pie y lo hiciera, que no lo pensara tanto. Cuando cambió mi enfoque, pude permanecer parada por más tiempo.

Nos han enseñado que la confianza en nosotros mismos nos hace tomar buenas decisiones, pero ese día, en mi tabla de surf, aprendí que las decisiones son las que crean confianza en nosotros mismos. Esa fue una experiencia que, literalmente, adquirí a golpes, ya que los moretones me la recordaron por varios días. En nosotros está la decisión de continuar con este estrés que puede enfermar nuestro corazón o tomar la decisión correcta para apartarlo de nuestras vidas.

El estrés puede ser tan nocivo para nuestro corazón que existe una cardiopatía conocida como síndrome de Takotsubo o cardiomiopatía por estrés, comúnmente llamada "síndrome del corazón roto". Aunque muchos piensan que se refiere a morir de tristeza, por "mal de amores" o cuando se pierde a un ser querido, en realidad también lo puede ocasionar el quedarse sin trabajo o una noticia inesperada. Lo que sucede es que cuando el corazón se esfuerza tanto para responder al cuadro de estrés intenso que está pasando, se generan síntomas muy parecidos a los que ocurren cuando hay un ataque cardiaco, como dolor en el pecho, falta de aliento, debilidad, sudor frío, cambios en el ritmo, entre otros. Incluso, se ha comprobado que este síndrome es entre siete y nueve veces más común entre mujeres que en hombres, especialmente entre quienes sufren la menopausia y que han superado los cincuenta años.

Aunque generalmente los síntomas son difíciles de diferenciar con respecto a los de un ataque cardiaco de verdad, en el caso del Takotsubo son pasajeros y solo un 2 % llega a ser mortal. La mejor opción frente a la duda es buscar ayuda profesional, pero antes de eso, *prevenir*. Ya verás cómo.

Las benditas arterias bloqueadas

No hay nada que me entristezca más que enterarme de alguna persona joven, por lo general pasados los cuarenta años, que sufre un ataque cardiaco, peor aún si el resultado es fatal. Lo veo muy seguido y eso me aflige todavía más porque en la mayoría de los casos es algo que puede prevenirse. Y es que las arterias no se bloquean porque sí.

Las enfermedades del corazón son, en principio, la primera causa de muerte en Estados Unidos y las que dejan una mayor cantidad de personas discapacitadas, generalmente por el bloqueo de las arterias coronarias. Estas ocurren cuando las arterias se llenan de depósitos de grasa y se inflaman, impidiendo el flujo de la sangre y, por ende, también de los nutrientes que requiere el corazón para funcionar adecuadamente. El interior de las arterias se vuelve tan estrecho que va disminuyendo el flujo hasta que llega el momento en que hay dificultad para respirar, comienza a doler el pecho y puede terminar en un ataque cardiaco.

Por supuesto que, para que esto ocurra, hay varias razones, algunas de las cuales no podemos controlar porque son factores de riesgo como nuestra edad, origen étnico o historial familiar. Pero vamos a ser honestos, la mayoría de las veces sucede porque le "agregamos factores de riesgo", es decir: cigarrillo, alcohol, mala alimentación, falta de actividad física y poco cuidado.

Ansiedad

La ansiedad, sin lugar a duda, está muy relacionada con el estrés. Conviven: una no existe sin el otro. Ante esta emoción negativa, mi primera reacción siempre es orar, y créeme que resulta, pero muchas veces nuestra mente toma el control de nuestras emociones y no permitimos que Dios obre en nosotros. Si esto fuera así de fácil, que una oración lo resolviera todo, no habría cristianos con estrés ni con depresión ni con sentimientos negativos, ni adolescentes que atentan contra sus cuerpos. Esta es un área en la que Dios no puede entrar si primero no le damos acceso. Y para darle acceso debemos entender lo que pasa en nuestro cuerpo, mente y corazón cuando cosas negativas atentan contra nuestra vida. Cuando alguien está muy ansioso por una situación determinada, ¿cuál es el primer consejo que solemos dar?: "Cálmate". ¡Pero es lo peor que podemos decir! La reconocida psicóloga social Amy Cuddy,[8] profesora de la Harvard Business School, afirma que la ansiedad es una emoción de alto nivel de activación. Esto significa que cuando estamos ansiosos, entramos en estado de vigilancia, estamos muy alertas. El corazón late fuerte en nuestro pecho, el cortisol se dispara, sudamos y todas estas reacciones son activadas de manera automática por el sistema nervioso. Por eso es tan complejo creer que un simple "cálmate" pueda funcionar en este punto.

Ella dice que también existe otra emoción de alto nivel de activación que no es negativa: el entusiasmo. Tal vez no podamos desactivar nuestra ansiedad, pero sí podemos reemplazarla por algo tan positivo como el entusiasmo.

Cuando estamos ansiosos, también es muy beneficioso cambiar el ritmo de nuestra respiración. Hacerlo de forma consciente hace que nuestra ansiedad comience a bajar y, por ende, el estrés que produce este sentimiento.

Cuando los pensamientos negativos martillen tu cabeza, cuando ocurra algo inesperado o que se escape a tu control o cuando simplemente no sepas qué hacer, controlar la respiración y hacer inspiraciones profundas puede ayudar a tranquilizarte.

Cuerpos obesos, corazones desnutridos

Puede ser que pienses que me voy a poner majadera con el tema, pero, lamentablemente, uno de los grandes y gravísimos problemas que tenemos y que, como un efecto dominó, desencadena una serie de dificultades para todo nuestro ser es nuestra mala alimentación. Y, como ya te has dado cuenta, el que estemos malhumorados y faltos de energía o tengamos problemas para conciliar el sueño comienza por lo que nos llevamos a la boca.

Prácticamente todos los *alimentos* de la vida moderna, conocidos como comida rápida, son una bomba de tiempo para nuestro corazón porque están cargados de azúcar refinada, sal, grasas saturadas y de cuanta versión existe de aditivos y químicos nocivos para la salud.

Imagínate nada más cada vez que le pones una tocineta frita a tu desayuno. ¡No sabes la cantidad de todos esos químicos venenosos que le estás agregando a tu sistema! ¡Y que irán a parar derechito a tus arterias! Tan solo la cantidad de sodio que contiene la mayoría de los alimentos ya es más que suficiente para subir la presión arterial y, con eso, aumentar el riesgo de desatar un ataque cardiaco. Todo lo frito o productos que contengan grasas saturadas aumentan el colesterol llamado LDL, por sus siglas en inglés, (lipoproteínas de baja densidad) o *malo*; pero además, bajan el *bueno* o HDL, por sus siglas en inglés, (lipoproteínas de alta densidad). Ahora, el azúcar es otro de los grandes venenos para el corazón. No solamente aumenta enormemente las posibilidades de desarrollar diabetes, sino que también se sabe que es responsable de la inflamación en el cuerpo, contribuye al cáncer y, por supuesto, condiciona el desarrollo de problemas cardiacos. O sea, saca la cuenta de cuánto mal le haces a tu pobre corazón y a tu cuerpo en general cada vez que te das gusto con una dona.

No te equivoques pensando que ya te pusiste en la lista de personas saludables solo porque no agregas tanta azúcar a tus bebidas y, en cambio, prefieres los refrescos de dieta, pues ¡para nada! Se ha comprobado que los químicos con que están hechas estas bebidas y todo lo que les agregan para *compensar* el sabor del dulce puede hacer estragos en nuestro organismo e, incluso, hacernos ganar más peso, con lo que aumenta el riesgo de padecer problemas cardiacos.

Cuando el remedio es peor que la enfermedad

Otra de las actitudes que me preocupa mucho, pues veo que se repite entre la gente que conozco, es cuando la única respuesta que tienen a las quejas y lamentaciones sobre su estado de salud es: "No importa, porque estoy tomando medicinas para controlar mi presión. También para bajar el colesterol y otra para mantener a raya el azúcar". ¿De verdad podemos pensar que contar con una alacena repleta de pastillas puede ser la solución para mejorar nuestra calidad de vida? ¿Se puede vivir así? ¿Piensas que eso es lo que Dios quiere para ti?

Si eres una de esas personas que cree que con un arsenal de medicamentos tiene todo bajo control, lamento decirte que estás en un tremendo error. Muchos, si no la mayoría, de los fármacos que usamos a diario o constantemente tienen efectos secundarios serios, que no solo afectan nuestro corazón, sino también muchos otros órganos, lo que, a la larga, como ya sabes, va a deteriorar nuestro *templo*. Incluso, hay suplementos naturales que muchas personas utilizan para complementar la alimentación que pueden ocasionar reacciones adversas si se combinan con ciertas medicinas o, simplemente, afectan el corazón. Por eso, hay que tener mucho cuidado.

La Clínica Mayo[9] ha investigado muchísimo sobre este tema y según sus datos hay hierbas muy populares que, en el caso del corazón, podrían causar más daño que beneficios. Por ejemplo, unas que son muy utilizadas, el *ginseng* y el *Ginko biloba*, pueden aumentar el sangrado. También debemos ser cautelosos con la equinácea, el regaliz, el ajo, la cola de león y ¡hasta la hierba de San Juan que tanto utilizamos para relajarnos!, entre otros, de una larga lista de productos naturales. Por eso, es importante mencionarle a nuestro médico TODO lo que utilizamos en nuestro día a día para que sepa advertirnos sobre posibles contraindicaciones.

En el caso de los medicamentos, hay algunos tan comunes como el ibuprofeno o el naproxeno que seguramente tienes en casa. Y es que, en realidad, ¡todos los tenemos!, pues son los más comunes del mundo para combatir los dolores de cabeza, de espalda o hasta de una uña. Además, los podemos comprar en cualquier farmacia o hasta en la tienda de la esquina sin necesidad de que un médico nos dé una receta. Lo que muchas personas no saben es que desde 2005 existe una advertencia sobre su uso emitida por la FDA,[10] que es la Administración de Alimentos y Medicamentos de Estados Unidos y regula todo lo relacionado con este tema. Advirtió que su uso puede ocasionar que suba la presión arterial, así como *aumentar* la posibilidad de que ocurran derrames cerebrales e infartos. Un estudio reciente ha mostrado, además, que amplifican los efectos de bacterias como el estreptococo y agravan las infecciones. Algo similar ocurre con los antibióticos que usamos para cualquier infección y que, sin embargo, resultan muy tóxicos para el corazón. Y según la Asociación Americana del Corazón,[11] hasta los jarabes para la gripe y la tos deberían ser tomados con mucha precaución, especialmente por las personas con tendencia a la presión alta. Así y todo, la gente los sigue usando como si se tratara de un chicle.

Algunas medicinas que se usan para perder peso también son una bomba de tiempo para el corazón, ya que aumentan la presión y aceleran los latidos, ocasionando que se altere el ritmo cardiaco. Lo mismo ocurre con los de tipo anabólico para aumentar la masa muscular que suelen usar aquellas personas a las que les gusta desarrollar los bíceps sin mucho esfuerzo. Bueno, pues te cuento que son más peligrosos de lo que crees porque, entre otros problemas, pueden hacer que el corazón aumente de tamaño. También las medicinas para controlar el azúcar en la sangre, en personas diabéticas, pueden generar fallas cardiacas. Y ni hablar de otras medicinas específicas para ciertas dolencias o enfermedades. De hecho, existe un grupo de medicamentos usados para combatir el cáncer llamados antraciclinas, las cuales se sabe que pueden ocasionar inflamación del músculo del corazón. Por su parte, los que son de tipo antipsicótico, para tratar enfermedades mentales, pueden causar arritmias y aumento de peso, además de provocar que las arterias se obstruyan con grasa, con lo que también se eleva el riesgo de problemas cardiacos. Eso, por nombrar algunos. Por ello insisto, ¿vivir con esa dependencia de las medicinas te parece la solución?

Nuestros propios demonios

Llevo casi tres décadas de mi vida trabajando en la iglesia, tratando directamente con feligreses y personas que dicen amar profundamente a Dios. Y les creo. El problema es que ese amor que sienten no siempre se refleja en sus vidas. Muchas veces pasan años contribuyendo arduamente con la congregación, participando en todas las actividades y son tremendos colaboradores. Sin embargo, sus rostros son agrios, cuesta arrancarles una sonrisa… En ocasiones, sus hogares son una bomba de tiempo o un campo de batalla diario. Viven criticando a los demás, amargados por lo que no tienen, lo que fueron y ya no son o simplemente porque el clima no es el que les agrada. Si hace frío, es porque hace frío; si hace calor, se quejan porque no lo resisten… Están sumidos en un mar de amargura y lo peor del caso es que lo proyectan.

Tal como conté en mi primer libro, uno de los grandes errores de quienes sirven a Dios es creer que si su ministerio ha nacido del corazón del Señor, no producirá ningún tipo de envidia y ganará la aprobación de todos. Lamentablemente, no sucede así. ¡Lo he vivido en carne propia! No te imaginas la infinidad de veces que me ha tocado enfrentar actitudes agrias, combativas y desagradables que provienen del interior del mismo ámbito cristiano. Al principio, me costaba mucho entender por qué sucedía y me preguntaba por qué le dedicaban tanto tiempo a la crítica si se suponía que vivieran lo que predicaban.

Me costó entender que, así como existen emociones que nos llenan de vida, hay otras que son las que aniquilan nuestro corazón, lo enferman, lo saturan de basura y, con eso, se deterioran nuestro comportamiento, actitudes y relaciones. Y se dan en cualquier ámbito, incluso en el cristiano.

La culpa, la envidia, el rencor, los celos, la rabia… sabemos que son completamente negativos. Mientras el miedo nos paraliza, nos hace sentir sin fuerzas e incapaces de continuar, estas otras emociones puede que nos den —temporalmente— una sensación de poder enorme. Pero esa fortaleza no dura demasiado.

En el siglo pasado vivió un médico muy famoso llamado Ivan Pavlov,[12] quien, en 1904, ganó el Premio Nobel de Medicina por sus experimentos con perros, que cimentaron lo que se conoce como el "reflejo condicionado o pavloviano". Él demostró que podía enseñar a salivar a los perros cuando sonaba una campana. Cada vez que los perros recibían comida, tocaba la campana. Al principio salivaban ante la presencia del alimento. Con el tiempo, la asociación entre el sonido y la comida era tan fuerte que los perros salivaban aunque no les dieran comida y solo hicieran sonar la campana. Sin ir más lejos, a nuestra perrita Lady la hemos entrenado mediante una recompensa para que nos avise cada vez que quiera salir a hacer sus necesidades. Cuando no se la doy, ella comienza a salivar y eso me recuerda que me olvidé de su premio. ¿Qué demuestra esto? Que cuando se repite una acción constantemente, se convierte en una respuesta casi automática.

Nuestra vida es una serie de hábitos que repetimos diariamente y muchos de ellos, casi de manera involuntaria, como un acto reflejo. Así como las emociones positivas son parte de ella, las negativas también lo son. El rencor, la ira, el enojo, la tristeza… son respuestas casi inconscientes ante el estrés o la ansiedad que enfrentamos. Al igual que los perros del experimento, reaccionamos a un estímulo negativo siempre de la misma manera, repitiendo el mismo patrón.

Sucede que la mayoría de las personas, aun las que estamos en busca de los caminos de Dios, vamos asimilando las diferentes situaciones y emociones que experimentamos durante nuestra vida. Y el corazón, como una inmensa bolsa, va guardándolo todo: discusiones, ofensas proferidas —o, incluso, palabras que nunca se llegaron a decir—, estados de ánimo depresivos, sufrimiento en silencio, injusticias… En fin, tantas y tantas situaciones que van acumulándose todos los días. A veces pensamos que podemos convivir con ellas y que, de alguna manera casi sobrenatural, esa bolsa de dolores, de broncas, de injusticias, de preguntas sin responder, de un momento a otro, se vaciará y todo será normal. Eso suele ser un error. El corazón no aguanta, pues tarde o temprano, como el vino guardado en una bolsa de cuero, necesita una vía de escape; pero si esta no se le provee adecuadamente, romperá su estructura, la partirá y le hará grietas por las cuales, por algún tiempo, gota a gota, se irá perdiendo el vino hasta que la presión misma la haga estallar.

Puede ser que nos sepamos de memoria cada uno de los versículos que hablan de estas emociones tóxicas; sin embargo, por más que los repitamos hasta el cansancio, si esas palabras no hacen eco en nuestro corazón, seguiremos anclados a esa carga emocional tan dañina.

Pestes espirituales del corazón

¿Nuestro corazón se puede *apestar*? Pues me parece que sucede más seguido de lo que creemos y nos sucede a todos en algún momento de nuestra vida. Y le llamo *peste* a las enfermedades de tipo espiritual cuando el corazón se nos enferma por falta de sentido, de propósito, de rectitud. En 1 Crónicas se dice: "Yo sé, Dios mío, que tú escudriñas los corazones, y que la rectitud te agrada; por eso yo con rectitud de mi corazón voluntariamente te he ofrecido todo esto".[13] David se refiere a que Dios nos *escudriña* interiormente, es decir, "estudia, investiga y profundiza" lo que hay en nuestro interior como seres humanos hasta saber exactamente las motivaciones, los pensamientos y las decisiones que tomamos o queremos tomar. A veces sucede, incluso entre muchos cristianos, que si bien pertenecen a la iglesia con la intención de estar para Dios, sus motivaciones son incorrectas, pues están basadas en intereses personales para lograr de alguna forma más beneficios para ellos mismos. Por eso es importante actuar con rectitud del corazón, que no es otra cosa que "proceder con integridad, con buena intención". Y hacer lo correcto es una decisión que proviene del corazón.

Pero, entonces, después de saber todo esto… ¿qué se hace? ¿Cómo se puede honrar al donante más importante de nuestras vidas? Vayamos a eso, pero por partes.

Cómo lograr un corazón saludable

Para un motor a toda máquina

Mantén un peso apropiado
Cuando comencé a trabajar para mantener mi *templo* lo mejor posible, restaurarlo y cuidarlo, me di cuenta de cuánto ayuda estar en un peso adecuado, de acuerdo a nuestra edad y estatura. No se trata de volvernos cultores de nuestro cuerpo, pero es innegable

CON TODO TU CORAZÓN

que mientras más equilibrados estemos en nuestro peso, ¡mejor nos vamos a sentir!

Si eres una persona que tiene factores de riesgo para el corazón, como presión arterial alta, colesterol elevado o azúcar por las nubes, lo mejor que puedes hacer es esforzarte por deshacerte de lo que sobra. Se dice que bajando tan solo un 10 % de nuestro peso ya logramos regular nuestra presión arterial y limpiar nuestras arterias.[14] Si te propones al menos llegar a ese nivel como primera meta, te aseguro que le estarás dando un gran impulso a tu corazoncito.

Come con conciencia y nutre tu corazón
Comer no necesariamente es igual a nutrir. Podemos ingerir decenas de alimentos, grasas, embutidos, comida rápida o llena de grasa… y aun así seguir desnutridos. ¿Te parece difícil de creer? Eso ocurre porque estos productos suelen ser pobres en cuanto a vitaminas, minerales, proteínas de buena calidad o grasas buenas. En realidad, el aporte nutricional que poseen es casi nulo.

Es posible que te parezca muy difícil eliminar ciertos productos de tu dieta, pero si quieres fortalecer tu corazón, al menos baja la cuota de harinas refinadas, de sal, de carnes rojas, de frituras y, por supuesto, de azúcar.

Así como hay alimentos que son tóxicos para tu corazón, hay otros que son verdaderas inyecciones saludables que le dan fuerza y potencia a ese músculo maravilloso. Estos son algunos:

- Frutas como los arándanos y las naranjas. Los primeros son buenísimos para evitar la acumulación de grasa en las arterias, son antiinflamatorios y desintoxicantes; también poseen otras cualidades que ayudan al sistema circulatorio. En tanto, las naranjas también tienen un sinfín de cualidades alimenticias positivas para un corazón sano, como evitar la inflamación, disminuir el deterioro oxidativo producto del estrés y mantener el buen ritmo cardiaco, entre otras.

• Grasas saludables como el aceite de oliva, que ayuda a regular la presión, mantener limpias las arterias y controlar el colesterol. O como las semillas de chía, una excelente fuente de grasas omega que ayudan a controlar tanto el colesterol como los triglicéridos.

• Granos y legumbres, que aportan fibra y un sinnúmero de minerales. Unos granos muy especiales para el corazón son los frijoles negros, ya que ayudan con la circulación sanguínea y a mantener a raya la presión arterial, debido al magnesio y los aceites omega que contienen. También son muy buenos reduciendo el colesterol malo o LDL, gracias a su contenido de fibra soluble y vitamina B.

• Cereales apropiados como la avena. Esta es maravillosa para el corazón, pues aporta varios minerales como calcio, magnesio y potasio. Además, contiene la dosis perfecta de fibra y grasas omega que ayuda a mantener el equilibrio del colesterol, evitando la obstrucción de las arterias. Por supuesto, la idea es comer una porción adecuada, sin excederse, y verificar que no tengas una reacción adversa a este cereal.

• Frutos secos como las nueces y las almendras, las cuales contienen gran cantidad de ácidos grasos omega 3 que ayudan a reducir el colesterol malo o LDL que se acumula en las arterias. También hay estudios que demuestran su efectividad combatiendo la inflamación general del organismo, que es otro factor de riesgo para los problemas cardiacos. El único detalle para tener en cuenta es que debes comer solo una porción pequeña al día, puesto que son altamente calóricos. Por eso, los especialistas en nutrición y los doctores los sugieren como una alternativa ideal para llevar con nosotros como opción de merienda, especialmente cuando estamos fuera de casa.

Aprende a escoger y a decir no *a las tentaciones*
Conozco a muchas personas que hacen un esfuerzo enorme por mantenerse saludables, comiendo lo que de verdad les hace bien cuando están en sus hogares. Sin embargo, basta con que salgan un momentito a una fiesta o celebren un cumpleaños en la oficina o les dé un ataque de ansiedad mientras le ponen gasolina a su automóvil para que corran a la tienda y de inmediato caigan en picada, llevándose al cuerpo un paquete entero de chocolates, un bizcocho lleno de crema o una bolsa de papas fritas. ¡Todo el esfuerzo de semanas y semanas tirado al basurero! Y es que aprender a escoger tiene su proceso, en el que (ya verás más adelante) intervienen las otras áreas de tu ser que te permiten ejercer dominio propio y fuerza de voluntad.

Te animo para que te prepares diariamente para evitar caer en tentación. En esta parte *física* puedes hacerlo llevando siempre en tu mochila o bolso una merienda saludable a la que puedas recurrir en caso de que te ataquen la ansiedad o el hambre y no estés en casa. Por ejemplo, una bolsita con nueces o almendras, una manzana o pera cortada en trocitos, una barrita de proteína, además, por supuesto, de tu botella de agua o té sin azúcar para mantener la hidratación.

Cuando aprendemos a decir *no* a lo que no nos conviene, es como abrir las puertas del cielo y seguir derechito en el camino hacia nuestro bienestar general.

Agrega una recarga energética
Aun cuando te estés alimentando correctamente, en ocasiones es recomendable, en concordancia con lo que digan tu médico de cabecera y tu cardiólogo, por supuesto, agregar algunos suplementos

que ayuden a reforzar la salud de tu músculo vital. Entre los principales están el omega 3[15] que, como te mencioné anteriormente, colabora para mantener equilibrados los niveles de colesterol y triglicéridos; también están el complejo vitamínico B y el ácido fólico, el cual, además de ayudar a reducir el colesterol malo y los triglicéridos, colabora controlando la inflamación.

Elimina todo aquello que intoxique tu corazón
Los seres humanos, en general, tendemos a necesitar de *sabanitas de protección* para sentirnos más seguros ante las adversidades. Igual que algunos niños muy pequeñitos que necesitan andar con las suyas de un lado a otro para dormir o para moverse dentro de la casa mientras van desarrollando la confianza en sus padres y en su entorno, bueno, pues muchos de nosotros hacemos lo mismo y recurrimos a *sabanitas de protección* como el alcohol, el cigarrillo y, de ahí en adelante, todo lo que se nos pueda ocurrir.

Pues te cuento que esos elementos deben desaparecer de nuestro diario vivir si queremos un corazón saludable y fuerte. Desde hace décadas sabemos que el tabaco, en todas sus formas, es terriblemente nocivo para nuestro cuerpo. En principio, es uno de los principales causantes de cáncer de pulmón, de garganta y de esófago. Pero debes saber que también es completamente nocivo para nuestras arterias, venas y corazón. El humo del cigarro, ya sea que lo inhales directamente al fumar o indirectamente estando cerca de alguien que lo hace, aumenta enormemente las probabilidades de sufrir una trombosis. ¿No te parece una razón suficiente para dejarlo si todavía no has encontrado el aliciente para hacerlo?

Por otro lado, el alcohol también es nocivo. Con el tema de la copa diaria de vino rojo hay diferentes posturas. Si bien la mayoría de los médicos sugieren que una al día puede ser buena para el corazón, otros aseguran que también aporta demasiada azúcar. Lo único cierto es que el tipo de alcohol sugerido es exclusivamente el vino rojo y no más que esa medida: una copa al día. Todos los demás tipos de alcohol, pero sobre todo en exceso, son un cerillo para las enfermedades cardiacas.

Ejercita tu cuerpo para fortalecer tu corazón
Puede ser que me llegues a odiar de tanto leer lo importante que es mover tu cuerpo para lograr ese equilibrio completo de tu templo. Y es que no hay nada que logre más milagros que la actividad física constante.

Me da tristeza decirlo, pero la mayor parte de quienes se quejan de sus males y problemas físicos tienen sobrepeso por la mala alimentación y, paralelamente, por una vida sedentaria. Si le dedicáramos media hora al día a activarnos, a caminar, a nadar o a montar bicicleta, por ejemplo, pero haciéndolo con energía, podríamos no solo disminuir las probabilidades de desarrollar problemas cardiacos, sino también mejoraríamos notablemente nuestra salud, ánimo y hasta nuestra manera de enfrentar la vida.

Cuando nos ejercitamos, perdemos peso, y ya sabes que el sobrepeso es un factor de riesgo para el corazón. Pero también nos ayuda a controlar la presión arterial, así como a disminuir el estrés y regular el colesterol malo, además de incrementar las grasas buenas.

Puedes desarrollar cualquier actividad física. La natación, por ejemplo, es una excelente opción, pues no tiene contraindicaciones ni límite de edad. No deteriora las articulaciones y, en cambio, aumenta la masa muscular y la capacidad de nuestros pulmones. Los expertos dicen que, con dos horas y media de natación por semana, disminuye considerablemente nuestro riesgo de desarrollar problemas cardiacos.

Pero la actividad física más recomendada por los médicos, especialmente para quienes ya muestran algunos problemas motores producto del sobrepeso, es caminar. Es muy difícil que te lesiones caminando, no hay que tener una edad determinada para hacerlo ni tampoco necesitas de un gimnasio. Además, si caminas por tu barrio, en un parque, a la orilla de un lago, por la playa o en un sendero de montaña, el contacto con la naturaleza y con otras personas que se cruzan en tu camino será un aporte emocional maravilloso para tu estado anímico. Bastan la voluntad y las ganas de comenzar a practicarlo. Con media hora que lo realices, tres veces a la semana para comenzar, verás una gran diferencia.

¡El ejercicio es vida para nuestro corazón! No lo olvides.

Bájale dos rayitas al estrés
Ya sabes el tremendo daño que le hace el estrés a nuestro templo. No hay parte ni órgano que no se deteriore cuando, debido al estrés, comenzamos a generar las hormonas producidas por la preocupación, la ansiedad y el nerviosismo. De entre estos órganos, obviamente el corazón sale muy mal parado, pues se eleva enormemente la probabilidad de desarrollar problemas cardiacos.

Por eso, la solución es ¡bajarle al estrés! O sea, combátelo y evítalo. Me consta que no es sencillo soltar la preocupación o la ansiedad porque la mente (como ya verás más adelante) es experta en aportar pensamientos que, lejos de ayudar a relajarnos, ¡nos ponen peor!

La mejor manera de atacarlo y evitarlo es utilizando algunas técnicas de relajación. Hacer ejercicio, tal como acabo de mencionar, además de ayudarte a bajar de peso también contribuye mucho a relajarte. A ello puedes sumarle, entre otros métodos, la meditación (no, no te asustes), de la que te hablaré más adelante. Sin embargo, una de las técnicas más sencillas, económicas y efectivas es, sin lugar a duda, ¡respirar! Sí, así como lo lees. Aunque creamos que respirar no es más que un acto natural de supervivencia, automático, es también la mejor herramienta que se conoce para disminuir el estrés y contrarrestar toda la serie de efectos que desata en nuestro cuerpo. Los expertos en bienestar la denominan "respiración consciente", pues la técnica de ponerle atención a ese acto, de contar las respiraciones, de imaginar el aire entrando y saliendo de nuestro cuerpo, nos ayuda a liberar esas emociones tóxicas, como la ansiedad, expulsándolas de nuestro cuerpo. El cambio suele sentirse de inmediato, pues después de una serie de inhalaciones y exhalaciones podemos percatarnos de cómo nuestros músculos se relajan, nuestra espalda y hombros dejan de sentirse rígidos, dejamos de experimentar esa presión en nuestro estómago y nos vamos liberando de la carga y de esos pensamientos que nos atormentan.

Prometo explicarte más adelante algunas técnicas, pero intenta respirar conscientemente unas diez veces y verás lo bien que te sientes. ¡Inténtalo!

Ponle música a tus latidos
Para muchas personas, la música es una fuente de inspiración o una manera de conectar con las vivencias importantes. Puede ser que una canción te remonte a tu infancia o te haga recordar momentos felices con tus padres, por ejemplo. Otras melodías nos inspiran y nos impulsan a alabar y agradecer. Hay mucha música, especialmente instrumental o clásica, que ayuda a bajar las revoluciones de nuestra mente y a calmar nuestro corazón. Es increíble cómo escuchar una melodía por algunos minutos puede ayudarte a disminuir el aceleramiento, tranquilizarte y dejar ir esas horribles sensaciones de desesperación, rabia, impotencia o desagrado. Ahora, si todavía eres más osado, ¡cántala!

Me impresionó mucho leer un artículo sobre un estudio realizado por el Centro de Cuidado del Cáncer Tenovus y el Colegio Real de Música de Londres[16] que probó que una hora de canto al día mejora el ánimo de las personas y aumenta las proteínas inmunológicas, que son las encargadas de defender nuestro organismo de enfermedades. También reduce el estrés y mejora la salud en general. Por lo tanto, ayuda también a tranquilizar, renovar y hacer feliz a nuestro corazón. Y ya sabes, quien canta, ora dos veces...

Que tu vida sea una danza

¡No lo tomes como que te estoy animando a salir de parranda a los clubs de tu ciudad! Ni siquiera necesitas salir de tu habitación para disfrutar de la danza. El baile es una manera de adoración maravillosa cuando lo hacemos desde el corazón, con armonía y respeto hacia nosotros, hacia los demás y hacia Dios. Hay muchos versículos bíblicos que hablan de mostrarle nuestro amor a Dios a través de la danza. Uno de mis favoritos está en el Salmo 30 donde se dice: "Tú has cambiado mi lamento en danza; has desatado mi cilicio y me has ceñido de alegría".[17] Esto da por sentado que el amor y cercanía con nuestro Padre transforman nuestra vida en algo maravilloso y nos mueven a cambiar la tristeza en expresiones de felicidad y movimiento.

Es también uno de los ejercicios aeróbicos más poderosos, completos y divertidos. Fortalece nuestros músculos, nos ayuda a mejorar la capacidad pulmonar, y oxigena y activa nuestro cerebro. Pero la mejor parte es que mejora nuestro ánimo y nos pone de buen humor. Entonces, danza y danza hasta soltar todo aquello que oprime tu corazón.

Consiéntete con un baño tibio y delicioso

Si eres mamá o papá, seguramente más de una vez te tocó prepararle un exquisito baño de tina a tu hijo o hija para poder calmarlos y llevarlos a dormir. A veces se ponen muy intensos cuando se sienten enfermos, les duele algo o están incómodos con una situación en la escuela. Pues seguramente recuerdas cómo una vez que se zambulló, su actitud cambió radicalmente, ¿verdad? Lo mismo te sucederá a ti cuando te mimes y trates como una reina o rey con un baño perfumado y a la temperatura precisa. El agua es un excelente calmante natural. Aprovéchala y saca todo lo que tienes dentro.

"Purifícame con hisopo, y seré limpio; lávame, y seré más blanco que la nieve".[18]

Dedica tiempo a descansar y soñar: ¡duerme!
Una de las primeras lecciones que me sorprendieron cuando comencé a estudiar formalmente todo lo relacionado con la manera de llevar una vida saludable fue enterarme de lo importante que es para todos, y a cualquier edad, dormir lo suficiente y tranquilamente, sin interrupciones. Al principio pensé que quizá era una exageración. Sin embargo, cuando comencé a ponerle más atención a quienes acudían a mí con problemas de salud, en el trabajo o en las relaciones con sus hijos o sus parejas, me di cuenta de que, además de la mala alimentación y de la vida sedentaria que llevaban, se repetía otro elemento en común: el desorden de sueño.

Ocurre que cuando somos adultos, el ajetreo diario, las obligaciones, el exceso de actividades y la falta de disciplina nos van pasando la cuenta. Sentimos que le faltan horas al día para cumplir con todo y terminamos sacando tiempo de la noche para realizar esas tareas.

También, muchos adoptamos la mala costumbre de ver televisión o revisar correos y redes sociales en la computadora antes de dormirnos. Pues todas esas actividades, lejos de ayudar a calmarnos y prepararnos para un descanso realmente reparador, nos ponen en alerta y no logramos conciliar el sueño. Y dormir BIEN es vital para la salud de nuestro corazón y de nuestro ser completo.

De entrada, los adultos deberíamos dedicarle de seis a ocho horas al descanso nocturno. Y lo ideal es que ocurra en un horario fijo, entre diez de la noche y seis de la mañana, más o menos. Esto no es un discurso médico que se nos dé porque sí. Ocurre que durante la noche, en esas horas de sueño, se producen en el cuerpo todos los procesos químicos para repararse, pero, sobre todo, es cuando se restablecen los neurotransmisores, como la serotonina, la cual controla el buen estado del ánimo, la estabilidad y la sensación de bienestar, y es, además, la que nos ayuda a mantener el equilibrio para no sufrir ansiedad y problemas cardiacos. Por eso, siempre que alguien me consulta sobre mis principales consejos para reponer el cuerpo, el alma y la mente, en el *top five* está el dormir bien. Si sientes que tienes constantes problemas para conciliar el sueño, te recomiendo que busques ayuda profesional. Descansar es vital para un corazón sano. "En paz me acostaré y así también dormiré; porque solo tú, SEÑOR, me haces habitar seguro".[19]

Encuentra un pasatiempo que te calme, te inspire y te anime
A algunas personas les encanta la lectura y en un libro, revista o artículo de internet encuentran la vía de salida a la tensión. También puedes inscribirte en algún club donde tengas la oportunidad de analizar y compartir tus ideas, bien sobre lo que lees, o bien sobre películas. Hoy en día no importa dónde vivamos, siempre hay algún grupo entretenido. Puede ser que hasta en tu propia iglesia tengas uno, pero si no lo hay, ¡créalo!

A lo mejor te gusta pintar, y aunque no sea tu lado fuerte, ¡inténtalo! Saca todas tus emociones a través de los colores, las formas o, incluso, las texturas, si decides ser todavía más creativo. O bien, comienza a tocar algún instrumento. Da lo mismo si escoges flauta transversal o pandereta. Lo importante es encontrar esa ventanita por donde sacar la cabeza y volver a respirar aire fresco.

Protege la *mente* del corazón

Alimenta tu corazón con pensamientos e ideas constructivos
A nuestro corazón, tal como a todo nuestro ser, le hace falta *nutrirse* de lo bueno en todo orden de cosas. Y el tipo de pensamientos que llenan nuestra mente, aunque no lo creas, es determinante, no solo para su buen funcionamiento, sino para el de todo nuestro cuerpo y nuestra vida en general.

Si te fijas bien, hoy en día proliferan los expertos en programación neurolingüística y en una serie de terapias y enfoques. Quienes se dedican a ello, lo que les enseñan a las personas no es otra cosa que aprender a *direccionar* los pensamientos de tal manera que den prioridad a los pensamientos positivos, cargados de buena onda, y a las ideas agradables e inspiradoras para alejarse de la queja, lo negativo y lo destructivo.

Parece sencillo, pero por alguna razón no lo es. Los seres humanos tendemos a ser críticos de los demás y de nosotros mismos. Somos inconformistas, nos quejamos de todo y eso hace que pasemos más tiempo dando vueltas y vueltas en una rotonda de molestia y desagrado. Y eso es lo primero que debemos cambiar para tener un corazón saludable.

Muchos de nosotros acostumbramos a orar por la mañana y eso nos impulsa a seguir durante el día. Orar nos ayuda en gran medida en esa tarea de llenar la mente de pensamientos agradables. Siempre y cuando lo realicemos desde el agradecimiento y poniendo el énfasis en lo bueno que recibimos de Dios. Sin embargo, a lo largo del día, vamos perdiendo ese ímpetu de positivismo en nuestras ideas y comenzamos a caer en el círculo de los chismes, las noticias que vemos, la crítica, el tráfico, las responsabilidades, etcétera.

Te invito a que te pongas a prueba y cada vez que un pensamiento desagradable o poco estimulante cruce tu mente, lo cambies por la idea opuesta. Por ejemplo, si lo que piensas es: "Estoy atrasada para la reunión por culpa del tráfico", mejor sustitúyelo por: "En unos minutos la congestión de vehículos va a fluir y llegaré a tiempo". Puede ser que no ocurra, pero al menos pensarlo te ayudará a calmarte, evitará que te estreses y te permitirá darle otra mirada a la situación, además de disfrutar del momento de alguna manera. O si alguien viene con un cuento sobre otra persona, intenta no escucharlo. Si no tienes opción, simplemente no le sigas la corriente; piensa, en cambio, en alguna característica positiva de aquella persona de la que hablan y quédate con eso en tu corazón.

Evita a quienes maltratan tu corazón

No es sencillo liberarse de personas que nos hacen mal. Lo tengo claro. Pero es una necesidad. Es cierto que estamos llamados a atender y cuidar de los demás como hermanos e hijos de Dios que somos. Pero no es menos cierto que también estamos llamados a estar sanos antes de poder darle la mano a otro ser humano y para eso muchas veces nos toca *limpiar la casa* a fondo, incluyendo sacar a las personas que en ese momento no nos hacen bien. No en vano en 1 Corintios dice: "No os dejéis engañar: 'Las malas compañías corrompen las buenas costumbres'".[20]

Hay quienes, por más que los amemos, que los cuidemos, que nos importen, están viviendo circunstancias completamente distintas a las nuestras y, sobre todo, no tienen la disposición de dejarse ayudar. Nos complican, nos aplastan, a veces interfieren o dañan el resto de nuestras relaciones o, simplemente, no nos permiten desarrollarnos de manera óptima. A veces se trata de amigos, de compañeros de trabajo, de nuestra pareja o, incluso, de familiares muy cercanos.

No te estoy alentando a abandonar a tus seres queridos y dejarlos a la deriva en sus situaciones. Nada de eso. En ocasiones,

debemos separarnos temporalmente hasta que logremos equili-
brarnos y estabilizarnos para retomar la relación con fortaleza y
sabiduría. O bien, cuando no podemos alejarnos, al menos poner
una especie de barrera emocional invisible, para que todo aquello
que sale de ellos y que sabemos que nos hace mal deje de afectar-
nos. Debemos intentar no caer en provocaciones ni en sus juegos,
que, muchas veces, no son intencionales, pues estas personas suelen
estar tan enfermas, tan deterioradas interiormente, que ni siquiera
se percatan de eso.

Recuerda que su carga emocional, espiritual y física no es la
tuya. Cada quien tiene la suya. Puedes apoyar a esa persona, orar
por ella, seguir amándola incondicionalmente, pero no involu-
crarte en sus emociones, su situación espiritual ni sus ideas. No en
vano cada corazón tiene su propio ritmo y tiempo.

Cuida lo que guarda el corazón
Como te comentaba al principio del capítulo, hoy en día se ha
descubierto exactamente dónde se *guardan* las emociones, sobre
todo las más básicas, incluyendo nuestro instinto de supervivencia.
Y como te conté, de acuerdo con la ciencia, es en la amígdala del
cerebro,[21] una diminuta área en forma de almendra que es parte
del sistema límbico, donde se ubica una especie de botón de emer-
gencia con un *ejército* encargado de defendernos emocionalmente
de aquellos sentimientos que nos hacen mal. Esa parte intenta mantenernos limpios de emociones como la ira, el miedo, la tristeza, los
celos, la codicia y una que arrasa con nosotros: la culpa.

Repito, no hay manera de separar nuestras áreas de acción.
Prueba de esto es que basta que se desate una emoción tan poderosa como el miedo para que nuestra mente empiece a funcionar
con pensamientos aterradores que incrementan el pánico y la ansiedad. La emoción empieza a aumentar y nuestro cuerpo reacciona… Nuestras manos pueden comenzar a sudar, se dilatan las

pupilas, se contraen los músculos y nuestro corazón palpita tan rápido como puede.

Se sabe que la amígdala es la que se encarga también de hacer que no olvidemos por completo aquellas situaciones que, en el pasado, en nuestra infancia, por ejemplo, nos han hecho sufrir o nos han generado traumas. Aunque nuestra mente sea una maravilla que bloquea ciertos recuerdos para permitirnos seguir adelante, en esta parte, la memoria los sigue conservando, de manera que, si en algún momento siente que estamos ante el peligro de volver a experimentar algo similar, apenas ve las señales, nos trae de regreso esos recuerdos en un intento de evitarnos otro dolor o peligro. Digamos que "nos pone sobre aviso" ante el riesgo.

Aprender a controlar esas emociones negativas o básicas nos ayuda a mantener un corazón emocionalmente saludable y un cuerpo, en general, en mejores condiciones, porque evita toda la cadena de reacciones *de defensa* ante el peligro. No podemos olvidar todas las situaciones que nos han hecho sufrir o pasar malos ratos porque son parte de nuestra evolución personal y son las que nos permiten adaptarnos a las situaciones de manera equilibrada. Pero sí podemos, y debemos, superarlas, para que el miedo, la ira o la desesperación no sean las que controlen nuestra vida. Cuando esto ocurre, quiere decir que estamos desajustados en esa área y difícilmente podremos encontrar las vías y respuestas adecuadas para salir adelante.

¿Cómo podemos equilibrar esa parte? Existen terapias específicas que nos ayudan a *entrenar* nuestras emociones. Son realizadas por profesionales de la salud mental y emocional, como psicólogos y psiquiatras, que nos enseñan la manera de separar y aprender a ignorar la información que nos llega y que no es relevante para nosotros. Pero si nuestra falta de dominio no es tan aguda, podemos trabajarlas con algunas de las técnicas que te he mencionado, como el manejo de nuestra respiración, la oración, las terapias psicológicas y ocupacionales, la meditación, el ejercicio y otras opciones que te mencionaré en extenso más adelante.

Los rencores ¡al basurero!

Tan importante como controlar las emociones de rabia o miedo es deshacerse del rencor. Llevo muchos años trabajando con personas en la iglesia y he visto a muchas de ellas, que también tienen bastante tiempo sirviendo a Dios, albergar en sus corazones una pesada carga emocional que, por algún motivo, no logran dejar atrás. La mayoría guarda rencor hacia sus padres, hermanos o algún familiar cercano que fue determinante durante sus años de infancia. Las entiendo y créeme que imagino cuán difícil pudo haber sido transitar por alguna experiencia de violencia física, psicológica o abuso sexual siendo niños.

Lamentablemente, esas historias se repiten día tras día porque nuestra sociedad, en el país que sea, está plagada de modelos errados, de vicios y de patrones de conducta enfermizos. Lo sabemos. Cada una de esas experiencias por supuesto que son difíciles de superar, pero la única manera de avanzar es sanándolas, perdonando y dejándolas atrás.

¿Te has fijado que cuando nos cortamos un dedo inmediatamente tratamos de curar la herida? Y ¿has visto también que, si alguien nos hiere, no solo no hacemos nada por sanar esa herida, sino que la mantenemos en nuestro corazón por años?

Mientras dependa de nosotros, de nuestra voluntad, las heridas nunca deben mantenerse abiertas ni tampoco hay que mostrarlas constantemente. Son situaciones temporales, desafortunadas, pero circunstanciales, que se producen, pero inmediatamente debemos tratar de curarlas y dejar que cicatricen. No hay necesidad de hurgar constantemente para mantenerlas abiertas. Hacer esto es mucho más dañino y enfermizo que la *lesión* original. No nacimos heridos ni podemos vivir heridos permanentemente. En el diseño original ¡no venimos con deterioro de ninguna clase! ¡Estamos muy bien hechos!

Cada herida debe ser vendada y sanada, de lo contrario no solo va a empeorar, sino que además va a crecer, se puede infectar y afectar otros órganos como si fuera un cáncer. Es cierto que algunas personas nos hacen daño y nos causan heridas, pero nosotros también nos las hacemos, y a veces muy profundas. Pero ¿sabes una cosa? Da lo mismo cómo haya comenzado esa lesión emocional, lo que hay que hacer es concentrarse en curarla lo más pronto posible.

Dios, en cambio, ¡jamás hiere! Al contrario, Él es un experto diagnosticando, vendando, cicatrizando, desinfectando y sanando las heridas más profundas de una persona. No importan ni el tamaño ni la gravedad de la herida. De hecho, la Biblia afirma que Él puede vendar, sanar y tratar las heridas del corazón.

Ponte en el lugar de...
No es un proceso sencillo, pero mientras más tardemos en comenzar la labor de *limpieza* radical, más daño nos haremos y más tardaremos en lograr la paz, la calma, la armonía y el equilibrio para avanzar en nuestro camino livianos, ligeros y felices. Tomar la decisión de hacerlo es personal. No hay nadie que pueda entrar a un corazón herido, salvo su dueño. Seguir dándole vueltas al rencor por lo que alguien nos hizo en el pasado no tiene sentido.

La experiencia me ha demostrado que la mejor manera de sanar es intentar ponernos en el lugar del otro que nos hirió, nos maltrató o abusó de nosotros. Por terrible que parezca, ponernos en sus zapatos, al menos por unos minutos, nos ayuda a entender sus circunstancias.

Recuerda siempre que somos lo que vemos, lo que experimentamos. Vemos todo a través de nuestro propio lente. Todas las experiencias que hemos vivido los primeros cinco años de nuestra vida son las que marcan la forma en que interpretamos el mundo, cómo reaccionamos y actuamos ante determinada circunstancia. Repetimos todo aquello que nos han enseñado. Si hemos recibido amor y respeto, seremos personas amorosas, respetuosas y consideradas. Si hemos recibido violencia y maltrato, lo más probable es que también seamos personas violentas y abusivas hasta que decidamos romper con ese círculo destructivo. Algunos logran hacerlo…, otros, lamentablemente, no pueden. Sin embargo, tu carga la eliges tú.

Cuidando el corazón espiritualmente

Deja que Dios renueve tu corazón cansado
Definitivamente, el corazón es el motor del carácter de una persona. En el Antiguo Testamento no se hace referencia al corazón como órgano, sino al corazón espiritual que necesita ser renovado y limpiado por Dios. Y es que, como dije al principio, no basta solo con decir que le hemos entregado nuestro corazón a Él, nuestros hechos y nuestras acciones deben hablar por nosotros. Y para eso, debemos dejar que lo limpie, lo sane y lo transforme.

Que tu corazón se refleje en tus palabras y acciones
¿Te suena esto?: "Pero lo que sale de la boca, del corazón sale; y esto contamina al hombre. Porque del corazón salen los malos pensamientos, los homicidios, los adulterios, las fornicaciones, los hurtos, los falsos testimonios, las blasfemias. Estas cosas son las que contaminan al hombre; pero el comer con las manos sin lavar no contamina al hombre".[22] Nuestras palabras y nuestras acciones pueden llegar a convertirse en la llave que abre todas las puertas o, en cambio, en la que las cierra o, incluso, en una sentencia.

El corazón —o los pensamientos— del ser humano, en su fuero más íntimo, tiene la capacidad no solo de pensar el mal, sino también de inventar o imaginar situaciones que no son verdaderas, que no son reales, y darles entidad como si lo fueran. Así es que hacer el mal como idea venida del corazón no es solo un mal literal, sino también un mal imaginado, inventado, supuesto, que puede hacer tanto o más daño que el pensado. Es por esta habilidad del corazón que nacen, crecen y se reproducen los chismes, las murmuraciones y las mentiras más increíbles acerca de las personas.

Por eso es tan importante reflejar nuestro estado interior. Si nuestro propósito es honrar a nuestro donante, es eso precisamente lo que debe salir de nuestro ser, tanto a través de las palabras como de todo lo que manifestamos. Si nuestros labios no se van a abrir con un noble propósito o, al menos, positivo, es mejor mantenerlos sellados.

Vuela más alto que los roedores

Tal como conté en mi primer libro, a lo largo de mi vida he podido comprobar muchas veces que las personas están a nuestro lado siempre y cuando no movamos las marcas del promedio general. Y ni yo ni mi esposo pertenecemos a ese promedio. Así es que comprenderás que han sobrado y seguirán sobrando las ocasiones en que somos objeto de críticas, de incomprensión y hasta de acoso. No siempre es sencillo superarlas. Ha habido ocasiones en que he sentido que la tristeza y la molestia me pueden llegar a superar. Pero es entonces cuando me tranquilizo, vuelvo mi mirada a la fe que tengo y consiento a mi corazón.

¿Cómo es eso de consentir al corazón? Pues se trata de mimarlo y cuidarlo, dándole la importancia que tiene: la máxima. En esas ocasiones es cuando más me esfuerzo en nutrirme, limpiarme, ejercitarme y enriquecerme física, mental, emocional y espiritualmente. Me preocupo de redoblar mi empeño por consumir todos aquellos productos que me hacen bien, que me tranquilizan y me brindan alegría. Me doy pequeños gustos como una clase de ejercicios que quiero aprender, me doy tiempo para estudiar algo que siempre me ha llamado la atención saber, veo alguna película inspiradora, leo algo que me motive a crecer y suelo dar un paseo por algún lugar maravilloso. Todo para que mi corazón recupere la estabilidad, las fuerzas y esté listo para continuar.

Pero ¿qué hacer con toda esa negatividad que a veces nos rodea y que no deja de estar presente? Bueno, tal como conté en mi libro anterior, recurro a una historia que leí, en la que se cuenta cómo un piloto de aviones logró superar el pánico y repulsión que le dio ver su cabina llena de ratones que deambulaban entre sus pies mientras él estaba pilotando a varios kilómetros de altura. Lo hizo subiendo más alto. ¡Exactamente! Los roedores no sobreviven con tanta altura. Por eso, siempre que sientas a los *roedores* tratando de sabotear tu *vuelo*, sube más alto. Ellos ¡no lo van a soportar!

Recuerda que...
Por sobre todas las cosas cuida tu corazón, porque de él mana la vida.[23]

CAPÍTULO II

CON TODA tu alma

Se alegró por tanto mi corazón, y se gozó mi alma; mi carne también reposará confiadamente.

SALMOS 16:9[1]

No hay otra cita bíblica o, incluso, una frase que para mí refleje de mejor manera la relación tan estrecha, intrínseca e indisoluble que existe entre cada aspecto de nuestra vida (cuerpo, mente y alma) que la de Salmos 16:9. Si se nos ha instado a amar con todo nuestro corazón, con toda nuestra alma, con toda nuestra mente y nuestras fuerzas, ¡es porque estamos diseñados para hacerlo!

Esta cita maravillosa lo confirma de tal manera que, además, nos explica cómo, con un corazón sano y alegre, nuestra alma *goza* de plenitud, y esto se ve reflejado en nuestro cuerpo. ¿No se trata de eso la vida espiritual? ¡Expresar ese gozo interior con cada poro de nuestro cuerpo!

Un corazón saludable, como vimos en el capítulo anterior, tiene que ver con emociones sanas, está limpio de toxicidad emocional. Eso repercute y está directamente relacionado con un alma satisfecha que permite que podamos descansar plenamente, sentirnos en paz, en calma. Todo lo cual, finalmente, es el equivalente a una buena salud en el más amplio sentido de la palabra.

El término *alma*, de acuerdo con su raíz latina *anima*, se refiere a la capacidad inmaterial o principio de los seres vivos que nos permite la respiración, el movimiento, ¡el aliento de vida! Aunque, históricamente, parte importante del mundo científico siempre ha sostenido que el alma realmente no existe o no representa una necesidad para explicar lo que nos distingue como humanos de otros seres vivos, lo cierto es que para los creyentes, sea cual sea su religión, el alma es vital.

No se trata de un mito ni de una idea de la Nueva Era. Para algunos filósofos, como Platón, tanto el cuerpo como el alma conformaban al ser humano. Mientras el primero era temporal e iba deteriorándose con el tiempo hasta acabarse, el alma, en cambio, era inmortal y la base de la sabiduría. Otros filósofos la equiparaban todavía más a la idea de ser la fuente o la chispa de vida, comparándola incluso con el fuego. Esta fue una idea que muchísimos siglos después siguió dando vuelta en la cabeza de algunos científicos, quienes compararon el alma con impulsos eléctricos.[2] De manera similar, se ha discutido si el alma está ubicada en el corazón, en los riñones, en el cerebro o, como se ha dicho de forma más reciente luego de algunos estudios, en el sistema nervioso central. Independientemente de todas las teorías, propuestas, conjeturas e ideas, para nosotros, los cristianos, el alma es simplemente el soplo de nuestro Padre que nos permite ser más que un cuerpo inanimado.

El término hebreo equivalente a alma es todavía más amplio y considera el todo: nuestra capacidad para sentir, pensar y actuar a través de la voluntad. De hecho, según los estudiosos de la Biblia, en el Antiguo Testamento nuestro ser era considerado una entidad completa, imposible de separar y creada a imagen y semejanza de Dios (ya ves como no hay manera de disgregarnos por secciones). En realidad, esa visión de *separarnos* corporal y espiritualmente es mucho más moderna.

¿Cuál es el papel del alma?

Muchos, a lo largo su vida, se han preguntado si efectivamente existe el alma, qué es exactamente, cómo podemos reconocerla y, sobre todo, cuál es su objetivo. Para muchas comunidades indígenas, incluso en la actualidad, el alma es tan delicada y frágil que puede ser robada hasta tomándose una simple fotografía… Para nosotros, como cristianos, la respuesta es más clara: es lo que nos conecta con nuestro Padre y aquello que permanece para siempre, pues cuando nuestro cuerpo quebrantado y viejo deja de servir como contenedor de nuestro ser, el alma se libera y nuestro espíritu reposa en espera de vivir para siempre junto al Creador. ¿Hay algo más hermoso que eso?

Es esa parte inmaterial la que nos permite crecer, avanzar, soñar, actuar y trascender. El cuerpo es nuestro vehículo para poder manifestarnos, pero sin un alma activa y poderosa, el resto es un cascarón vacío e inanimado. Eso explica por qué personas que sufren de terribles enfermedades o síndromes, o que han tenido terribles accidentes, y cuyos cuerpos quedan reducidos a la mínima expresión, no obstante su situación, son seres llenos de vida, magnéticos, que se hacen notar y cuya presencia se vuelve completamente vital. Hace un tiempo, leyendo las noticias sobre su muerte, recordé la primera vez que vi una entrevista con Jacqui Saburido, una joven venezolana que, tras ser víctima de un terrible accidente cuando apenas tenía veinte años, el cual la dejó con un 60 % de su cuerpo afectado por quemaduras de tercer grado, se convirtió en portavoz de la campaña en Estados Unidos para conducir responsablemente. Era impresionante ver cómo, tras su rostro y cuerpo completamente desfigurados, había una fortaleza, un magnetismo y un propósito tan inmensos que emocionaban a cualquiera y traspasaban lo físico.

Entonces, uno se pregunta, ¿cómo un cuerpo casi inexistente logra que una persona se haga notar de tal manera? Muy simple:

73

por un alma potente, con energía y desarrollada, que trasciende todo lo material.

Dios nos ha hecho capaces de eso y de más. Nos ha dado la capacidad de entrar en contacto directo con Él para crecer espiritualmente y estar en permanente comunión, para vivir de la manera que Él quiere que vivamos y para la cual fuimos creados: plenos y felices.

Especialmente los cristianos, es decir, quienes aceptamos a Cristo como nuestro Salvador y el eje de nuestras vidas, estamos llamados a ser la expresión completa de ese estado de plenitud de mente, cuerpo y alma. Pasamos a ser nuevas criaturas, nuevas personas, porque gracias a su presencia en nosotros tenemos nueva vida. Por eso, en algunas iglesias se nos llama *renacidos* o nacidos de nuevo.

¿Dónde está el problema?

Si hemos sido creados espiritualmente para *contener* a Dios, para estar en constante comunión con Él y vivir esa naturaleza de perfección…, entonces, ¿dónde está el problema que nos hace vivir al límite de nuestras posibilidades, por debajo de lo que podemos llegar a ser? Más aún, ¿por qué tantos y tantos cristianos no logramos vivir acorde a esta relación con Dios, incluso intentándolo?

La Biblia, en Filipenses, dice: "Regocijaos en el Señor siempre. Otra vez digo: ¡Regocijaos!".[3] Es decir, no solo nos insta a "alegrarnos en la comunión con Dios", sino que lo destaca. Y en más de una oportunidad me he puesto a pensar qué significa realmente ese mandato. Tener regocijo significa estar alegres. Entonces me di cuenta de que quizá el secreto que, como cristianos, hemos olvidado o no le hemos prestado la adecuada atención es que el Señor nos llama a estar gozosos siempre. Pero sucede que, en la cotidianidad, en el diario vivir, ¡no podemos hacerlo! ¡Es imposible estar constantemente alegres a pesar de cualquier circunstancia! Por supuesto que los cristianos, al igual que cualquier otro ser humano, estamos expuestos al quebranto, a la necesidad, a la enfermedad, al dolor, al abandono, a la depresión, a la falta de trabajo, al hambre, a la injusticia... No somos personas perfectas. ¡Al contrario! Lo más probable es que debido a nuestras imperfecciones hayamos llegado a buscar a Cristo. Sin embargo, es una decisión personal poder lograrlo.

Muchos piensan que creer en Dios e ir a la iglesia regularmente los vuelve inmunes a los problemas o que son una especie de seres inmortales y nada los puede tocar, pero cuando vienen los problemas se frustran y sienten que algo malo pasa con ellos. Debes tener claro que ¡Dios nunca nos prometió eso en la Biblia! Lo que sí sabemos, al igual que el salmista (Salmos 23:4), es que cuando pasemos por valles de sombra o de muerte, Él estará con nosotros. Y esa es una hermosa promesa.

La Biblia es como un muestrario de todas aquellas travesías y momentos complicados, a veces hasta crueles, que sufrieron los profetas y discípulos tanto en el Antiguo como en el Nuevo Testamento. Un ejemplo clarísimo es Pablo. Él estuvo varias veces en prisión y de manera injusta. Y mientras estaba en cautiverio, se dedicó a escribir varias cartas que ahora forman parte del Nuevo Testamento. Entre estas, Efesios, Filipenses, Colosenses y Filemón. Lo más normal para alguien que está privado de su libertad es que, a través de esas cartas, saque toda su rabia, rencor y sentimientos de impotencia o hasta de depresión por lo que le toca vivir: "Oh, pobre de mí y la miseria que estoy pasando..." Pero, en cambio, él tuvo una actitud completamente opuesta, la cual quedó plasmada en la carta dirigida a la iglesia de Éfeso: "Toda la alabanza sea para Dios [...], quien nos ha bendecido con toda clase de bendiciones espirituales".[4] Podría haberse sentido la persona más desdichada de la tierra, sin embargo, les dijo a los colosenses que en Él tenemos plenitud de vida [5] Y no solo eso, sino que durante todo su tiempo en prisión siguió predicando el Evangelio, ganando decenas de almas para Cristo, incluyendo la de su propio carcelero y de otros prisioneros. Y es que mostrar una actitud como la suya, en momentos de crisis o adversidad, ¡es el mejor testimonio que podemos dar de coherencia con nuestra fe!

Al igual que nos sucede cuando intentamos tener un corazón saludable, para estar espiritualmente saludables debemos reconocer la unidad entre lo que profesamos y nuestras acciones. Como dice Santiago: "la fe sin obras es muerta".[6] Y nuestra alma se empobrece, se aniquila y enferma si no ejercemos nuestro derecho a crecer espiritualmente. Ahora te explico por qué.

Enfermedades del alma

Raquitismo espiritual

"Jesús les dijo: Yo soy el pan de la vida; el que viene a mí no tendrá hambre, y el que cree en mí nunca tendrá sed".[7] ¡Qué palabras tan poderosas! ¡Qué inmensa garantía de ser el alimento y la bebida precisa que necesitamos para estar plenos, saludables y bien nutridos espiritualmente nos da Juan 6:35! Es la respuesta precisa que nos hace falta para tener la certeza de que en Jesús tenemos todo lo necesario. Sin embargo, no todas las personas, ni siquiera todos los cristianos, logramos sincronizarnos a tal punto de sentir todas nuestras necesidades satisfechas. Por eso es que hay tantos problemas, tanta gente enferma, con depresión, con trastornos y una vida de lamentos y tristeza, incluso en las congregaciones.

Hace un tiempo, de hecho, cerca de nuestra ciudad en California, nos sorprendió enterarnos de la noticia acerca de un pastor que conocíamos, quien estaba casado, tenía dos pequeñitos hermosos y una iglesia activa, pero un día simplemente se suicidó. Fue muy impresionante para todos los que escuchamos lo sucedido, e imagino cuán impactante tiene que haber sido para sus feligreses, pues era la persona a la que escuchaban, a quien seguían…, su líder.

De inmediato, mucha gente se acercó a mi esposo y a mí con las preguntas naturales que se hacían: "¿Cómo era posible que alguien que conocía a Dios no hubiera podido con su depresión? ¿Por qué no pudo superarla? ¿No se suponía que él tuviera más herramientas que muchos de nosotros? Entonces, ¿qué falló?". No podemos responderlas ni estamos para juzgar. Lo único que sabemos de manera objetiva es que no pudo con toda la carga que traía sobre sí y que nadie más que él y Dios conocían. Puede ser que, además de una gran tristeza, cargara con culpa o angustia, o quizá era algo químico en su cerebro, pues hoy en día sabemos que eso sucede y que en la mayoría de los casos hay tratamientos disponibles que un especialista puede ofrecer (ya hablaremos de eso). En su caso, no pidió ayuda a las personas cercanas a él ni tampoco a un profesional; incluso, Dios tampoco lo pudo ayudar, y no porque no quisiera hacerlo, sino porque el mismo pastor no supo de qué forma proceder. Y si eso sucedió con un siervo de Dios, ¿qué puede pasarle a cualquier otra persona que no cuenta con un arsenal de herramientas espirituales?

Y es que decir "Soy cristiano porque voy a la iglesia" o "Soy cristiano porque dirijo una congregación" ¡no te hace más cristiano! Mi esposo siempre les dice a los jóvenes, a modo de ejemplo: "Nacer en un garaje no te convierte en un auto", y eso es una gran verdad. Que seas parte de un hogar cristiano y que hayas ido toda la vida a la iglesia no te garantiza que realmente seas una persona nutrida espiritualmente. Esto funciona de la misma manera que cuidarse para tener una vida sana. Puedes entrenar durísimo con un experto que te prepare personalmente con una rutina especial para ti, tres veces a la semana, tener tu propio nutricionista o hasta un chef especializado que te enseñe cómo comer saludable y pagar cientos de dólares en dietas y suplementos, pero si tu convicción no es real, genuina y comprometida en el día a día y a largo plazo, todo eso es tiempo y esfuerzo en vano, tirado a la basura.

Por ello, muchos sufrimos de lo que llamo *raquitismo espiritual*, es decir, estamos desnutridos interiormente, porque no le hemos dado la atención suficiente a esa parte de nuestro ser. No nos hemos *alimentado* ni *nutrido* en espíritu, aun siendo fervientes cristianos.

Consumo de alimentos espirituales *chatarra*

Al igual que cuando queremos alimentarnos saludablemente, buscamos los mejores productos, que idealmente deben ser orgánicos, sin químicos, sin hormonas, antibióticos ni pesticidas…, en el ámbito espiritual también debemos cuidar aquello que nos llevamos dentro. Pero sucede que, a veces, intentamos buscar ayuda, pero en las fuentes inadecuadas.

En ocasiones, los alimentos han expirado. A veces, aunque tenemos el "manual del fabricante", que nos sirve de base y de piedra angular para crecer espiritualmente, Dios también nos habla a través de distinta información. La ciencia, los estudios, las investigaciones, diversos autores, en fin…, hay mucha información saliendo a la luz diariamente que complementa y explica diversas situaciones que forman parte de nuestra existencia. Por ejemplo, hoy día, debido a los estudios científicos, podemos explicar mejor los procesos que ocurren en nuestro cuerpo y ayudar a mejorar la calidad de vida de las personas, gracias a distintos tratamientos, terapias, técnicas y uso de tecnología, entre otras cosas. Todo eso también forma parte de la información que vamos adquiriendo y que nos ayuda de mejor manera a entender la vida.

Lo mismo ocurre con la ayuda *extra* que nos llega. Nuestra parte espiritual podemos alimentarla buscando sitios adecuados en internet, así como autores que resuenen con nuestra fe y sean coherentes con el mensaje bíblico. Cuando nos cerramos a la información que se renueva y evoluciona, corremos el riesgo de quedarnos aislados, comiendo *alimentos espirituales expirados*, simplemente por ignorancia y por miedo.

También puede ser que estemos comiendo *alimentos dañados* porque las fuentes, aun cuando provienen de la iglesia o, supuestamente, son de origen espiritual, han caído en actitudes que no concuerdan con el mensaje de rectitud, amor, paz, tolerancia y respeto que debe regirnos a los cristianos. Lamentablemente, buscando información han llegado a mis manos libros, artículos y videos de personas que, habiendo sido formadas en la iglesia, parecen enemigas de Cristo. A lo que ellas ofrecen le llamo *alimentos chatarra*, pues ingerirlos ¡puede tener un efecto más dañino que quedarnos desnutridos espiritualmente! Esos pastores y líderes usan el púlpito para generar miedo o para criticar a otros colegas y en sus palabras se puede sentir el rencor y el odio hacia su prójimo. En otros casos, ir a la iglesia simboliza una larga lista de reglas que hay que cumplir para poder pertenecer y muchas veces, por obediencia, no nos damos cuenta de que esas reglas no concuerdan con el mensaje de Cristo…, por el contrario. En estos lugares nunca se habla del "fruto del Espíritu", de los dones o de la gracia. ¡Cuidado!

Por otra parte, conozco a muchos cristianos que aun cuando están bautizados, asisten a la iglesia y participan en grupos de oración, ante cualquier duda corren hacia un astrólogo para que les adivine el destino, les lea las cartas o les diga los números que "supuestamente" deben seguir para salir adelante, conseguir un trabajo o ganar la lotería. Ellos *adulteran* sus alimentos y se intoxican con productos contaminados.

Anémicos de alma

La anemia es el problema de salud que ocurre cuando el número de glóbulos rojos de la sangre, que son los que transportan el oxígeno por el cuerpo, disminuyen muchísimo y de inmediato comenzamos a sentir sus efectos. Andamos cansados, fatigados, muy pálidos; nos cuesta respirar, nos duele la cabeza; los pies y las manos se nos ponen fríos y nos mareamos con facilidad. Las mujeres somos especialmente propensas a la anemia. El periodo menstrual, los embarazos y todos los cambios hormonales suelen pasarnos la cuenta y nuestra sangre se debilita. Entonces, debemos acudir de inmediato al doctor para que nos recete hierro y vitamina B12 que nos ayuden a recuperarnos.

Lo mismo nos pasa en el ámbito del espíritu, pues la falta de *minerales* nos aletarga y nos deja desprotegidos. Frente a eso, cualquier situación adversa de la vida nos parece un desafío enorme y nos cansamos antes de pensar siquiera en dar la pelea. Nos faltan fuerzas para enfrentar lo que tenemos por delante e, incluso, la anemia espiritual no nos permite observar y valorar lo bueno que podemos tener.

Sistema inmunitario espiritual deprimido

Cuando el cuerpo físico está débil, lo primero que sentimos es fatiga o, cuando menos, sufrimos una gripe o resfrío con el más mínimo cambio de temperatura. Y es que nuestro organismo reacciona de inmediato y nos llama la atención para que le pongamos más cuidado, lo mimemos y le demos un poco de cariño. De igual modo nos ocurre espiritualmente: cuando nuestras defensas bajan y comenzamos a sentirnos bombardeados por problemas, por situaciones que no logramos controlar y que sentimos que nos superan, somos incapaces de enfrentar el escenario que tenemos delante de nosotros. Nuestro ejército defensivo está escuálido. No tiene suficientes soldados para enfrentar al enemigo y a su artillería pesada. En esos momentos, la más mínima adversidad se nos puede transformar en una inmensa montaña que no nos sentimos capaces de subir ni atravesar.

Trastornos alimenticios espirituales

Al igual que las personas anoréxicas, que se miran al espejo y ven a un ser gordo frente a ellas por más delgadas que estén, nosotros también podemos ver una distorsión en nuestra imagen espiritual y querer acabar con ella. Cuando estamos enfermos, no podemos ser objetivos con esa proyección, pues reaccionamos a lo que vemos, pero eso está simplemente en nuestra cabecita. O bien, somos bulímicos espirituales: personas que nos llenamos de información, pero que luego queremos expulsarla y sacarla de nuestro sistema, porque no somos capaces de procesarla y ponerla en práctica.

Cuando pienso en este tipo de personas, siempre recuerdo a aquellas que van a todos los seminarios y charlas espirituales que hay. Son las primeras en inscribirse y asisten a todas las actividades. Participan con mucho entusiasmo, saltan, aplauden y parece que han transformado sus vidas para siempre. Sin embargo, salen del lugar y al día siguiente vuelven a lo mismo de antes, a la misma rutina y con la misma actitud. Parece como si, al poner un pie fuera, ya se hubieran olvidado de toda la experiencia vivida y de lo que recibieron. Lo expulsan de sus vidas y retoman el patrón anterior.

Monitos espirituales

¿Alguna vez has visto esas figuritas de tres monitos que se cubren las orejas, los ojos y la boca? Se les conoce como los tres monos sabios: Mizaru, Kikazaru e Iwazaru, que significan "no ver el mal", "no oír el mal", "no decir el mal". Por algo se les llama "sabios". Sin embargo, recurro a esa imagen cuando pienso en la sordera, la ceguera y la disfonía o, incluso, mutismo espiritual que en ocasiones padecemos. "De oído oiréis, y no entenderéis; y viendo veréis, y no percibiréis. Porque el corazón de este pueblo se ha engrosado, y con los oídos oyen pesadamente, y han cerrado sus ojos; para que no vean con los ojos, y oigan con los oídos, y con el corazón entiendan, y se conviertan, y yo los sane".[8]

¡No queremos oír lo que no nos conviene y mucho menos verlo! La ceguera y sordera espirituales son males terribles para nosotros porque no nos permiten aceptar, recibir y valorar lo que Dios ha preparado para cada uno desde antes de que tuviéramos nuestro primer aliento de vida en esta tierra. Somos incapaces de valorar la gracia que nos ha sido dada y el nuevo pacto de amor que hace más de dos mil años hicieron por nosotros. Eso sucede muchas veces por comodidad o miedo a sentirnos sin libertad para vivir a nuestro modo. Por lo tanto, seguimos sumidos en la mínima expresión de la vida, sobreviviendo, ajenos a toda la maravillosa vida a la que podemos tener acceso.

En cuanto a la disfonía o el mutismo espiritual, no somos capaces de confesarnos abiertamente creyentes. Nos avergüenza. O no compartimos nuestras buenas experiencias por temor al rechazo y la ridiculización. Pero en Éxodo, se nos insta: "Y el SEÑOR le dijo: ¿Quién ha hecho la boca del hombre? ¿O quién hace *al hombre* mudo o sordo, con vista o ciego? ¿No soy yo, el SEÑOR? Ahora pues, ve, y yo estaré con tu boca, y te enseñaré lo que has de hablar".[9]

Infecciones espirituales

Cada vez que un virus o una bacteria ataca nuestro cuerpo físico, nuestro sistema de defensas, si se encuentra saludable, de inmediato corre a auxiliarnos. Los glóbulos blancos se encargan de dar la batalla en un proceso llamado *fagocitar*, que en biología no es otra cosa que la destrucción del ente enemigo. De la misma manera deberíamos funcionar espiritualmente.

Las fuerzas negativas, el mal comportamiento, el desgaste, las actitudes inadecuadas, etcétera (todo lo que sabemos que "no es correcto"), funcionan como un virus o una bacteria que se van sumando a otros en un ataque constante a nuestro ser. Si nuestro sistema de *defensa espiritual* no está saludable, fortalecido y alerta, el virus o la bacteria nos van a carcomer.

Lupus espiritual

El lupus es una de las enfermedades autoinmunes más comunes en la actualidad. Es terriblemente devastadora para quien la sufre, puesto que es el propio sistema inmunitario —o nuestros anticuerpos— quien se rebela y ataca las células y tejidos sanos. Es como si de pronto, por un error de *software*, en vez de defender al organismo, como es su labor, se volviera loco y empezara a atacarlo sin importar qué parte sea, desde la piel hasta el cerebro.

Lo curioso es que esta terrible enfermedad no se contagia desde el exterior, de una persona a otra, no hay un virus ni una bacteria ajenos que intervengan. ¡Somos nosotros mismos los que la causamos!

Lamentablemente, hasta hoy no tiene cura, solo existen maneras de mantenerla bajo control, para minimizar síntomas como la inflamación e intentar que el sistema inmunitario no siga hiperactivo. Es curioso, pero esta enfermedad nos viene a recordar muchos aspectos que a veces olvidamos, como el hecho de que cada persona es diferente a otra, incluso siendo de la misma familia. Por eso el lupus afecta de manera diferente a cada quien; es absolutamente *individualista*. Los médicos muchas veces se tardan años en dar con la combinación de fármacos y tratamientos para controlarlo. Para eso, deben probar varios tipos de corticosteroides, antiinflamatorios e inmunosupresores, entre otros. También suelen indicar que se debe cambiar drásticamente la alimentación para colaborar en la tarea de que el cuerpo no se inflame (más adelante te daré algunas sugerencias).

Así nos sucede con lo que llamo el *lupus espiritual*. Nosotros mismos, por inercia, pereza, cansancio o miedo, comenzamos a distorsionar nuestro sistema y nos atacamos. Nos volvemos nuestros propios enemigos y vamos destruyendo día a día todo aquello sano que teníamos: nuestras relaciones, nuestra vida familiar y laboral, nuestra autoestima y hasta físicamente nos vamos deteriorando.

Hiperventilados espirituales

En ciertos países, cada vez que una persona está acelerada, queriendo hacer veinte cosas a la vez, se dice que está *hiperventilada*. Lo había escuchado cientos de veces, hasta que sentí curiosidad por saber exactamente a qué se refería médicamente ese término, y es mucho más serio de lo que creemos.

La hiperventilación se produce ciertamente cuando respiramos más de lo que en realidad necesitamos. En eso coincide con el uso que le damos comúnmente a la palabra, pues ocurre cuando respiramos muy rápido, demasiado o exageradamente, como queriendo inspirar todo el aire de una sola bocanada. Pero ocurre que, al hacerlo, se quiebra el balance entre el oxígeno y el dióxido de carbono que pasa por los pulmones y llega a la sangre. Al cerebro le toca reaccionar de inmediato para remediar la situación y obligarnos a bajar el aceleramiento.

En el ámbito espiritual, pienso que también ocurre este fenómeno, pues a veces, en nuestro legítimo afán de crecer, de avanzar, de agradar a los demás, cruzamos la delgada línea de la moderación. ¿Cómo es esto? ¡Se nos pasa la mano! Así de simple. A veces veo como personas que conozco y aprecio, en esa búsqueda de crecimiento espiritual, se lanzan de lleno a participar en todas las actividades, seminarios y charlas. Sin embargo, abandonan sus otros aspectos, su vida personal, su salud física, sus relaciones e incluso, muchas veces, sus trabajos y hasta sus hogares. Se *hiperventilan* y tampoco eso les sirve.

Ego y soberbia espiritual

No existe peor enfermedad para el alma que el exceso de ego que podemos llegar a sentir cuando "creemos" que estamos espiritualmente por encima de los demás. Y sucede más seguido de lo que nos imaginamos. De hecho, este problema y sus excesos, que se han dado y se siguen dando en la mayoría de las religiones, se deben a que sus líderes, cualesquiera que sean, se sienten en un lugar de privilegio, mirando al resto desde un altar.

¡Nada más erróneo! Pues el mismo Jesús nos enseñó la ruta a seguir, comportándonos de manera más humilde a medida que crecemos. Mientras más aprendemos y crecemos espiritualmente, más conscientes debemos estar de que somos servidores y siervos, no jefes ni reyes. Este síndrome se ve mucho en las redes sociales. Pastores hablando desde un pedestal, juzgando a todos, sin mostrar un ápice de empatía con la gente. Parece que han olvidado que no somos nosotros los salvadores, sino quienes, con humildad, nos ponemos al servicio de Dios para ser utilizados en la tarea de compartir la información con otros.

Caparazón espiritual

Las tortugas y otros animales, como los moluscos, desarrollan un caparazón que los protege de los depredadores, así como del peligro, y se convierte en su hogar si así lo requieren. Tratar de romperlo es inútil ¡porque es durísimo! Nada puede penetrarlo. En ocasiones, nosotros también creamos un caparazón a nuestro alrededor. Suele ocurrir que lo hacemos igualmente como medida de protección. Nos hieren tanto, nos sentimos tan vulnerados, que llega un momento en que sentimos que la única manera de mantenernos a salvo es creando esta armadura, poderosa y fuerte, en la cual nos encerramos para que nadie pueda volver a dañarnos. Pero eso también nos aleja de lo bueno, de aquellas personas que suman y de todo lo positivo que podemos aprender para seguir creciendo.

Hipo espiritual

Todavía hoy en día nadie entiende bien por qué ocurre el hipo. Lo que se sabe es que se produce, de manera espontánea e involuntaria, un movimiento del diafragma, es decir, del músculo que usamos para respirar. Este se contrae y produce una forma de espasmos desagradables que a veces van y vienen durante días.

En ocasiones, también sufrimos de *hipo espiritual*, que para mí es como tener manifestaciones esporádicas de fe, temporales, que ocurren solo por etapas o momentos, pero desaparecen. No hay consistencia ni preparación. Todo depende del grado de necesidad que tengamos y de la "supuesta" respuesta que recibamos de Dios, si le hemos pedido ayuda. Si nos sirve, ahí estamos; si nos parece errada o lo que nos sucede no es lo que esperamos, dejamos de creer. Es un hipo del alma que no nos permite crecer.

¿Cómo curar el alma?

La copa SIEMPRE medio llena

Como te decía anteriormente, pienso que la clave para estar espiritualmente saludables es regocijándonos cada día. Seguramente estás pensando: "Liliana, es imposible que con la montaña de problemas que tengo, con la enfermedad que padezco, la situación financiera o legal que atravieso… En fin, sea lo que sea, ¿cómo puedo estar regocijándome con la vida?". La única vía que tenemos para lograrlo y cumplir con esa petición divina ¡es cambiando nuestra actitud!

Hace muchos años, leí un libro donde se enseñaba precisamente a darles vuelta a las situaciones de la vida para aprender a tomarlas por el lado amable o positivo, fuesen las que fuesen. Básicamente, se trataba de aprender a cambiar la perspectiva, pues el texto decía, precisamente, que en la mayoría de las ocasiones, cuando se trata de circunstancias en las que intervienen otras personas, no podemos cambiarlas. Lo que sí podemos hacer es modificar la manera en que nosotros enfrentamos el momento, nuestra actitud. ¡Eso es lo único que realmente depende de nosotros! Sé que suena más fácil de lo que en verdad es. Pero se puede, créeme que se puede.

Para lograrlo, en mi caso, a cada situación intento buscarle ese lado positivo. Por ejemplo, cada día, por más pesada que sea la carga que me toca o por más compleja que sea una situación que estoy atravesando, me levanto, miro las montañas que tengo en la ciudad donde vivo y gozo de las pequeñas cosas que veo a mi alrededor. Realizo ese mismo ejercicio espiritual cada vez que salgo a caminar, a pasear con mis hijos o cuando visito algún lugar. Intento dejar de fijarme en los detalles que no me gustan y darle espacio a aquellas cosas que vale la pena destacar y que suelen ser muy simples, muy sencillas.

Algunas personas viven a todo lo que da, como si siempre fuera su último día sobre la faz de la tierra. Es como si tuvieran una capacidad extrasensorial para observar mejor las cosas y, por supuesto, disfrutarlas más. Otras, en cambio, pareciera que siempre están con las revoluciones bajas, como si no hubiesen descansado lo suficiente la noche anterior y siempre estuvieran con sueño, agotadas. Eso les limita la capacidad de observación, de dejarse sorprender por la vida y, por lo tanto, no la disfrutan de la misma manera. Aseguran que Leonardo da Vinci dijo: "Las personas promedio miran sin ver, oyen sin escuchar, tocan sin sentir, comen si saborear, inhalan sin percibir y hablan sin pensar". Triste, ¿no te parece?

Esto me recuerda una historia que escuché en una de las prédicas de mi esposo. Existe una pequeña isla situada al sur del Pacífico, llamada Pingelap. En 1775 un tifón barrió la isla entera y mató al 90 % de su población y toda la vegetación prácticamente desapareció. Como ya no contaban con ese *paraíso tropical*, los pocos sobrevivientes tuvieron que buscar la manera de subsistir y recurrieron a la pesca hasta que la isla recuperara su esplendor natural.

Lo más curioso es que, después de ese devastador tifón, se desarrolló una peculiar genética en la nueva población. Una gran porción de la siguiente generación nació daltónica, es decir, no percibían algunos colores. Uno de cada doce niños nació con esta condición, en contraposición con el mundo, donde uno de cada treinta mil habitantes sufre esa afección. ¿La razón del aumento de esa anomalía genética en la isla? Pues se debe a que los sobrevivientes tenían ese gen poco frecuente.

Los que vemos normalmente distinguimos diez millones de colores porque tenemos siete millones de conos visuales. Los daltónicos tienen conos defectuosos en la retina. Lo triste del caso es que hay pocos lugares en el mundo con tanto colorido como la isla tropical Pingelap.

¡Cuántos andan por la vida con el mismo síndrome! Tienen cientos de verdaderos milagros a su alrededor, pero no pueden percibirlos, no los ven, no logran observarlos y, menos, agradecerlos. Albert Einstein, quien era un genio, dijo: "Hay dos maneras de vivir la vida: una consiste en vivirla como si nada fuese un milagro, la otra consiste en vivirla como si todo lo fuera". Y eso es una gran verdad. Vivir conscientes de lo que nos rodea y de las cosas simples de la vida hace que nuestro espíritu crezca.

Eso hace que, cuando vivimos momentos difíciles —porque nos toca pasarlos, ya sean de llanto, angustia, injusticia, desesperación o molestia...—, podamos superarlos porque hemos logrado que esa parte espiritual avance, evolucione y se fortalezca. Cuando estamos felices y agradecidos con lo que somos y tenemos, podemos esperar más de la vida en un futuro. No en vano, en Mateo se nos dice: "Su señor le dijo: Bien, buen siervo y fiel; sobre poco has sido fiel, sobre mucho te pondré; entra en el gozo de tu señor".[10] ¡Y es que eso hace crecer nuestro espíritu, lo eleva! De tal manera que, cuando vienen los momentos difíciles, en vez de tirarnos a llorar o quedarnos deprimidos, esa parte espiritual que hemos desarrollado es la que aflora.

Para lograrlo, no tenemos que hacer una confesión positiva ni leer libros de autoayuda porque en nosotros está ese clic que nos hace cambiar de actitud, pensando que ese trago amargo va a pasar, que es parte de la vida, pero no la vida misma. Cuando logramos hacerlo, ya no hay un conjunto de cosas negativas que nos hagan caer en depresión, pensando que siempre nos pasa lo mismo o cargando una culpa desde hace veinte años, como tampoco hay basura emocional acumulada.

Si tuviera que decir un secreto para una vida espiritual saludable, sería este: regocijarnos siempre. Y ante los problemas, ¿cómo nos podemos regocijar? Pues trabajando interiormente en los momentos de calma, de quietud, cuando está todo bien, para reforzar nuestra alma.

Lo que te hace regocijar es viajar liviano, quitando toda la carga de encima.

El gozar en el Señor tiene que ver con eso, con mirarse interiormente. Poner las cosas a los pies de Dios y dejar todos esos pensamientos negativos. Dejar que Él escudriñe nuestra mente y nuestro corazón para que después, ante las distintas situaciones, crezca nuestra parte espiritual. Como dice David en el Salmo 26: "Escudríñame, oh Jehová [...]; examina mis íntimos pensamientos y mi corazón".[11]

No cuestiones los designios, aprende a buscarles sentido

Cuando estás en un momento difícil de tu vida, en vez de preguntar "¿Por qué me pasa esto?", intenta encontrarle el propósito a esa situación, por más compleja y terrible que parezca.

A veces veo que algunos cristianos, ante un problema, como no han cultivado esta parte de encontrarle el sentido más trascendental y divino a las situaciones, acuden a Dios con ira y frustración, cuestionando sus métodos. No entienden que Dios está trabajando en ellos, tratando de quitar todo aquello que llevan cargando desde hace décadas y que esa es la razón por la que pueden pasar la misma prueba durante varios años. Luego, se cuestionan: "¿Por qué Dios permitió que me pasara esto?". ¡Pero Él no ha permitido nada!

O bien, piensan que lo hizo el diablo cuando ¡él ni siquiera ha metido la cola! Somos nosotros mismos quienes no sabemos cómo lidiar con las situaciones y no logramos trascender el momento para mirar el cuadro completo, desde arriba, con perspectiva.

Recuerda que… Dios no deja cabos sueltos y todo lo usa en nuestro beneficio, ¡TODO! "Y sabemos que a los que aman a Dios, todas las cosas les ayudan a bien, esto es, a los que conforme a su propósito son llamados".[12] Aun cuando no seamos capaces de ver el sentido porque estamos sumergidos en el dolor, la rabia, la impotencia, la injusticia…, no debemos olvidar que nuestro Dios sigue obrando por nosotros. Él no descansa, no nos deja ni olvida. Cuando aceptamos esa realidad maravillosa y vamos más allá del momento, logramos sentir la paz, la calma, la certeza de que todo está bien aunque no lo parezca. Dejamos de estresarnos y de hacer círculos alrededor de las emociones negativas que nos trae la situación porque sabemos que no importa cuán difícil luzca el panorama, Dios es quien tiene el control. Y ante eso, no hay poder humano o no humano que logre hacer nada.

No seas un acumulador espiritual

¿Has visto alguna vez uno de esos programas sobre personas con *hoarding disorder*, como se le conoce en inglés: acumuladores o acaparadores? Es impresionante ver como, producto del desorden emocional que tienen por alguna situación que no saben manejar en sus vidas, empiezan a guardar y guardar cosas sin sentido. Se vuelven locos comprando, recogiendo, buscando y conservando cualquier traste nuevo o viejo. Al principio, guardan las cosas ordenadamente y lo hacen con aquellas que tienen algún valor para ellos, como artículos relacionados con sus gustos o su pasado. Pero a medida que transcurren los años, van empeorando y comienzan a mezclar todo tipo de cosas. Ya ni siquiera tienen un orden ni un lugar específico y pueden llegar a tal punto que comienzan a juntar basura, pues ni siquiera de eso se deshacen. No imaginas la de gérmenes, cucarachas y ratas que pueden convivir entre esas montañas de cosas.

¡Es una enfermedad terrible! Es tan nefasta que, muchas veces, la única manera de obligar a que las personas que la sufren sean tratadas es a través de los departamentos de limpieza de las ciudades donde viven, debido a los problemas de higiene que ocasionan en sus vecindarios y los de salud a los que se exponen a sí mismos y a sus vecinos.

A veces, en el ámbito espiritual, incluso siendo cristianos, también nos convertimos en *acumuladores*. Nos da vergüenza contar y sacar nuestras emociones, entonces las vamos guardando. Y a medida que pasa el tiempo, se van juntando sin un sentido, causándonos daño porque no logramos entenderlas, sanarlas y superarlas.

Sucede que, por crianza, desde niños, venimos con una configuración determinada y ante una situación que se torna difícil reaccionamos siempre de la misma manera, pero completamente ajenos a lo que debería ser la respuesta de alguien con equilibrio espiritual. Esas personas no pueden reaccionar espiritualmente porque no saben cómo hacerlo, no fueron criadas para actuar de acuerdo con un parámetro distinto. Entonces, por más que uno les diga: "Todo lo puedo en Cristo que me fortalece", no pueden sentirlo, pues tienen un formato estipulado que determina cómo van a reaccionar y actuar. ¡Es lo que aprendieron! La manera en que cada uno de nosotros se enfrenta al mundo y lo *interpreta* tiene que ver con nuestras creencias, con todo ese bagaje que cargamos a cuestas.

Es muy importante que tomes conciencia de una cosa: si de verdad quieres tener una vida plena, en equilibrio y feliz, necesariamente tienes que dejar atrás toda esa maleta de ideas y creencias rancias que no te dejan avanzar y renovarlas por aquellas que te demuestren su eficacia. Ten en cuenta que la mayor parte de las decisiones que tomamos tienen que ver directamente con las creencias que tenemos, las cuales nos impulsan o nos frenan, o incluso nos pueden hacer retroceder.

Pero podemos dejar de ser acumuladores. Por más que hayamos sido formados de manera distinta, siempre hay un punto de quiebre, siempre existe la oportunidad de poner punto final a esa conducta adquirida, a esa vieja forma de reaccionar, y botar las emociones que no sirven.

Limpiar la casa emocional y espiritual es un trabajo arduo, pero bien dicen que una vez que se limpia el clóset, apartando la ropa que ya no sirve, que está vieja, deteriorada o ya no usamos, es cuando está listo para llenarlo con prendas nuevas. Así funcionamos también por dentro. Una vez que nos deshacemos de lo que no nos hace falta o nos hace mal, podemos llenarnos de nuevas emociones y experiencias espirituales positivas, maravillosas y transformadoras.

Nutre tu espíritu

La única manera de dejar de ser *raquíticos espirituales* es alimentando y nutriendo nuestro espíritu. Es como si tuvieras dos perros, uno llamado *flaqueza* y el otro *dones*. Si alimentas más a *flaqueza*, con sus vulnerabilidades y defectos, cuando tengas un problema, es la parte de tu ser que él representa la que va a reaccionar, porque a *dones* no lo fortaleciste, no lo alimentaste: está raquítico, pues no lo ayudaste a crecer.

Entonces, van a reaccionar tu naturaleza, tu ego, tus miedos. Todos tenemos un conjunto de estos. En cambio, cuando cultivas tu parte espiritual, ya sea que vayas a una iglesia o que lo hagas de otra manera, esa es la que va a actuar frente a las situaciones complejas que requieren de toda tu *artillería* y recursos. Frente a un problema, seguramente vas a llorar, igual te vas a angustiar, pero de inmediato le vas a encontrar la vuelta o la solución porque cuentas con un bagaje que te permite entender que todo es pasajero y que siempre hay maneras de salir de ese estado.

Ora sin cesar

La Biblia lo dice: "Orad sin cesar". Eso significa literalmente *orar sin parar*. Una vez me puse a pensar en cómo podemos cumplir con este mandato a cabalidad si tenemos que realizar tantas actividades. Tenemos que trabajar, dormir, llevar los niños a la escuela, convivir con otras personas... Y creo que, en realidad, esa frase hace referencia a que tenemos que estar en constante comunión con el Señor.

Mucha gente toma a Dios, a la iglesia o a la vida espiritual como si se tratara de orar por la mañana, leer un versículo y ya está. Ya cumplimos con la tarea. Es como hacer ejercicio: "A ver, hoy me toca una hora de pesas. La hago y quedo libre el resto del día". A veces, esas personas que hacen ejercicio todas las mañanas luego llegan a comer lo que se les aparece por delante. O bien, permanecen estáticas el resto del día porque en realidad son sedentarias. Si queremos resultados, ¡hay que estar en movimiento constante! Lo mismo sucede con la parte espiritual. No basta con quince minutos de oración por la mañana y después hacer mi vida, y seguir con mis pensamientos y actitudes negativas. Se trata de lograr y mantener esa conexión permanente con Dios.

En mi primer libro, conté algunas experiencias de mi familia y de mi vida junto a mi esposo en las que la oración marcó la pauta del camino a seguir. De hecho, la oración, durante largas noches, fue la vía para encontrar el camino que Dios tenía para nosotros como pareja. Nadie confiaba en nuestros planes, excepto Él. De pronto, la voluntad divina nos fue revelada y comenzamos el ministerio.

Al día siguiente de recibir la respuesta, regresamos a trabajar sabiendo que Dios ya había escrito nuestro futuro. Ya no importaba esperar o que nadie confiara en nuestros sueños, el Señor nos había mostrado que Él estaba dispuesto a romper nuestras propias estructuras mentales.

Nuestra historia nos demostró que muchas veces ni una agenda repleta de contactos de gente importante, ni una cuenta abultada en el banco, ni una recomendación van a lograr concretar los planes. En cambio, la oración sencilla, honesta e íntima puede marcar la diferencia. Y para eso, debemos estar dispuestos quizá a sacrificar horas de sueño o el tiempo que dedicamos a ver nuestra serie favorita en Netflix o a responder mensajes de nuestros amigos en redes sociales para silenciar nuestra alma y conectarnos con el corazón de Dios. No hay mejor fórmula que esa para entrar en comunión directa con Él.

Si me preguntas si tengo una vida de oración de la manera tradicional, pues no la tengo. Pero estoy todo el día conectada con Dios, a tal punto que he afinado mi oído espiritual para actuar apenas sienta una señal suya.

No importa la cantidad de tiempo que le dediquemos. Hay personas que están una hora, dos horas o más orando de rodillas cada día, pero su vida no se condice con eso. ¿Qué pasa entonces? ¿Es un monólogo? "Señor, ayúda-me, bendíce-me…" Como las ovejas: "me", "me", "me…" Pero su vida no está acorde con la parte espiritual que aparentan llevar. ¿De qué les sirve?

Creo que a veces los cristianos han malinterpretado lo que significa serlo. Lo han tomado como una religión. Voy a la iglesia el domingo y luego hago cualquier cosa. No. Ser cristiano o seguir un camino espiritual es un estilo de vida. Se trata de que Dios sea parte de tu existencia las veinticuatro horas del día, siete días a la semana, trescientos sesenta y cinco días al año.

Escudriña las Escrituras

Leer la Biblia es como beberse un jugo cargado de vitaminas. ¡Es vital para alcanzar una vida espiritual rica y provechosa! La Biblia nos habla. Basta que la abramos al azar para encontrar alguna respuesta que estamos buscando.

La mejor manera de conocerla bien y entenderla es participando en algún grupo bíblico o con un maestro que pueda orientarte para entenderla. Pregunta, indaga. Es el mejor alimento para nutrirnos y para llenarnos de fuerza y vigor espiritual.

Busca aliados espirituales

"Dime con quién andas y te diré quién eres". Tiene sentido, ¿verdad? Y es que nos guste o no, no podemos andar por la vida como ermitaños. Como en todo orden de cosas, se avanza mejor en equipo, cuando estamos aliados a las personas correctas que *reman* en nuestra misma dirección.

Contactar y juntarse con personas que están en la misma sintonía o frecuencia nos impulsa en el mismo camino espiritual. Se trata también de buscar juntos la información adecuada que nos ayude en el camino de crecimiento y que alimente nuestras almas de manera recíproca.

Hay personas que dicen que no necesitan ir a la iglesia porque Dios está en todos lados. Es verdad. Pero también es cierto que necesitamos conectarnos con otros que hablen nuestro *lenguaje espiritual* para ayudarnos a crecer, a fin de que nuestra *vida espiritual* no sea raquítica.

Ahora bien, es importante que tomes en cuenta un detalle: tus aliados deben ayudarte a crecer y a que eso se sienta bien. Cuando pertenecer a un grupo se torna complicado, demasiado demandante, te roba el tiempo con tu familia, toma el sentido de prioridad por sobre el objetivo de estar ahí para avanzar espiritualmente, o el proceso o actividades que realizan no te hacen sentir cómodo y feliz, entonces ¡cuidado! Hay ocasiones en que, tristemente, los líderes de grupos espirituales, aun teniendo buenas intenciones, pierden el enfoque de lo que deben hacer o el sentido de por qué están allí. Si sientes que eso está ocurriendo, mejor toma este camino: da un paso al costado y busca otros aliados con los que realmente coincidas.

Proyecta tu vida interior

Es la parte más difícil. Pero ser coherentes con lo que sentimos interiormente y reflejarlo a través de nuestro cuerpo, de nuestra manera de vestir, de comportarnos y de cuidarnos, es el mejor testimonio que podemos compartir con otros. De hecho, siempre he pensado que cuando somos el reflejo de una vida espiritual plena no necesitamos ni abrir la boca.

Por ejemplo, he visto a personas supuestamente muy espirituales que, en momentos de celebración o reuniones de la iglesia, muestran un comportamiento impactante. ¡Se lanzan a comer como si el mundo estuviera a minutos de terminar! De hecho, sus cuerpos delatan que viven sumergidos en la gula y los excesos de comida. ¿Qué coherencia existe entonces entre esa maravillosa vida espiritual que proclaman y lo que vemos en ellos? Ninguna.

No vayas a pensar que estoy diciendo que las personas que tienen problemas con su peso, ya sea de más o de menos, no son espirituales, ¡para nada! Me consta que muchas veces podemos hacer todos los intentos por llegar a nuestro peso ideal, pero sufrimos de alguna enfermedad y ni siquiera lo sabemos, como fue mi caso. Como te contaré en detalle más adelante, durante años batallé con mi peso, por las razones equivocadas, sin saber que sufría de hipotiroidismo. Es decir, que mi glándula tiroides no es lo suficientemente activa, por lo tanto, no producía suficiente hormona tiroidea, que es la que, entre otras cosas, regula la quema de calorías y mantiene el cuerpo funcionando. Por esta razón sé que, en ocasiones, hay motivos de salud muy poderosos que son un obstáculo. Pero se pueden tratar y no deben ser la excusa permanente para descuidar nuestro templo, que si está hermoso por dentro, ¿por qué debe ser un desastre por fuera?

Nosotros debemos ser el primer baluarte en constante avance en ese camino espiritual.

No compares tu crecimiento con el de otros

Por ley natural los seres humanos somos competitivos. Nos encanta mirar al vecino para ver qué tiene, qué hace, cómo se divierte, para ver si estamos a la altura o debemos esforzarnos un poquito más. De hecho, las redes sociales, en gran medida, funcionan gracias a eso, a que el mundo entero quiere mostrarse para compararse con los demás y sentirse mejor que el resto. Es una manera instintiva de medir lo que estamos haciendo, pero rara vez hay un beneficio en ello, usualmente solo termina haciéndote sentir peor.

Tú no hagas lo mismo. Esto genera envidia, rabia, sensación de injusticia y tristeza: todas las emociones que no necesitas. Por eso, aunque esta frase está muy trillada, ¡no te compares con nadie! Simplemente esfuérzate para obtener la mejor versión de ti mismo.

Valora tu propio camino, cualquiera que sea, pues ese es el que necesitabas y necesitas para forjar tu historia y tu crecimiento espiritual. ¿Que tus conocidos van más rápido? Eso no es señal de que llegarán primero. Como dice un proverbio chino: "No temas ir despacio, solo teme no avanzar".

Sé diligente espiritualmente

La pereza o flojera espiritual nos puede pasar la cuenta. Si esa característica o pecado en cualquier área es poco efectivo, en esta es letal. Dejar de armarse con herramientas para nutrir nuestra alma, por desidia y falta de interés o motivación, es el peor favor que nos podemos hacer.

Anímate a buscar las instancias que te he comentado a través de la oración, grupos de apoyo, la lectura bíblica y de autores que vayan en la misma línea de fe. Disciplínate y dedícale un tiempo a tu preparación espiritual. Así como tienes un tiempo al día para bañarte, cepillarte los dientes, alimentarte, trabajar y ejercitarte, también necesitas separar un momento para darle espacio a las actividades y a las personas que van a sumar a tu causa personal.

Cuenta tus bendiciones

El agradecimiento es una de las acciones que mayor provecho nos traen al alma.

Cuando perdemos la capacidad de asombro, lo que en realidad perdemos es nuestra alma. Por eso es tan importante nuestra salud emocional, pues están completamente ligadas. Cuando atravesamos situaciones complicadas, como una separación o divorcio, una enfermedad grave o la muerte de un ser querido, si no nos hemos fortalecido espiritualmente, nuestras emociones nos pueden hacer colapsar y perder la objetividad y la capacidad de valorar y agradecer a Dios incluso en esos momentos.

Algo que siempre me sorprendió de mi mamá, Marta, es que cuando mi papá falleció, ella no cayó al vacío. Al contrario, lloró, por supuesto que lo hizo, pero asimismo tomó fuerzas y las riendas de dos congregaciones, las cuales, al poco tiempo, hizo crecer considerablemente. Mi esposo y yo, desde nuestros inicios, intentamos mantener la misma actitud de ser agradecidos, aun en aquello que no entendíamos y en lo poco que sí podíamos comprender.

El primer trabajo como pareja que tuvimos fue estar a cargo de la juventud de una pequeña iglesia de barrio al oeste de la capital de nuestro país de origen, Argentina.

Para captar la atención de la gente joven, que es bastante particular, hicimos muchísimas cosas, entre ellas un programa radial que al principio estuvo lleno de obstáculos y fiascos. En ese tiempo, yo era la encargada de atender el teléfono y, al principio, volvía a casa casi siempre llorando después de escuchar las barbaridades que decían de mi esposo. Pero aquel atípico programa radial se convirtió en *El show de Dante Gebel*, que llegó a transmitirse en la red radial hispana más grande, con más de mil emisoras que lo difundieron semanalmente en más de veinte países a lo largo de tres continentes, alcanzando a millones de oyentes. Ahora, sumado al programa de televisión, los libros, las cruzadas y los espectáculos evangelísticos en los teatros, nos damos cuenta de todo lo que el Señor puede hacer con un puñado de pan y algunos peces cuando se es agradecido, se espera con confianza absoluta y se siguen sus indicaciones.

Hoy, más que nunca, le doy las gracias a mi Dios por cada logro, cada bendición e, incluso, por cada traspié que hemos tenido (y seguimos teniendo) en el camino. Pues son parte de la lluvia de bendiciones que recibimos diariamente en nuestras vidas.

Confía en el plan de Dios

A lo largo de toda la Biblia, tenemos decenas de ejemplos de personajes que depositaron su confianza absoluta en la voluntad de Dios. Le entregaron sus vidas y obedecieron su llamado, aun cuando parecía una verdadera locura. José, el hijo de Jacob, traicionado por sus propios hermanos y para cumplir los designios de Dios en su vida, pasó decenas de situaciones difíciles. Fue esclavizado, maltratado, encarcelado, aislado. Lo perdió todo, menos la fe y la certeza en que si Dios lo había dejado llegar hasta ese punto, era porque había un propósito y le daría la fuerza para salir adelante. Su confianza era plena, incluso en la peor adversidad.

Noé fue otro de esos grandes nombres que marcaron el grado de confianza en un Dios al que no se ve, pero en el que se cree. Cuando su Creador le pidió que construyera una gran embarcación que pudiera albergar a su familia y a miles de animales de todas las especies para que pudieran salvarse de la apoteósica inundación que vendría, Noé le creyó. ¡Pero aún no había caído una sola gota de agua! ¿No era un poco loco el plan? ¿Cómo podría hacerlo? ¿Qué iba a pensar la gente al verlo dedicado por años a ese gigantesco barco? ¿De dónde obtendría los recursos? ¿Tendría verdaderamente algún sentido todo eso? ¿No serían solo alucinaciones? ¿Y si no pasaba nada? ¡Haría el ridículo! Son las mismas preguntas que nos vienen a la cabeza una y otra vez cuando nuestra alma nos indica que la voluntad de Dios va en una dirección que parece un poco arriesgada... Quizá hasta poco convencional.

¡Si supieras todo lo que hemos tenido que pasar mi esposo y yo, siguiendo la voluntad de Dios! Hemos tenido que romper moldes y estructuras, sobrellevar que pensaran que estábamos locos o hasta que nos trataran como tales por intentar renovar la manera de llegar a la gente... En fin... Muchas veces nos cuestionamos si podríamos encontrar los recursos económicos para llevar a cabo un plan que sentíamos era la voluntad de Dios. Pero siempre, de una u otra forma, aparecían y lográbamos concretarlo todo. Si se cerraba una puerta, se abrían otras tres. Pero siempre, siempre que confiábamos en que era Su voluntad la que nos guiaba, lográbamos avanzar.

No se trata de encontrar un camino con pétalos de flores, ¡para nada! Hay que cruzar ríos, piedras y espinas, como todo el mundo.

La gran diferencia es contar con la certeza de que todo ese trayecto tiene un propósito mayor y que sean cuales sean los obstáculos, Él proveerá las fuerzas para enfrentar cualquier situación, así como la manera de salir, de avanzar, de continuar y de prosperar. Los que logran cosas son aquellos que ponen su mirada en lo alto; los que no, son los que ponen su vista en ellos mismos y en sus fuerzas.

La epístola a los filipenses nos recuerda algo maravilloso: "Y estoy seguro de que Dios, quien comenzó la buena obra en ustedes, la continuará hasta que quede completamente terminada el día que Cristo Jesús vuelva".[13] Ten por seguro que Él terminará la obra que comenzó en tu vida, solo tienes que hacer tu parte.

Siembra en un suelo fértil

Dios nos dice que debemos plantar en un buen suelo si queremos conseguir una buena cosecha. Y eso está directamente dirigido a nuestra vida espiritual. En Mateo lo dice claramente: "… el que fue sembrado en buena tierra, este es el que oye y entiende la palabra, y da fruto; y produce a ciento, a sesenta, y a treinta por uno".[14]

Cosechar en buena tierra implica aplicar todas esas sugerencias que te he mencionado, como estar abiertos a escuchar lo que Dios quiere para nosotros, buscar, escudriñar, orar. De tal manera que el mensaje de nuestro Padre, que es el equivalente a las semillas, pueda germinar en nosotros porque somos una tierra fértil, preparada para dar los mejores frutos.

No dejes que la plaga te impida disfrutar de la cosecha

En ocasiones pensamos que nuestra vida espiritual no es lo suficientemente buena.

Sentimos que los problemas y las diversas situaciones que debemos enfrentar son tantos y tan poderosos que es imposible que logremos avanzar: son como plagas que intentan acabar con nuestra siembra. Llegamos a juzgarnos de manera estricta, movidos por las emociones del momento difícil que atravesamos y por ello podemos, incluso, sentir que nada de lo que hemos hecho para crecer espiritualmente vale la pena.

No es así. Las plagas, muchas veces, también son parte de nuestra cosecha espiritual, pues aprender a manejarlas, a controlarlas, a darles la vuelta o, quizá, a sacar algo productivo de lo poquito que logremos cosechar, eso ya es ganancia para nuestra alma. No olvides que cada paso es parte del proceso. Sé que a veces cuesta entenderlo, sobre todo si estamos cegados por las nubes del momento. Recuerda que, incluso si logras sacar lo mínimo positivo de toda esa experiencia, siempre puedes hacer algo con eso. De un simple grano de mostaza puede comenzar toda una nueva producción. No lo olvides nunca.

Entrega tu carga

Una de las lecciones espirituales más difíciles de aprender es aquella en que debemos dejar de sentirnos autosuficientes. Y hoy en día, cuando muchos están intentando realizarse y sentirse poderosos, capaces de salir adelante, confunden ese *empoderamiento* con la responsabilidad de cargar con todo por sí mismos. Y eso es muy difícil.

Ningún ser humano, por más fuerte, saludable, creativo y valiente que sea, es capaz de salir adelante completamente solo durante toda su vida, en las distintas situaciones. Siempre se requiere de otros que van formando nuestro escuadrón, tanto en la cotidianidad como en la fe. Pero nos cuesta aceptarlo.

Muchas veces se requiere acabar con nuestra autosuficiencia para comenzar a desarrollar verdaderamente nuestro interior. Puede suceder que alguien pierda la estabilidad económica que durante toda su vida le dio la tranquilidad y paz para salir adelante. Otros pueden perder los afectos, la familia, la pareja, los hijos y sentir que la vida se les va. Hay quienes podrían perder la salud sobre la cual mantenían su tranquilidad porque les permitía sobreponerse a cualquier situación y seguir adelante. Ocasionalmente sucede que esa pérdida es total y quedan completamente indefensos y dependientes de otros para continuar viviendo. Sin embargo, llegar a ese extremo de vulnerabilidad, en cualesquiera de estos casos u otros, puede ser la única manera de bajar la soberbia, ceder y entregar esa pesada carga. El simple hecho de expresar la frase maravillosa "No puedo con esto, ayúdame" suele ser el impulso que abre las puertas para el cambio. Inténtalo.

Recurre al mejor de todos: Jesús

Cuando nuestra naturaleza de contener a Dios y expresarlo falla, Jesús viene a nuestro rescate para reparar nuestras falencias y recuperar esa naturaleza de perfección. No hay experiencia más enigmática y poderosa que tocar a su puerta en los momentos de debilidad, cuando todo se nos cae a pedazos, cuando todo el mundo parece darnos la espalda y sentimos que no tenemos opciones. Es precisamente en esos momentos cuando recurrir a Él vale la pena.

Jesús nos dijo: "Venid a mí, todos los que estáis cansados y cargados, y yo los haré descansar".[15] ¡Y no hay mejor *ayudante* que Él! Deposita en Él esa carga agotadora, ese dolor, sufrimiento, tristeza, enfermedad, falta de trabajo, de recursos, esos problemas familiares, lo que sea que no puedes controlar por ti mismo, que no logras manejar, incluso poniendo tu mayor esfuerzo. Él sabrá exactamente cómo proceder para salir adelante y, sobre todo, para brindarte esa paz, ese reposo y la sensación de *no estar solo* que necesitas.

Apuesta al ganador

Buscar crecer espiritualmente y alimentar el alma puede tener muchas vías. ¡De todo tipo! Hoy en día hay infinidad de corrientes y opciones. Mi forma de ser nunca ha sido la de imponer mis ideas ni mi fe, y menos la de tratar de desprestigiar a quienes no piensan como yo. Creo firmemente en la libertad de cada persona y en su momento. Cada quien tiene su propio camino y llegará al destino que le corresponde cuando le toque hacerlo. Pero si quieres alcanzar tu máximo potencial, entender tu propósito, disciplinar tu vida y alcanzar la felicidad como te la mereces y como te ha sido dada por gracia, debes encontrar el camino correcto… "Yo soy el camino, la verdad y la vida".[16]

Dios no nos usa en desmedro de nuestros propios sueños y deseos. Al contrario, nos empuja, orienta y fortalece para lograrlos e ir por más. Aun cuando nos toque renunciar a algo importante, te puedo asegurar, con mi propia historia, que siempre, tras esa renuncia, la recompensa es inmensamente mayor.

Cuando estés listo, ¡lánzate y arriésgalo todo!

> *El que al viento observa, no sembrará; y el que mira a las nubes, no segará.*
>
> Eclesiastés 11:4[17]

Nos podemos pasarnos la vida entera buscando adónde ir, qué ruta tomar, quién nos acompañará en el camino ¡y no salir nunca de nuestra zona de confort! Pero ¿sabes qué? ¡Así no hay manera de llegar a ninguna parte! Dicen que jamás se ha escrito algo de los cobardes, y creo que eso es cierto.

La historia está llena de personajes que cometieron errores, que se lanzaron de cabeza a aventuras sin sentido, a proyectos que no tenían futuro, en fin... Pero el gran mérito que tienen todos ellos es que se atrevieron a seguir sus sueños, sus motivaciones, su fe o sus creencias. Lucharon y se lanzaron por algo en lo que creían, y eso es válido.

Para todo en la vida debemos prepararnos. Para todo hay que buscar la información correcta, realizar ciertos cambios, disciplinarse y evolucionar. Pero lo más importante es actuar. Sin acción no hay resultados.

Por supuesto que cualquier emprendimiento tiene sus riesgos y costos, de eso no cabe duda. Lanzarte a crecer espiritualmente no te dejará exento de cruzar altas montañas, desiertos áridos o ríos turbulentos. Pero crecerás, definitivamente crecerás. Muchos, por años, se esconden tras la frase: "No sé si es la voluntad de Dios" y permiten que la vida les pase por al lado sin animarse a avanzar. Otros lo hacen, pero al primer tropiezo o piedra en el camino se detienen. Piensan que, si es la voluntad de Dios, el camino tiene que estar allanado. ¡Gran error! Nuestro camino en el ministerio estuvo plagado de obstáculos, pero seguimos avanzando, sabiendo que era la vía correcta. ¡Sal de tu zona de confort, ya es hora!

No sé si has leído o quizá escuchado la versión cantada de la parábola anónima "Las huellas en la arena". Bueno, aquí te la comparto porque me parece hermosa y representa maravillosamente la manera en que Dios actúa con nosotros:

Una noche soñé que caminaba por la playa con Dios. Durante la caminata, muchas escenas de mi vida se iban proyectando en la pantalla del cielo. Con cada escena que pasaba notaba que unas huellas de pies se formaban en la arena: unas eran las mías y las otras eran de Dios. A veces aparecían dos pares de huellas y a veces un solo par. Esto me preocupó mucho porque pude notar que, durante las escenas que reflejaban las etapas más tristes de mi vida, cuando me sentía apenado, angustiado y derrotado, solamente había un par de huellas en la arena. Entonces, le dije a Dios:

—Señor, Tú me prometiste que si te seguía siempre caminarías a mi lado. Sin embargo, he notado que en los momentos más difíciles de mi vida, había solo un par de huellas en la arena. ¿Por qué, cuando más te necesité, no caminaste a mi lado?

Entonces Él me respondió:

—Querido hijo. Yo te amo infinitamente y jamás te abandonaría en los momentos difíciles. Cuando viste en la arena solo un par de pisadas es porque yo te cargaba en mis brazos.

¿No te parece maravilloso contar con esa ayuda? Pero para eso hay que buscarlo y abrir nuestros ojos y oídos para verlo, para escucharlo en cada lugar, a cada segundo, durante nuestra vida completa. ¡Hay que arriesgarse a trabajar para hacer crecer nuestra alma! Y el resultado será inigualable. Te lo garantizo.

Recuerda que...

Como de meollo y de grosura será saciada mi alma, y con labios de júbilo te alabará mi boca.[18]

CAPÍTULO III

CON TODA tu mente

No se amolden al mundo actual, sino sean transformados mediante la renovación de su mente. Así podrán comprobar cuál es la voluntad de Dios, buena, agradable y perfecta.

ROMANOS 12:2[1]

Mantener nuestra mente bajo control es lo que más trabajo nos cuesta a los seres humanos. Y los cristianos, en general, nos hemos ocupado mucho más de nuestra parte espiritual que de nuestra mente porque creemos que Dios es quien se debe encargar de todo eso. Pero si nosotros no le permitimos a Él entrar en esa área, siempre estaremos luchando más de la cuenta.

Cuando entregamos nuestra vida al Señor, pensamos que la obra ya está terminada. Pero después, nos damos cuenta de que seguimos luchando con las mismas cosas, los mismos problemas: baja autoestima, orgullo, rencor; y pensamos que ya no tenemos arreglo, que Dios no pudo con nosotros. La realidad es que tenemos que trabajar a diario con nuestro *yo*. Como se dice en 2 Corintios: "… que todo el que pertenece a Cristo se ha convertido en una persona nueva. La vida antigua ha pasado; ¡una nueva vida ha comenzado!".[2] Dios todo lo renueva, pero nosotros somos, en muchos casos, los que no lo dejamos obrar. Actuamos y filtramos todo mediante nuestra programación mental. Reaccionamos, nos manejamos en el día a día y vemos todo a través de nuestros lentes, que en ocasiones llegan a hacernos ver muy borroso todo lo que realmente necesitamos ver.

El neurólogo y neurocientífico Facundo Manes una vez dijo que solemos interpretar lo que vemos de acuerdo con nuestras experiencias y emociones previas. Entonces, el cerebro construye ante nosotros una realidad. Creemos que somos bastante racionales, pero en realidad no lo somos. Porque en el día a día permanentemente estamos tomando decisiones e interpretando la realidad de acuerdo con nuestras emociones y creencias.

Ante una situación de estrés crónico, por ejemplo, muchas veces no podemos cambiar la circunstancia que lo está generando, pero sí podemos cambiar la manera en que la evaluamos. Hoy se sabe, a partir de la ciencia, que cambiando la manera en que pensamos, podemos cambiar la manera en que sentimos y esta determinará nuestra manera de actuar. Si, por ejemplo, tuviste una entrevista de trabajo o una presentación y comienzas a pensar que todo lo que dijiste y la manera en que te comportaste estuvo mal, te comenzarás a sentir pésimo y actuarás en consecuencia. Tal vez no puedas cambiar tu entorno, pero sí puedas cambiar la forma en que lo evalúas.

Hoy en día está de moda decir que "todo está en nuestra mente". Nuestra capacidad de reacción, el éxito que podamos alcanzar, el bienestar económico que podamos obtener…; en fin, todo pareciera estar contenido en ese espacio maravilloso, capaz de conseguir lo que sea. Y esto no es una idea extraña de las corrientes orientales, de la Nueva Era o de movimientos modernos, pues la propia Biblia nos dice que podemos lograrlo: "Pedid, y se os dará; buscad, y hallaréis; llamad, y se os abrirá. Porque todo aquel que pide, recibe; y el que busca, halla; y al que llama, se le abrirá".[3]

En Mateo, capítulo 16, en tanto, el Señor nos revela cómo funciona el ámbito espiritual y la autoridad que Dios nos dio como cristianos: "… todo lo que atares en la tierra será atado en los cielos; y todo lo que desatares en la tierra será desatado en los cielos".[4] Pero para poder desatar bendiciones sobre nuestras vidas, debemos tener clara nuestra mente y saber el poder que tiene.

Si bien hay mucho de cierto en esto del poder de nuestra mente, para que realmente funcione y veamos resultados concretos, debe haber una comunión de todas nuestras áreas, pues una mente sin corazón es una mente muerta y una mente sin voluntad ni fuerza para actuar y mantenerse trabajando con perseverancia para alcanzar un objetivo no llega a nada. Si lo que queremos es alcanzar esa vida maravillosa que Dios nos ofrece, entonces la respuesta es una: hay que cambiar y actualizar el chip de nuestra mente. Esa es la clave.

Tal como te he mencionado en los capítulos anteriores (y es algo que constituye, en sí, la piedra angular de este libro): no hay manera de disgregar nuestras *partes*, pues están absolutamente integradas. No en vano las raíces de ciertas palabras en algunas lenguas tienen un significado común, como es el caso de *leb*, en hebreo, que significa tanto *corazón* como *mente*.[5] De hecho, en el Antiguo Testamento, muchas veces estos términos aparecen como sinónimos, conectados además a los verbos *conocer* y *saber*. Es decir, queda claro que a la mente se le atribuye la capacidad de obtener sabiduría y conocimiento. *Educación* incluso, deriva de dos palabras en latín que significan "sacar a la luz" o "extraer";[6] interesante, ¿verdad? Porque cualquiera pensaría que significa "amontonar dentro".

Pero ¿qué es la mente? La respuesta literal y oficial es que se trata de un "conjunto de habilidades cognitivas que le permiten al individuo percibir, comprender, sentir, juzgar y determinar tanto las decisiones a tomar ante un evento específico, como el camino a seguir en dicho proceso".[7] Quiere decir que ese espacio maravilloso es efectivamente muy poderoso, pues no solo almacena conocimiento, datos e información, sino que tiene toda la capacidad para asimilarlos, relacionarlos, sacar conclusiones y tomar decisiones que finalmente se concreten en acciones, de acuerdo a su percepción y análisis. Un proceso complejo donde se pone a trabajar el ser completo.

Algo que no sabía y que me sorprendió muchísimo enterarme es que *mente* aparece asociada también a *pensar*, que etimológicamente está unida a *pesar*[8] Es decir, "pensar es 'pesar' las opciones, decidirse por una y luego actuar en consecuencia". Es, en otras palabras, la confirmación de que nuestra mente es la que nos permite tener valores y medir el impacto de todo lo que hacemos, desde nuestros pensamientos hasta nuestras acciones.

De acuerdo con algunos neurólogos, todas las actividades que realizamos nacen a partir de la actividad mental, que es la suma de actividades de cada neurona de nuestro cerebro. Y es tan increíble el poder que tiene que cada día son más los médicos y científicos que se suman a la idea de que nuestra mente incluso puede sanar nuestro cuerpo. Ya sé…, puede ser que de inmediato estés alerta pensando que con esto quiero desestimar el poder de Dios. Todo lo contrario, pues parte importante de esos mismos expertos aseguran que la curación proviene precisamente de la sumatoria de las áreas del ser que intervienen (cuerpo, mente, alma y corazón) y el efecto *dominó* que se produce a partir de una mente abierta a la posibilidad de sanarse a sí misma, donde la fe tiene mucho que ver.

El poder del placebo… ¿o de la mente?

No sé si has oído hablar de la doctora Lissa Rankin y de su libro *Mind Over Medicine: Scientific Proof That You Can Heal Yourself*[9] [que se publicó en español con el título *La mente sobre la medicina, la prueba científica de que su cuerpo puede curarse*]. Pues te cuento que es un texto muy interesante que trata con detalle precisamente este tema. Ella (como lo hacen muchos otros médicos) menciona, por ejemplo, el caso del uso de placebos incluso en pacientes con enfermedades terminales, lo cual ha demostrado que la mente tiene mayor impacto del que imaginamos. El placebo es lo que se usa cuando se está investigando una medicina. Se realizan estudios aleatorios en grupos de pacientes. Unos prueban la medicina que investigan y otros, una pastilla inerte, sin ningún químico específico que pueda producir efectos fisiológicos. La idea es comprobar si, efectivamente, la medicina que se estudia tiene o no algún resultado positivo entre quienes la reciben, comparándolo con el del placebo.

El punto es que han comprobado que, a veces, usando el placebo se pueden obtener resultados positivos, incluso la curación completa de un paciente si es que este lo cree. De hecho, a finales de la década de los cincuenta, un doctor en Estados Unidos documentó el caso de un paciente con cáncer que estaba en una etapa muy avanzada y tenía muy pocas probabilidades de sobrevivir. Le habían aplicado distintos tratamientos y ninguno había funcionado, mientras, el cáncer seguía haciendo metástasis, es decir, expandiéndose por distintos órganos de su cuerpo. Su estado era bastante malo y todo indicaba que moriría en cualquier momento.

Sin embargo, el paciente quería probar un medicamento nuevo que se estaba investigando porque estaba convencido de que esa era su salvación. Pero había un gran detalle y es que para sumarlo al estudio él debía contar con una probabilidad de al menos tres meses de vida, y no la tenía. Finalmente, logró ser aceptado y le inyectaron el medicamento. Para sorpresa del propio doctor, tan solo un par de días después de recibir la terapia, el paciente mostró una mejoría impresionante y, efectivamente, sus tumores prácticamente se habían deshecho. Durante un par de meses, ese paciente estuvo mejorando y convencido de que había encontrado la cura a su enfermedad, hasta que empezaron a publicarse artículos que hablaban de que el fármaco no era efectivo. Entonces, el paciente se convenció de lo contrario y volvió a enfermar.

Su médico, que se dio cuenta del poder de sugestión que tenía su paciente, lo convenció de que esos reportes se referían a una dosis en mal estado, pero que la medicina funcionaba. Y volvió a inyectarlo, pero esta vez con un placebo. Cuál sería su asombro al ver que su paciente nuevamente mejoró por otro par de meses. Hasta que la Asociación Médica Estadounidense anunció oficialmente que el medicamento no era eficaz y el paciente perdió la fe en la supuesta medicina y a los pocos días falleció.

Como este, hay muchos casos que fueron documentados y examinados por la doctora Rankin para probar que los seres humanos, independientemente del coeficiente intelectual que tengamos, e incluso de la preparación académica, podemos ser *inducidos* de alguna manera a responder al placebo si estamos convencidos de su eficacia. Es decir, que nos podemos convencer y reaccionar fisiológicamente mejorando y curándonos si nuestra mente está convencida de que lo que estamos usando nos va a curar.

Las creencias de nuestra mente

Esto no va en contra de nuestra fe como cristianos. Al contrario, es un refuerzo que nos demuestra nuevamente que ¡Dios ha puesto todas las herramientas disponibles en nosotros mismos para alcanzar la plenitud e incluso curarnos! ¿Por qué entonces tendemos a ignorar la información que está frente a nosotros mismos, lista para que la usemos a nuestro favor? ¿Por qué en lugar de criticar y cerrarnos a todo, no nos volcamos a aprender y tomar aquello que necesitamos para curarnos, crecer y mejorar? Oseas nos advierte: "… pues por falta de conocimiento mi pueblo ha sido destruido".[10]

Puse el ejemplo del libro de la doctora Rankin y de su postura frente a la capacidad que tiene nuestra mente de generar cambios en nuestros cuerpos cuando está convencida de que puede lograrlo porque eso depende en gran medida de los conocimientos que tengamos y cuán dispuestos estemos a aprender lo que los nuevos estudios nos están demostrando.

Si bien es cierto que, especialmente por internet, hoy en día hay mucha basura disfrazada de información, también hay entidades, sitios y profesionales que son confiables, con trayectoria y credibilidad. Me preocupa que muchas veces los cristianos nos cerremos ante cualquier adelanto, nueva información o datos que lleguen de fuera. De inmediato lo calificamos como algo que va contra nuestra fe, contra el poder de Dios o, peor todavía, le ponemos la etiqueta de *satánico*.

No podemos olvidar que históricamente a nosotros también se nos ha criticado, se nos ha malinterpretado y cerrado las puertas *a priori*, sin derecho a abrir la boca. Nosotros no podemos hacer lo mismo sin darnos la oportunidad siquiera de ver, de escuchar, de observar, de aprender y seleccionar la información. Esa es la manera de no ser destruidos: informándose, cultivándose, elevándose.

Además, nosotros mismos, en la propia Biblia, tenemos pruebas de ese poder divino que nos es transmitido a través de nuestra mente y que nos permite curarnos, aliviarnos y romper los ciclos fisiológicos contra toda explicación lógica.

En el Evangelio de Lucas se dice: "Al oír esto, Jesús le dijo a Jairo: —No tengas miedo; cree nada más, y ella será sanada".[11] ¿Te das cuenta? El mismo Jesús nos dio la clave: basta creer para que el milagro ocurra, y todo eso sucede en nuestra mente. Pero para eso, hay que liberarla de concepciones limitantes, colmarla de nuevas ideas, de nuevas creencias liberadoras y mantenerla saludable para que pueda ser colmada de sabiduría y usada para el bien, creando, prosperando, bendiciendo y glorificando.

Cuando la mente nos traiciona

¿Por qué si nuestra mente tiene tanta capacidad para crear, modificar y sanar, entre otras cosas, tenemos tantas limitaciones de todo tipo? Ocurre que nuestra mente, al igual que nuestro corazón o nuestro cuerpo, también se enferma, se contamina y se deteriora. Hay muchas razones, algunas de las cuales quisiera comentar contigo con la esperanza de que no sean estas las causantes de tu estancamiento como persona cristiana y tampoco sean motivo de juicios sin base contra otras personas. Hay muchas enfermedades de nuestra mente, ¡muchísimas! Y no se tratan de simples inventos o posesiones demoniacas. A veces, hay eventos trágicos que intervienen, traumas físicos o emocionales, accidentes, virus, drogas o hasta desajustes fisiológicos que generan problemas en nuestra mente. He visto en muchas ocasiones cómo se juzga fácilmente el comportamiento de las personas sin ahondar en el porqué de su conducta. Y no es esa nuestra tarea como cristianos, sino todo lo contrario: estamos para contener, para mostrar nuestra más infinita compasión, amor y apoyo.

En otras ocasiones, hay distorsiones de nuestra mente sobre las cuales podemos actuar. Podemos prevenirlas o cambiarlas para generar el cambio total de nuestro ser. Y lo que más quisiera es que cuando termines de leer este libro, te sientas con la motivación de procurar, con voluntad, disciplina y ejerciendo tu dominio propio, esos cambios de conducta que te permitan seguir creciendo en equilibrio, siendo el propio ángel de tu vida.

Muchas veces, como cristianos, caemos en el error de pensar que si somos espirituales ya no lucharemos más contra nuestra mente, que si eso sucede es porque algo estamos haciendo mal. Por esta creencia es que pastores o líderes prominentes de la iglesia, cuando están pasando un momento triste o de depresión en sus vidas, no lo cuentan, porque saben que serán juzgados y no van a ser comprendidos. Gran error. Un día cualquiera nos levantamos y una situación que antes hubiéramos resuelto rápidamente hoy nos llena de ansiedad, angustia, ira y desesperación. ¿Cómo es que esto sucedió tan rápido? Lo que no teníamos en cuenta es que situaciones que no enfrentamos a tiempo, que no resolvimos adecuadamente, nos podrían llevar al punto donde nos encontramos. Así, sin darnos cuenta comenzamos a deslizarnos hacia el hoyo de la depresión o la tristeza extrema y vemos con estupor cómo todo se viene abajo. Y es que ser cristianos no nos vuelve inmunes a los problemas emocionales o mentales. Pero no tengas miedo, lo resolveremos.

En el capítulo anterior, te mencionaba el caso de un pastor de una iglesia local de California que a todos nos dejó perplejos cuando nos enteramos de que se había quitado la vida. Su historia, tristemente, se repite con más frecuencia de la que quisiéramos, pues en Estados Unidos cada año cuarenta y tres mil personas cometen suicidio; de ellas, muchos son niños e, incluso, de nuestra comunidad cristiana. Y no se trata de que Dios no pueda hacer la obra en ellos, que no hayan tenido la fe suficiente o, como a veces algunos suelen juzgar, porque "no pudieron con la carga de su pasado". No tiene nada que ver con eso.

Simplemente son víctimas de enfermedades mentales o problemas psicológicos, como se les conoce; pero tampoco se trata de *locura*, como muchos piensan. Un problema mental produce tristeza, cansancio mental, emocional y físico, inquietud, irritabilidad; afecta la salud de nuestro cuerpo y nuestro equilibrio en general; mengua nuestra capacidad para desarrollar tareas diarias; altera nuestra forma de relacionarnos social, laboral y familiarmente; y, por supuesto, aminora nuestra esperanza.

Comúnmente, la enfermedad mental más reconocida es la depresión, que puede ocurrir por distintas circunstancias de la vida, como un divorcio, ser víctima de abuso, la pérdida de un ser querido, o bien por un desbalance químico en el cerebro. No tiene nada que ver con que la persona que la padece lleve o no una vida espiritual, sufra de falta de carácter o sea débil.

La depresión es uno de los problemas de salud mental más comunes, pero existen muchísimos otros que desconocemos, como por ejemplo, los trastornos alimenticios, las reacciones violentas o, incluso, el impulso incontrolable por robar o cleptomanía, que muchas veces se toma como "carencia de valores", como un pecado, una falta. Pero no indagamos más allá, pues puede ser que lo que le esté pasando a la persona que padece uno de estos males sea un trastorno involuntario que no puede enfrentar por sí misma.

Los números son muy difíciles de evaluar, ya que, según las estadísticas publicadas por la revista *Psychiatric Services*, en Estados Unidos hay al menos ocho millones de personas con problemas mentales diagnosticados,[12] un número que va en aumento día a día y que puede ser todavía mucho mayor. De hecho, según las entidades de salud pública de Estados Unidos más de la mitad de los estadounidenses en algún momento de sus vidas van a ser diagnosticados con un trastorno mental.[13] ¡Imagina esta realidad! Y es todavía peor, pues si esos números corresponden a quienes han tomado la decisión de ir por voluntad propia o por consejo de alguien cercano a diagnosticarse y enfrentar lo que les sucede, ¿cuántos más hay que ni siquiera logran asimilar la idea de que padecen un trastorno en su mente? Y ese puede ser el principal problema: *no aceptar* o *no reconocer* una mente enferma. Mientras esto no suceda, la ayuda no puede llegar. Nuestras iglesias están llenas de cristianos tristes y deprimidos que no pueden abrir su corazón, ya que la iglesia, que supuestamente es como un hospital para ayudar a sanar corazones abatidos, se ha transformado en un lugar exclusivo para los más santos. Y ni hablar de si un pastor o un líder llega a necesitar ayuda: no estamos preparados para estas situaciones.

Los cristianos necesitamos ser abiertos y sensibles para reconocer en nosotros y en nuestros seres queridos cuándo hay un problema real que necesita atención. No podemos entregarle solo la carga a Dios para que Él se encargue. Lo puede hacer, por supuesto, pero también es cierto que puede utilizar manos y ángeles terrenales, así como medicinas y terapias para hacer el trabajo. Pero la tarea más importante la tenemos nosotros al aceptar que hay un problema que resolver, una carga con la que no podemos solos.

¿Por qué falla nuestra mente?

Sabemos que desde siempre han existido enfermedades mentales. Antes, por la falta de información, las explicaban simplemente como producto de la influencia de la luna (por esto, a cualquiera que hiciera algo distinto le llamaban lunático o lunática), de la brujería, o bien de demonios. Incluso la Biblia recrea distintos episodios al respecto: "Al atardecer, le llevaron muchos endemoniados, y con una sola palabra expulsó a los espíritus, y sanó a todos los enfermos",[14] se narra en el Evangelio, refiriéndose a la manera en que las familias con enfermos mentales y ataques epilépticos llegaban hasta los lugares donde Jesús y sus discípulos se encontraban para que el Maestro se encargara de sanarlos. Ese era el contexto del momento.

Hoy en día, sin embargo, sabemos que hay mucho más que demonios involucrados en las enfermedades mentales, o bien son la manera en que "aquél" se manifiesta. La ciencia médica ha enseñado que:

- La **carga genética y el historial familiar** que tenemos influyen en la posibilidad de ser afectados por trastornos de este tipo. Por ejemplo, si nuestros padres o abuelos, o todavía más atrás en nuestra línea genealógica, padecieron de algún tipo de enfermedad mental, pues hay probabilidades de que aparezca nuevamente.

- Experiencias de **algún tipo de abuso**. Lamentablemente esto es más común de lo que pensamos e influye muchísimo más de lo que quisiéramos. Según las estadísticas mundiales entregadas por la Organización Mundial de la Salud hasta finales de 2014:[15]

  - Una cuarta parte de todos los adultos manifiesta haber sufrido maltratos físicos de niños.
  - Una de cada cinco mujeres y uno de cada trece hombres declaran haber sufrido abusos sexuales en la infancia.
  - El maltrato infantil causa alteraciones en la salud mental y física que perduran toda la vida.

¡Son datos aterradores!

- El **maltrato físico infantil**, como golpes, sacudidas, quemaduras, etc., e incluso castigos que *culturalmente* muchos aceptan como algo *normal* o parte de la disciplina y no parecen tan serios, tiene efectos muy graves en el desarrollo del cerebro. Produce alteraciones neurológicas y efectos en la corteza cerebral prefrontal (que es la que nos ayuda a tomar decisiones y a saber utilizar nuestros recursos y habilidades) que deterioran el desarrollo normal de nuestra conducta, además de aumentar la posibilidad de desarrollar enfermedades no solo mentales, sino también físicas que continúan hasta la vida adulta.[16]

  Hay estudios psiquiátricos que han demostrado que los niños con falta de aprobación, cuando son grandes, tienen una inclinación a reprimir sus emociones. Y esto es como una olla a presión, pues se van acumulando a través de los años hasta que explotan con un efecto devastador.

Cuanto más reprimas, más potente será la liberación de esa emoción en algún momento de la vida.

- En el caso del **abuso sexual**, para que te hagas una idea, en Latinoamérica uno de cada cinco niños lo sufre y más del 50 % de los casos es por incesto, es decir, por parte de un familiar consanguíneo, y como es obvio con impresionantes consecuencias de deterioro emocional.

  Está comprobado que **el abuso sexual siempre tiene consecuencias psicológicas**, como estrés postraumático, trastornos depresivos, bipolaridad, ansiedad, trastorno límite de la personalidad, conductas autodestructivas, baja autoestima y autolesiones, entre otras. Se estima que, por ejemplo, el 90 % de los casos de trastornos de personalidad múltiple, conocido también como desorden de identidad disociativo, tiene su origen en algún tipo de abuso infantil. Y es que ¿cómo un niño o una niña no se verían afectados por algo así? Por eso, si esos casos no son tratados adecuadamente con ayuda profesional, van a manifestarse de diversas maneras y con graves consecuencias a lo largo de toda la vida. Y en algunas ocasiones solo encuentran salida en el suicidio.[17]

  Muchas veces, la mente, que es muy sabia, *esconde* o *borra* esos recuerdos de abuso, y ello sirve como un salvavidas para poder seguir adelante. Pero los recuerdos siguen ahí guardados, generando miedo, angustia, rabia; deteriorando las futuras relaciones familiares y de pareja; creando caos. Los expertos afirman que mientras más tiempo pasan arraigadas estas experiencias en algún recoveco de nuestra mente, más complejo es tratarlas y superarlas.

- **Alguna experiencia traumática o de alto nivel de estrés.** Hay muchas personas que a lo largo de su vida se enfrentan a situaciones fuertes que las golpean enormemente en el ámbito emocional, y si no son tratadas de la manera adecuada, pueden desarrollar una enfermedad mental, como el síndrome postraumático. Y no pienses que esto es un invento liberal o de los psicólogos. Está comprobado que ser parte, o incluso testigo, de un accidente, ver una imagen demasiado impactante, recibir una noticia que no esperábamos, en fin, cualquier cosa que altere nuestra paz y nos genere un *shock*, va a tener consecuencias. Y estas no se limitan a lo mental, pues paralelamente el cuerpo empieza a manifestar problemas fisiológicos en cadena. Por eso es muy importante prestar atención a estos sucesos y tratarlos a tiempo.

- **Desequilibrios químicos del cerebro**. Nuestra máquina pensante es perfectamente compleja. Tiene un sinfín de circuitos y procesos que funcionan como un reloj… normalmente.

Hay distintas sustancias químicas que deben intervenir para conseguirlo. Por ejemplo, las endorfinas, que deben trabajar para que todo vaya a la perfección y nuestro ánimo sea el adecuado para enfrentar la vida y sus circunstancias. Pero sucede que, en ocasiones, los llamados neurotransmisores, como la serotonina (que regula nuestro estado de ánimo, nuestro ciclo de sueño, inhibe el dolor y hasta controla nuestro apetito) o la dopamina (que es determinante para nuestra motivación para hacer las cosas y también tiene que ver con nuestra percepción de la realidad), se desequilibran. Los neurotransmisores son una especie de *mensajeros* que el cerebro tiene para trasladar los químicos y regular a las *endorfinas*, pero a veces fallan.

Cuando eso sucede, el estado anímico puede deteriorarse y aparecer la depresión, o incluso pensamientos de suicidio, en el caso de que disminuya la serotonina. O pueden aparecer problemas como trastornos de conducta, esquizofrenia y psicosis, con la presencia de alucinaciones, cuando la que disminuye es la dopamina.

- Puede ser también que los trastornos se inicien a partir de una **lesión cerebral traumática por un golpe o accidente.** En muchas ocasiones, ni siquiera somos conscientes o recordamos que lo tuvimos, pero sus efectos aparecen años más tarde.

- Si la madre de una persona estuvo expuesta a algún tipo de **virus o a productos químicos durante la etapa de embarazo,** sus hijos podrían presentar algún tipo de trastorno mental en alguna época de su vida.

- Si la persona ha tenido etapas de alto consumo de **drogas o alcohol,** este es otro factor de riesgo. Bien sabemos quienes hemos conocido casos de adicciones que el comportamiento de una persona bajo los efectos de sustancias estupefacientes es una caja de sorpresas. He visto, especialmente en los jóvenes, cómo de un momento a otro se puede transformar una persona, cómo cambian su temperamento, sus actitudes, sus reacciones y hasta sus principios. Lo que muchos no toman en cuenta es que, si bien al principio del uso de sustancias su efecto es temporal, el deterioro que ocasionan en la mente es sumatorio y cada vez que se utilizan es como golpear un objeto de arcilla. Llegará el momento en que va a ceder y se partirá en pedazos.

- Las **enfermedades graves** también pueden influenciar y llevar a ciertos trastornos. No todo el mundo tiene la capacidad para sobrellevar un diagnóstico desalentador, una enfermedad que genera discapacidad o con la cual es difícil lidiar económica, física y emocionalmente.

- La **soledad y la sensación de abandono** tampoco son buenas consejeras para una persona con cierta tendencia a desarrollar una enfermedad mental. Por eso, cuando vemos a alguien de nuestro círculo o en nuestras propias congregaciones que se aísla, es precisamente a quien hay que ponerle atención.

¿Cómo podemos darnos cuenta de que alguien está batallando con su mente o tal vez, nosotros mismos?

Lo primero que debemos hacer es ser receptivos y abiertos a la posibilidad de que alguien de nuestra familia, nuestra iglesia o incluso uno de nosotros mismos puede ser susceptible de desarrollar una enfermedad mental o estar sumido en una. En el caso de la depresión, por ejemplo, podemos notar si hay falta de deseos de participar en actividades, falta de motivación; si hay tristeza permanente, pensamientos negativos, entre otros. En los casos de trastornos alimenticios, podemos percatarnos si la persona come descontroladamente y luego desaparece, o bien no prueba bocado. Cuando hay psicosis, muchas personas comienzan a sentirse perseguidas o, en otros casos, comienzan a preocuparse de manera exagerada por los gérmenes y la contaminación. Hay muchas manifestaciones que no son congruentes con la vida cotidiana normal o con el comportamiento de la persona, manifestaciones que nos van a llamar la atención, nos van a *hacer ruido*.

En esos casos, lo primero es aceptar que algo anormal está ocurriendo. ¿Qué podemos hacer al respecto? Buscar ayuda profesional. Está muy bien acudir a nuestro líder espiritual y orar por la persona, pero paralelamente **debemos acudir con un especialista** que pueda aclararnos las cosas, descartar o confirmar nuestras sospechas. Para eso es importante revisar el historial médico de la persona, conocer sus antecedentes familiares y, si lo amerita, realizar algunos exámenes de laboratorio.

Algunos problemas psicológicos

Cuando la tristeza le gana la batalla al gozo
La enfermedad mental más reconocida es la depresión, que puede ocurrir por distintas circunstancias de la vida, como un divorcio, ser víctima de abuso, quedarse sin trabajo, o la pérdida de una pareja, un hijo, un padre o un hermano; o también por problemas psicológicos como la baja autoestima. Las personas comienzan a sentirse fuera de lugar, cansadas de todo y de nada; sienten enojo y frustración frente a la vida y sus circunstancias; se sienten inútiles, pero sobre todo desesperanzadas y desmotivadas, pues las mismas cosas que antes disfrutaban con el alma, dejan de tener sentido y de causar interés. En los casos extremos se llega a intentos de suicidio y algunos, tristemente, logran concretarlo.

Lamentablemente, como te decía al principio del capítulo, no es una enfermedad elitista. Ataca a todos por igual, pobres, ricos, cristianos o no.

La Biblia nos dice: "¡Alaben al Señor, naciones todas! ¡Pueblos todos, cántenle alabanzas!".[18] Y claro que podemos hacerlo cuando nuestra mente está sana y en coherencia absoluta con nuestro corazón y nuestro cuerpo. Pero es prácticamente imposible lograrlo para alguien que atraviesa una depresión clínica. Como te mencioné anteriormente, está comprobado que esta puede ser generada por distintas razones, desde estrés postraumático, el maltrato físico, el abuso sexual, el consumo de sustancias químicas durante el embarazo de nuestra madre, un desbalance químico del cerebro... No tiene necesariamente relación con nuestra conducta anterior ni ha sido provocada por algún *pecado*, tampoco se debe a una falta de conexión con Dios. Por eso, normalmente no logra ser curada por nuestra propia iniciativa o fuerza de voluntad. **Se necesita una** *ayuda extra* **y el diagnóstico de un especialista.**

No es nuestro papel juzgar y condenar a quien se encuentra en ese proceso, menos a nosotros mismos, sino que, por el contrario, debemos armarnos de una cuota extra de amor y compasión para apoyarnos o apoyarlos si lo necesitan. Ya te diré más adelante exactamente cómo hacerlo de manera concreta y efectiva.

Miedo fuera de control

Todos los seres humanos somos temerosos por naturaleza. Unos más que otros, dependiendo de nuestra personalidad, experiencias y forma de reaccionar, entre otras cosas. Eso es normal. De hecho, la sensación de temor nos permite estar alertas ante los peligros y eso, a lo largo de nuestra vida, nos ayuda a sobrevivir. De hecho, tiene que ver con nuestra capacidad de supervivencia. Sin embargo, es muy distinto cuando el temor pasa a controlar nuestros actos y nos paraliza. Hay personas que, luego de una situación traumática, comienzan a sentir un miedo aterrador, verdadero pánico ante cualquier situación real o ficticia. Les aterra la idea de salir de casa o, incluso, sienten pavor dentro de sus propios hogares.

Eso les genera mucha ansiedad y pesadillas, por lo que también comienzan a tener problemas para dormir. Cuando esto ocurre, hay que estar alertas y reaccionar rápidamente. Si se trata a tiempo, no pasará de ser más que una condición temporal.

La Biblia nos relata situaciones de tristeza o depresión que vivieron algunos profetas y hombres de Dios. Uno de ellos fue Elías, quien después de obtener una victoria, llegó a decirle a Dios que quería morir.[19] David también pasó por momentos de depresión. No en vano podemos leer sus penas y angustias en el libro de los Salmos. Jeremías, un profeta que fue testigo del cautiverio de los israelitas, dijo: "Mi dolor no tiene remedio".[20] Otro ejemplo fue Job, quien pasó por momentos de profunda depresión a causa de la pérdida de su familia, de sus posesiones, de sus amigos, ¡de absolutamente todo! La buena noticia es que todos salieron de esa situación con la ayuda de Dios, pero por sobre todas las cosas porque todos actuaron, dejaron de lamentarse y se pusieron de pie nuevamente. Este cambio de actitud comienza en la mente, al actuar para conseguir algo.

Comiéndose las uñas...

Como te he contado anteriormente, no soy una persona de estar en escena o a quien le gusten los focos y la atención. Toda mi vida he preferido estar *detrás del escenario*, pendiente de cada detalle de las actividades de mi esposo y de la iglesia, pero pasando lo más desapercibida posible. Sin embargo, cuando me toca hacer algo que me coloca en el centro de la atención, me pongo muy ansiosa y a veces tiemblo de los nervios. Conozco a otras personas que se ponen peor y les sudan las manos o se tornan blancas como un papel. Bueno, esa ansiedad temporal no es algo fuera de lo común. Le puede pasar a cualquiera y dura lo mismo que la circunstancia que la provocó. Puede, incluso, llegar a servirnos, ya que nos prepara y nos mantiene alertas para enfrentar la situación con todos nuestros sentidos. Sin embargo, una de cada cinco personas en Estados Unidos sufre de ansiedad crónica, ¡que puede durar hasta meses!

Imagina lo que eso significa en sus vidas... Les genera cambios de rutina y el aumento de las posibilidades de desarrollar problemas de salud graves como ataques cardíacos, diabetes, hipertensión, derrame cerebral, parálisis, depresión o caer en el uso de drogas, medicamentos o alcohol.

Cuando el pánico cunde, ¡y mucho!

En ocasiones, la ansiedad se vuelve extrema y puede derivar en lo que se conoce como *ataque de pánico*. He visto muchos casos de estos a lo largo de mi vida, en que las personas están tan aceleradas que su corazón parece latir a mil por hora, les duele el pecho o el estómago, se sienten asfixiadas, no pueden respirar y sudan, entre otras cosas. Es aterrador verlas porque a veces pareciera que están al borde de la muerte y si uno no está preparado para responder, no sabe qué hacer.

Suele ocurrirle con mayor frecuencia a las mujeres que a los hombres, en cualquier momento, sin aviso, y quien lo padece pierde por completo el control de su mente y, por ende, de su cuerpo, producto del alto nivel de ansiedad y miedo.

Como una rueda de la fortuna…, una y otra vez

Más de una vez me ha tocado decirle a alguien que no se burle o comente cuando vemos que una persona realiza ciertas acciones que repite como un robot. La primera vez que lo vi, confieso que me impactó, pero de inmediato busqué información al respecto para saber de qué se trataba.

A eso se le conoce como TOC o trastorno obsesivo-compulsivo, que es un tipo de manifestación del exceso de ansiedad. Se dice que la mayoría de los seres humanos, en mayor o menor grado, tenemos algún tipo de TOC. Por ejemplo, cuando tenemos la manía de revisar una y otra vez si cerramos adecuadamente la puerta al salir o la llave del lavamanos. Eso, en definitiva, parece ser normal. El problema es cuando se convierte en un acto mecánico, repetitivo y que llega a angustiar a la persona, pues, aunque quiera, no puede detenerlo. Es una acción obsesiva que la persona *necesita* hacer.

A veces ocurre que las personas requieren lavarse las manos una y otra vez, como un ritual, porque les atemoriza la idea de contraer alguna bacteria o germen. O bien, cuando están contando algo, deben hacerlo varias veces porque no se sienten seguros con el resultado y deben comprobarlo en reiteradas ocasiones. También es muy común limpiar compulsivamente la casa o una superficie. El problema es que esas acciones les toman tiempo e interfieren con sus vidas cotidianas.

Las huellas mentales

Lamentablemente, a través de los años he conocido a muchas personas que padecen estrés postraumático o TEPT, el cual, a pesar de ser tan común, puede llegar a ser muy incomprendido. Gran parte de los soldados que regresan de la guerra traen a la espalda también sus secuelas, y son terribles. Miedo, pesadillas recurrentes, una sensación de desajuste con la realidad, recuerdos que van y vienen, arranques de rabia, mucha tristeza y un vacío enorme los inundan. Es muy difícil para ellos retomar sus vidas como eran antes del evento. Y no solo ellos se ven afectados, también sus familias y la comunidad en la que están insertos, pues a todos les toca intervenir y lidiar, de una manera u otra, con los cambios de conducta que tienen.

El caso de los héroes de guerra es al menos más conocido, pero el TEPT ocurre tras cualquier evento que nos cause impacto. Por ejemplo, después de cada desastre natural, como un terremoto, una inundación o un huracán, quedan cientos de miles de víctimas que lo padecen de por vida. También puede ocurrir luego de un accidente aéreo, de automóvil, una violación, un robo, un secuestro o, incluso, alguna situación que ni siquiera les afecte directamente, pero de la cual son testigos. Y lo más importante para tener en cuenta es que los síntomas pueden no ser visibles de inmediato, sino hasta meses o años más tarde de ocurrido el incidente.

Cuando la comida es un problema

Creo que la mayoría de nosotros, en mayor o menor grado, hemos sufrido en una etapa de nuestras vidas algún trastorno de alimentación o hemos estado al límite de padecerlo. Sobre todo las mujeres, pues cuando somos adolescentes y empezamos a compararnos con nuestras amigas, compañeras de escuela, modelos y famosas de la televisión, comenzamos a restringir los alimentos o a comer compulsivamente usando luego laxantes, por ejemplo, o adoptando cada invento que se ve sobre dietas y métodos para estar delgadas. De hecho, como te contaré en detalle en el siguiente capítulo, de alguna manera también estuve seducida por esa obsesión con la figura delgada, aunque, gracias a Dios, jamás llegó a ser un trastorno de alimentación.

Estos, lamentablemente, son problemas serios de nuestra mente, pero no tardan en trasladarse a nuestro cuerpo, afectando a distintos órganos como el corazón o los riñones, o causando incluso la muerte. Las personas pueden presentar:

- **Anorexia nerviosa**: es la más conocida porque la vemos seguido entre famosas o en las noticias y también entre gente que conocemos. Quienes la sufren dejan de comer y van adelgazando a tal extremo que quedan convertidos en verdaderos esqueletos. Lo peor es que, a pesar de que la delgadez es impresionante, esas personas siguen viéndose a sí mismas excedidas de peso.
- **Bulimia nerviosa**: esta afección es parecida, pues también hay una necesidad de perder peso, con la diferencia de que

CON TODA TU MENTE

la persona come y luego se siente culpable de haberlo hecho y se purga o vomita para eliminar su "pecado".

- **Compulsión por los alimentos**: curiosamente, es uno de los males menos reconocidos como un problema. La mayoría de la gente que lo padece, o tiene a alguien en su familia que lo experimenta, piensa que simplemente se trata de que le gusta la "buena vida", como se dice en nuestros países. Pues te comento que de buena vida no tiene nada. Todo lo contrario. La comida es una adicción tanto o más poderosa y dañina que las demás cuando no se consume con conciencia.

Ese algo que acaba con nuestro equilibrio

Las adicciones a cualquier sustancia son un problema que comienza en nuestro corazón por una tristeza, una emoción negativa que se arraigó en nosotros, pero que comienza luego a deteriorar nuestra mente.

Cuando nos volvemos *adictos* a algo, ya sea al alcohol, al cigarrillo, a una droga, a una medicina o hasta al azúcar, es porque creemos que si usamos o consumimos eso, nuestra vida será más llevadera. Además de todas estas adicciones reconocidas, también hay millones de personas adictas al deporte, al sexo, a los juegos de azar, al trabajo e, incluso, a otras personas.

Quien padece algún tipo de adicción siente que ese dolor en el alma, esa angustia, desesperación, insatisfacción o recuerdo se van a borrar si se toma, se bebe o se fuma esa solución mágica. Al principio, todo adicto siente que es un alivio temporal, pero que él tiene el control y que en cualquier momento puede detenerse y dejar de usarla. Error. Eso jamás sucede. Y comienza una cascada de problemas que van sucediéndose cuando cada área de su vida y su ser se ve afectada.

Tratar con un adicto es quizá una de las experiencias más fuertes que uno puede tener. Y muchas de las personas que tienen tendencias adictivas dejan definitivamente el cigarrillo, por ejemplo, pero adoptan una nueva adicción: es decir, la reemplazan por otra. Nunca han tratado la raíz de la adicción.

Además de estos y otros trastornos mentales que pueden tener un diagnóstico clínico, hay muchas *conductas* que enferman nuestra mente. Lo bueno es que la mayoría de estas se pueden prevenir o modificar si las reconocemos y ponemos toda nuestra voluntad y disciplina para lograrlo. A continuación, te comento las que, de acuerdo con mi experiencia y lo que he aprendido, son las principales.

Conductas e intrusos que distorsionan nuestra mente

Estrés: el gran enemigo

No hay área de nuestro ser donde este intruso, impertinente y caótico enemigo no haga estragos. Cada vez que decide instalarse en la vida de una persona, acaba llevándose todo por delante: su mente, su cuerpo e, incluso, sus relaciones familiares y personales.

El estrés en sí no es malo, pues es la respuesta natural de nuestro organismo ante una situación que represente una amenaza o un peligro para nosotros. Cuando nuestra mente reconoce que algo así sucede, como una noticia que nos impacta o un momento crítico que parece peligroso —como, por ejemplo, cuando alguien nos sigue de manera sospechosa en una calle solitaria—, el hipotálamo le envía la señal al sistema nervioso para que empiece a reaccionar y todo nuestro organismo se ponga en *modo* defensivo. De inmediato, comienzan a generarse más hormonas como la adrenalina, que hace que nuestro corazón empiece a latir más rápido, así como la hormona cortisol, que hace que aumente la cantidad de azúcar en la sangre y disminuya nuestra respuesta inmunitaria. También baja el trabajo de la formación ósea y altera el metabolismo de las grasas, las proteínas y carbohidratos, entre otras cosas, porque en ese momento la prioridad es *defender*.

Cuando ocasionalmente se produce el estrés, es decir, respondiendo precisamente a momentos específicos, cada cierto tiempo, no es malo. Al contrario, porque hace que, de alguna manera, se ponga a prueba todo el circuito de funciones del organismo. Los problemas empiezan cuando el estrés se alarga en el tiempo y se convierte en un estado semipermanente o permanente por largos periodos. Y, lamentablemente, es lo que suele ocurrir hoy en día debido al estilo de vida tan exigente de la mayoría de las personas.

Por ejemplo, en el cuerpo, cuando estamos bajo estrés, las células encargadas del sistema inmunitario —es decir, *nuestros soldados*— se van hacia zonas donde no acostumbran a estar, asumiendo que deben defenderlas, pero descuidan los sitios donde deberían permanecer operativas, como el sistema digestivo y el respiratorio, por ejemplo. Por eso, es muy común que cuando una persona está bajo mucho estrés comience a padecer de gripe con frecuencia, también de infecciones estomacales y a enfermarse constantemente en general. Y eso es solo la punta del iceberg, porque de ahí en adelante vienen una serie de problemas físicos que van desde algunos que afectan la piel, como acné o rosácea, hasta otros más complejos que pueden terminar en cuadros mucho más graves, como ataques al corazón.

Y algo de lo que muy pocas veces se habla es del efecto del estrés en el entorno cerebral. Pues además de alterarnos el humor, de interferir en nuestra forma de relacionarnos y de inducir estados de ansiedad y depresión, este enemigo va matando también las neuronas, lo cual, a medida que avanza el tiempo, hace más difícil nuestra capacidad de aprender nuevas cosas, complica nuestra capacidad para concentrarnos y deteriora nuestra memoria.

¡Te puedo llenar de datos sobre los efectos nocivos del estrés! Es impresionante la ola de problemas que va suscitando. Lo que debes tener claro es que nada bueno sale de este si no se le pone freno a tiempo.

Falta de motivación

No me refiero al desgano o a la depresión clínica, sino a esa ausencia de propósito o de sentido en nuestra vida que no nos permite vivir a plenitud porque nos estancamos en nimiedades y no aprovechamos todo nuestro potencial.

Cuando no descubrimos cuál es el propósito de nuestra vida, es difícil que podamos motivarnos a vivirla porque no tenemos ese aliciente que nos despierta cada mañana con ganas, con energía y agradecimiento por una nueva oportunidad. El propósito le da sentido a todo y nos da la fuerza necesaria para sobreponernos a cualquier obstáculo, por eso es vital descubrirlo.

Creencias limitantes

Tal como te decía al principio de este capítulo, nuestras creencias pueden ser nuestro pasaje directo a la eternidad o la piedra atada que nos lleve al fondo del fango. Estas determinan nuestra percepción del mundo. Por ejemplo, la manera en que evaluamos a los demás, en que los juzgamos y los criticamos se debe a esa percepción que toma forma en nuestra mente de acuerdo con nuestras creencias.

De la misma forma, casi el ciento por ciento de las decisiones que tomamos se fundamentan en las programaciones internas que

CON TODA TU MENTE

traemos cultural, social y familiarmente. Es decir, actuamos conforme a lo que nos han enseñado a creer, a lo que hemos aprendido desde niños o a través de la vida en general. ¡Y es impresionante cuánto nos determinan! Por ejemplo, la forma en que vemos el paso de los años y cómo emitimos juicios de valor sobre otros por eso. Un ejemplo: "Él o ella ya no deberían vestirse de esa manera. No va de acuerdo con su edad". De la misma manera, esa creencia que tengamos acerca de la edad determina la manera en que nos enfrentamos a ese tema. Por ejemplo: "Ahora que ya tengo más de cincuenta me van a empezar los problemas físicos y los dolores", "Es normal padecer de esta enfermedad a mi edad", "Ya no estoy en edad para hacer esos deportes", etcétera.

Muchas veces, esas creencias hacen que no podamos avanzar para llevar una vida saludable, simplemente porque estamos repletos de ideas e información "desactualizada", y eso es lo que nos frena. Por ejemplo: "Cuando sea delgado, voy a ser feliz", "Cuando estoy de vacaciones, engordo", "Cuando llegue a mi peso ideal, seré saludable", "No puedo hacer ejercicio porque trabajo mucho y no tengo tiempo", "Llevar una alimentación saludable es costoso", etc. Mientras más arraigadas tengamos nuestras creencias limitantes, más difícil será avanzar hacia una vida con balance.

Entre el caos y la indisciplina

La mente necesita orden. El desorden y la indisciplina en nuestra vida no le ayudan a nuestra mente a crear y *sopesar* cuáles son las mejores decisiones que debemos tomar para crecer y avanzar. Cuando no tenemos disciplina, el tiempo no nos alcanza, los recursos no son suficientes, no tenemos prioridades y nuestra vida, en general, desde la punta del cabello hasta nuestras acciones, lo dejan traslucir.

Por ejemplo, la primera queja de la mayoría de las personas para no actuar sobre sus vidas, como ejercitarse, cuidar de su salud, cumplir con sus consultas médicas, entre otras, es: "No tengo tiempo". Pero el tiempo es algo muy relativo y ¡es el mismo para todos los seres humanos! Sin embargo, si te pones a revisar la historia de personas exitosas, todas comparten cómo organizan sus actividades de tal manera que las horas del día les alcancen para cumplir con todo, empezando por su cuidado personal y el ejercicio. ¿Por qué ellos pueden y nosotros no?

Lo mismo ocurre con la manera en que nos alimentamos. Si no tenemos disciplina y orden, vamos a recurrir a lo primero que encontremos a mano para *satisfacer* la ansiedad del momento y no necesariamente el hambre. En esas oportunidades consumimos cualquier cosa, sin preocuparnos de que sea una buena opción nutritiva.

La indisciplina la vemos también en nuestro hogar y centros de trabajo, a veces convertidos en lugares caóticos, llenos de artículos que no necesitamos y que ensucian, estorban y desordenan. Eso no le hace bien a nuestra mente.

Para que veas que no es una exageración, te puedo contar que en la Universidad de Princeton,[21] en Nueva Jersey, se realizó una investigación, que fue publicada en una revista de neurociencias, en la que se comparaba el desempeño de personas que trabajan en un lugar organizado versus aquellas que están en sitios caóticos. Pues te cuento que se demostró que el desorden disminuye la atención y el enfoque en las actividades, complica la manera en que procesamos la información, disminuye el rendimiento de las personas y las estresa más. ¿Qué te parece? Incluso, se ha estudiado que aquellas personas que pasan el día conectadas a sus cuentas en redes sociales, respondiendo mensajes y pendientes de cada vibración de sus teléfonos, también van respondiendo a este desorden de estímulos digitales con el paso del tiempo con falta de concentración y problemas de memoria.

La indisciplina y el desorden en nuestro ser implica también falta de voluntad, de poner en práctica nuestro conocimiento, sabiduría y todas las herramientas que Dios nos proporciona para alcanzar una vida plena.

¿Cómo curar nuestra mente?

Reconoce y acepta los problemas de la mente

Cuando hay señales de que algo anda mal, ya sea con nosotros mismos o con un ser querido, lo primero que necesitamos hacer es reconocer el problema, luego aceptarlo y, de inmediato, buscar la solución.

Tenemos que estar abiertos a la posibilidad de que los síntomas que notamos correspondan a una de las enfermedades que te mencioné al principio de este capítulo u otras. Obviamente que, como cristianos, nuestro primer recurso es buscar apoyo en nuestra fe, y por supuesto que es válido, pero eso no implica dejar de buscar ayuda profesional para saber si se trata de un problema clínico y cuál sería. Eso puede marcar la diferencia en un futuro, e incluso prevenir un desenlace fatal.

Como ya dijimos, problemas como la depresión, la ansiedad u otros trastornos de personalidad pueden deberse a un desorden químico que requiera, además de oración y apoyo de nuestro círculo cercano, de terapias psicológicas y consejería, pero sobre todo de medicamentos. Nosotros debemos estar especialmente atentos a esas señales en quienes son más vulnerables como los niños, los adolescentes, los ancianos que están solos y las mujeres que han dado a luz recientemente. Cuando se trata de un problema clínico, suele suceder que, por más esfuerzo que haga, la persona no puede salir adelante por sí misma. Un médico especialista en enfermedades mentales puede proporcionarle las herramientas para que logre sobreponerse a sus problemas: recuerda que Dios usa distintos recursos y personas para su trabajo en nosotros.

Las enfermedades mentales no son un signo de pecado, pues Dios siempre tiene el control; pero nosotros también debemos hacer nuestra parte.

Cuando le entregamos nuestra vida al Señor, Él hace todas las cosas nuevas; le permitimos que comience a dirigir nuestras vidas y nos ayude a cultivar nuestra parte espiritual, pero la mente sigue siendo nuestra propiedad, esa es la parte más difícil para muchos. Tenemos eventos guardados en el inconsciente que ni nosotros recordamos, pero que están ahí latentes, dirigiendo nuestros pensamientos y provocando que tomemos decisiones equivocadas. Muchos cometen el mismo error una y otra vez, y no saben por qué lo hacen.

Deja de hacer "la vista gorda" ante la realidad

Algo vital para prevenir y enfrentar nuestros problemas tanto de la mente como (en un futuro) emocionales y físicos es dejar de hacernos de "la vista gorda" ante los factores de riesgo o las situaciones que percibimos o intuimos como anormales o peligrosas.

¿A qué me refiero? A no quedarnos de brazos cruzados cuando nos percatamos de que algo anda mal en la comunidad donde nos movemos, en el trabajo o, especialmente, en nuestro hogar. Suele pasar que por no querer vernos involucrados en problemas o agrandar los que ya hay, preferimos mirar para otro lado cuando observamos que hay indicios de abuso, por ejemplo. Como ya viste, cualquier tipo de abuso es un detonador de cientos de problemas en la mente, las emociones y el cuerpo de cualquier ser humano, a cualquier edad. Y me da tristeza decirlo, pero a veces los mismos cristianos callamos situaciones por miedo o vergüenza. ¡Pues no más!

La verdad es la vía directa a la redención y la libertad. ¡Con la verdad se evitan tantos problemas! Y esa es nuestra primera responsabilidad ante Dios: ser auténticos y verdaderos, coherentes con nuestros principios. Guardar esos "secretos" o esa información no solo dañará la mente de quienes son víctimas directas, sino también la nuestra, porque no hay tormento más grande para el ser humano que mantener un secreto a sabiendas de que genera dolor.

Acepta la posibilidad de recurrir a terapias que funcionan

Una vez que se busca ayuda especializada, lo primero que puede decir un profesional de la salud mental es que el tratamiento requiere la combinación de fármacos y terapias. A veces se puede comenzar probando las terapias antes de pasar al siguiente paso con los medicamentos.

Algunos profesionales son más propensos a proponer el uso de opciones como la psicoterapia y la terapia cognitiva conductual, por ejemplo, que suelen ayudar muchísimo con cuadros de depresión y ansiedad. En la psicoterapia, se busca enfrentar la respuesta emocional a la enfermedad que se está padeciendo y descubrir estrategias para salir adelante. En el caso de la terapia cognitiva conductual, la meta es modificar los patrones de pensamiento que nos llevan a caer en esos cuadros.

Ahora bien, cuando el especialista se da cuenta de que el problema va mucho más allá y existe un desbalance químico en el cerebro, entonces inevitablemente recurrirá al uso de medicamentos.

Solicita análisis de sangre

Si bien es cierto que cuando hay desbalance en los neurotransmisores del cerebro, no hay manera de enterarnos con algún tipo de detalle si existen otros niveles que puedan arrojar cierta luz sobre el problema. Por ejemplo, a veces nuestro organismo tiene exceso de ciertos metales como plomo o cobre y menos cantidad de otros como el hierro. ¿Y qué pasa con esto? Bueno, se ha encontrado cierta relación de estos estados con cuadros depresivos o cambios de ánimo drásticos. Lo mismo ocurre al analizar el desempeño de nuestra tiroides. Por eso es importante buscar a un buen médico que trabaje en conjunto con un psicólogo, psiquiatra y/o terapista para que puedan realizar un trabajo integral que nos ayude a entender y tratar mejor nuestro cuadro clínico.

No te automediques

Es cierto que los medicamentos son costosos, pero algo que jamás debes hacer frente a cualquier malestar, y menos de tu mente, es automedicarte. Todas las medicinas, incluso las de origen natural o suplementos, tienen algún efecto secundario. En el caso de los que se utilizan para tratar cuadros como depresión, estrés o ansiedad suelen ser doblemente peligrosos porque su efecto va directo al sistema nervioso y a nuestro cerebro.

Hay muchos medicamentos cuyo efecto principal es brindar esa sensación de bienestar o placer que, de manera natural, tenemos cuando se activan nuestras endorfinas. Pero sucede que, al ser provocado químicamente dicho placer, podemos tener cierto grado de éxito, dependiendo de la concentración de la medicina, de nuestro peso y de otras características personales. Pero días más tarde podemos presentar un efecto de rebote o completamente opuesto.

Además, si te fijas en la publicidad de muchas medicinas, se mencionan sus beneficios, pero aparecen de manera muy rápida sus efectos secundarios, ¡y suelen ser precisamente lo opuesto! Por ejemplo, aquellos para tratar la depresión (como los inhibidores selectivos de recaptación de serotonina o ISRS) pueden mejorar el estado de ánimo o, por el contrario, en algunas personas, provocar una tristeza profunda, insomnio, disfunción sexual y sentimientos suicidas. Hay otros medicamentos que son todavía más complejos, como los antidepresivos y benzodiacepinas, que pueden calmar y controlar la ansiedad, pero tienen graves efectos secundarios como generar mayor irritabilidad y agresividad, daño cognitivo o, incluso, más depresión. ¿Te das cuenta?

Por eso es importante que sea un médico quien los recete y supervise, y no que un familiar o amigo te los sugiera o, incluso, te comparta algunas pastillas.

Si prefieres lo natural...

Hoy en día hay muchas personas que antes de recurrir a las soluciones químicas buscan respuestas en lo natural. Y suele haber muchas opciones, dependiendo del país donde se viva. Sin embargo, al igual que los suplementos o medicamentos, siempre debe ser un experto, con mucha experiencia, quien recete o sugiera los remedios para que no exista riesgo de que vaya a interferir con otro producto o con otras características de la persona.

De hecho, muchos de los remedios más utilizados y con menor cantidad de efectos secundarios, como la hierba de San Juan o la valeriana, son usados como sedantes o antidepresivos para disminuir el estrés y la ansiedad. De todas maneras, no funcionan igual para todos y siempre tienen sus riesgos.

En algunos casos, los efectos de los productos naturales son comparables a los de algunos medicamentos, pero, por supuesto, con un índice mucho menor de efectos secundarios. De todas maneras, es recomendable que lo consultes con un especialista que te ayude a encontrar la mejor opción para tu caso en particular.

Las agujas que calman

Hay mucha gente que de entrada rechaza alguna opción, aun antes de probar o saber bien de qué se trata, todo porque se opone a lo que suene a otra cultura. Y es lo que sucede con la acupuntura. Hay quienes le tienen aversión porque sí, sin más razón. Pues te cuento que la acupuntura ha sido una de las primeras terapias alternativas o complementarias en ser reconocida en algunos sistemas de salud y pagada por algunos seguros. Y esto ha ocurrido por los efectos positivos que se le atribuyen.

La acupuntura es el tratamiento que se realiza introduciendo agujas muy finas en puntos específicos del cuerpo conectados al sistema nervioso o a distintos órganos. Esas agujas ejercen cierta presión, la cual ayuda a aliviar muchos síntomas como el dolor o la inflamación, pero también combate el estrés y la ansiedad, ya que ayuda a relajar los músculos tensionados.

Hay bastante literatura que detalla los estudios que se han hecho y que prueban que esta terapia ancestral puede llegar a ser tan efectiva para tratar la depresión, la ansiedad y otros problemas como algunos medicamentos, puesto que ayuda a liberar endorfinas, que son las que se encargan de regular los estados de ánimo y de mantenernos alejados del dolor, entre otras cosas. Pero la mejor parte es que no tiene todos los efectos secundarios que sí poseen las medicinas químicas.

Mantén tu mente en forma, con un cuerpo en movimiento

Aunque en el próximo capítulo te hablaré de los beneficios de ejercitarse, te puedo contar que, aunque parezca que no tiene relación, el ejercicio es vital para mantener una mente sana y *en forma*. Y no es una exageración.

Cuando hacemos ejercicio, eliminamos toxinas de nuestro cuerpo, incluyendo las que llegan a nuestro cerebro, lo cual ayuda a mantener un *ambiente* más limpio para nuestros pensamientos e ideas y para todas las actividades tan complejas y maravillosas que allí se desarrollan. También ayuda a mejorar nuestra salud cardiovascular, ya que al ejercitarnos oxigenamos nuestra sangre, lo cual crea un impulso para todo nuestro organismo. Y, por si fuera poco, el ejercicio ayuda a liberar endorfinas que, como ya te he mencionado, son las sustancias que nos ayudan a tener esa sensación de plenitud y felicidad, mejorando nuestro estado de ánimo.

Y finalmente, no solo hacemos que nuestro cuerpo se sienta y se vea mejor, sino que mejoramos nuestra actividad cerebral, puesto que ayudamos a que las células se comuniquen mejor entre ellas. Ese proceso se llama sinapsis y el ejercicio fomenta más conexiones, además de que se formen nuevas células.

Ahora bien, cuando el ejercicio se realiza al aire libre, todavía tiene más ventajas, pues al observar y disfrutar de los paisajes y el entorno, al saludar e interactuar con otras personas, también se fomentan las conexiones del cerebro. Algunas investigaciones han mostrado que basta una caminata diaria de apenas treinta y cinco minutos, cinco veces a la semana, para ayudar a disminuir la depresión moderada o leve.[22]

Dale oportunidad al sol y a la vitamina D

Durante las últimas décadas, le hemos dado tan duro al sol debido al cáncer de piel que ya casi no dejamos que ni un rayito se cuele por la ventana. Nos hemos ido al otro extremo y el resultado es casi tan negativo como el cáncer de piel. Pues te cuento que uno de los elementos más importantes para mantener una mente saludable es la vitamina D. La necesitamos para un sinfín de procesos, entre ellos, la absorción del calcio; pero para nuestra mente, es vital, pues resulta que en nuestro cerebro contamos con varios receptores de vitamina D que colaboran con el crecimiento de células nerviosas. Además, ayuda a desinflamarlo y protegerlo. De hecho, hay estudios que muestran que su presencia podría ayudar a evitar o disminuir problemas como la depresión y otros más complejos como la demencia y el alzhéimer. Se ha visto, por ejemplo, que es muy común que pacientes con depresión tengan niveles muy bajos de vitamina D.

Ahora bien, para suplementarla es necesario visitar a un médico para que te realice un estudio de sangre que permita ver exactamente cuál es tu nivel. Muchas veces, comenzar a tomar una dosis regular, de las que venden en todas las tiendas y farmacias, no es suficiente y se requiere consumir una mucho más alta, y controlada por un médico, por determinado tiempo.

También es vital tomar un poco de sol diariamente. Estamos tan acostumbrados a trabajar por horas dentro de una oficina o pasar el día entero en el aire acondicionado o la calefacción, que nos olvidamos de que nuestro cuerpo es como una planta que necesita del astro rey para sus procesos. Con esto no te estoy diciendo que corras y te pongas por horas bajo el sol inclemente hasta causar otros problemas. ¡Por favor! Pero si sales al menos media hora a caminar, montar en bicicleta o a trotar tempranito por la mañana, o al finalizar el día, o cuando el sol no es tan fuerte, verás la diferencia y todo tu ser te lo agradecerá.

Alimenta tu mente

Como he repetido infinidad de veces a través de estas páginas, separarnos por *secciones* o áreas para funcionar de manera independiente es imposible, pues cada una necesita de la otra. Otra prueba más de esto es que, para mantener una mente saludable, también necesitamos alimentar nuestro cuerpo de la manera correcta.

Por ejemplo, te acabo de explicar la importancia de la vitamina D para nuestro cerebro y sus conexiones. Bueno, aparte del sol y los suplementos, otra fuente vital para adquirirla es a través de lo que comemos, y entre esos alimentos vitales para suministrarla están todos los tipos de pescados ricos en grasas omega 3, como el salmón, el atún o la caballa, entre otros. También la podemos obtener de la yema de los huevos y del hígado de pescado o de res.

Resulta que las células del cerebro están formadas por grasas omega 3, y todos los ácidos grasos básicos son vitales para conservarlas saludables, mantener una buena memoria, que todo nuestro cerebro funcione como corresponde y para que nuestra conducta sea la adecuada.

Además del pescado, es importante incorporar nueces, semillas, aguacates, hierbas como el romero, y especias como la cúrcuma. Y si es necesario, en ocasiones puede ser que el médico te indique la necesidad de algún suplemento a base de aceite de pescado, dril o linaza, por ejemplo, puesto que se ha demostrado que ingerir entre mil y dos mil miligramos diarios de ácidos grasos omega 3 puede prevenir y aliviar algunos problemas y trastornos de la mente como la decadencia de la memoria, los cambios drásticos en el estado de ánimo, la depresión, la bipolaridad, la esquizofrenia y el TDAH o el déficit de atención con hiperactividad.

Una dieta balanceada, conformada por frutas y vegetales frescos y crudos, también es importante para obtener todas las vitaminas y minerales que el cerebro necesita para funcionar. Así como el consumo de probióticos que ayuden a mantener la flora del organismo. El equilibrio en el sistema digestivo es fundamental para la salud de nuestra mente.

Descansa la mente

La mente, al igual que todo nuestro ser, necesita descansar adecuadamente. Recuerda que el cerebro, donde comienza la actividad que genera los pensamientos y de ahí en adelante el procesamiento de información para la toma de decisiones, funciona a partir de conexiones entre las neuronas, y estas necesitan tiempo para reponerse. Cuando dormimos, todas las conexiones que se han producido durante el día se fortalecen, lo cual se plasma luego en la memoria. Por esta razón, cuando las personas comienzan a manifestar alteraciones en el ciclo del sueño, ven como se afecta su memoria. Es muy importante dormir el tiempo adecuado (idealmente entre seis y ocho horas), en una habitación oscura, sin luces que perturben (como las de la televisión o el celular), a temperatura adecuada y de manera relajada, sin sobresaltos ni interrupciones para alcanzar el ciclo completo del sueño.

Es recomendable acostarse no más allá de las diez de la noche para poder cumplir con el ciclo adecuado de nuestro reloj biológico. Mucha gente suele acostarse tarde por trabajo, pero otros lo hacen simplemente por mala costumbre. Pero si tienes la posibilidad de *organizar* tus horarios, haz el esfuerzo (sé que es difícil, pero si puedes, inténtalo). Y antes de ir a dormir, evita ver televisión, revisar correos o noticias desagradables, puesto que durante la noche nuestro cerebro procesa especialmente esa última información que recibimos, aumentando la posibilidad de que se generen emociones negativas que afecten nuestra mente y, de ahí en adelante, nuestro cuerpo. Lo mejor es realizar acciones que nos inspiren buenos pensamientos, emociones positivas y relajación. Puedes ver una imagen bonita, escuchar algo de música suave, leer algo inspirador, orar o pensar en todo lo bueno que tenemos alrededor. Ese es un ejercicio maravilloso, no solo para la salud de nuestra mente, sino para la de todo nuestro ser.

Levántate inteligentemente

Sé que esto es difícil para la mayoría de las personas, pero es uno de los secretos mejor guardados de quienes tienen una calidad de vida espectacular y lo hacen de manera natural. Si ya viste que dormir adecuadamente es importante, levantarse lo es tanto o más para una mente al cien por ciento.

Lo ideal es despertarse al amanecer, no solamente porque de esta manera el día nos rinde muchísimo más, sino porque si tenemos la posibilidad de que la luz del amanecer penetre en nuestra habitación y de recibirla paulatinamente, a medida que amanece, nuestro cerebro y nuestro cuerpo serán los más beneficiados. ¿Por qué, te preguntarás? Bueno, porque este tipo de luz nos ayuda a tener una mejor reacción al cortisol que, como ya te expliqué, es la llamada hormona del estrés. Hay expertos en bienestar y calidad del sueño que recomiendan que, si no podemos recibir esta luz de manera natural, compremos algún sistema de luz que la simule para ayudarnos.

Desconecta, relaja y deja escapar tu mente

Como te comenté anteriormente, el estrés de vez en cuando en nuestra vida no es malo, ya que nos ayuda a estar alertas, a concentrarnos y a elevar nuestra energía, pero que este se apodere de nosotros, ya es otra cosa. Ya sabes todo el daño que ocasiona. Por lo tanto, una de las principales metas para tener una mente sana (y por consiguiente el cuerpo) es aprender a mantenerlo a raya... Difícil, pero no imposible.

- **Lo primero es aprender a desconectarnos,** a poner nuestro *switch* en modo apagado. Es decir, tomarnos un tiempo de relajación obligatoria. En mi caso, intento dejar fuera de mi alcance, al menos por un par de horas al día, la computadora, la televisión y ¡hasta el teléfono! No es sencillo, porque nos hemos acostumbrado a estar "disponibles" las veinticuatro horas del día, los siete días de la semana, pero basta solo recordar que hasta hace unos quince o veinte años, no teníamos modo de estar ubicables en todo momento.

  Por mi trabajo pastoral, prácticamente toda mi vida he estado disponible para la gente. Sentía que ese era mi llamado y que debía estar disponible para ellos cuando me necesitaran. No es que haya cambiado de manera de pensar o propósito, sino que entendí que la única manera de ayudar a otros es, primero, estar bien yo. Para eso también requiero de un tiempo para mí. No te digo que necesariamente ese par de horas las tomes al mismo tiempo. Puedes dividirlas durante el día para que tengas distintos periodos de relajación y el proceso sea más fácil.

  Esto es importante porque al desconectarnos de la rutina, las obligaciones y lo que estemos haciendo, la parte del cerebro que estabas usando también lo hace, se pone en pausa y descansa. Entonces se activa la otra parte que estaba en reposo, que es la red de neuronas que se encargan de imaginar, de que soñemos despiertos, de fantasear. Y también necesita activarse a diario para mantener el equilibrio de la memoria y de la mente en general.

- **Respira conscientemente**. Yo sé que muchos van a pensar: "Ah, ahora Liliana se fue a la Nueva Era", pues te digo que no tiene que ver una cosa con la otra. Si buscas un poco de información sobre lo que se conoce como *mindfulness* o atención plena, observarás que no son sino técnicas muy sencillas que se utilizan para enseñarnos a tomar conciencia del momento presente y mejorar nuestra calidad de vida para disfrutarlo. Y la respiración es clave en esto.

  La mayoría de las personas respiramos automáticamente sin problema, salvo aquellas que sufren de alguna enfermedad relacionada con el sistema respiratorio. Lo hacemos de manera mecánica, sin poner atención ni pensar en cuánto nos demoramos inhalando o exhalando. Sin embargo, el hacerlo *conscientemente* es básicamente ponerle atención a ese proceso, dedicarle algunos segundos y pensar en lo que estamos haciendo, imaginando cómo entra y sale el aire de nuestro cuerpo. Es simple, pero efectivo para ayudarnos a bajar la tensión, evitar que entremos en estados de pánico, disminuyamos la ansiedad y nos controlemos en un momento de mucho estrés. A veces, cuando estamos muy agitados, basta simplemente contar unos diez segundos de respiración y exhalación para ver cómo nos tranquilizamos. No es brujería, es el cuerpo que reacciona a la orden de la mente.

Que la música ¡te sacuda la mente!

La música es una de las mejores herramientas para usar a favor de nuestro cerebro y, por ende, de nuestra mente. Hay estudios espectaculares que muestran cómo este reacciona frente a los diferentes géneros de música, desarrollando nuevas conexiones y activando zonas que en condiciones normales se encuentran prácticamente paralizadas.[23] De hecho, activa los dos hemisferios y se han visto los importantes efectos que tiene en pacientes con un avanzado nivel de alzhéimer, que prácticamente han olvidado todo, pero recuerdan canciones y melodías con las cuales tienen una conexión emocional.

La música activa la memoria, mejora el sentido del ritmo y la coordinación corporal, estimula la creatividad y la imaginación, entre otras cosas. Todo lo cual repercute en una mente más activa. Escuchar música rítmica o alegre puede ayudar a disminuir los estados de ánimo depresivos, mejorar el nivel de energía y producir una sensación placentera, ya que estimula la secreción de endorfinas en el cerebro que, como ya he mencionado, se encargan de nuestros estados anímicos. Por eso, cuando alguien viene a mí con poco ánimo porque algo no está saliendo como esperaba o está pasando por un momento incómodo, le sugiero que escuche música que le ayude a elevar la energía. ¡Siempre funciona!

De la misma forma, cuando estamos muy acelerados, tensos, con mucho estrés o preocupación, es bueno escuchar música instrumental o relajante, con sonidos de la naturaleza, flautas o arpas, que nos ayuden a disminuir las revoluciones. Se ha comprobado que incluso puede modificar la presión arterial y la digestión.

En mi caso, cuando estoy un poco acelerada, me gusta ponerme unos audífonos y descansar unos minutos con una música suave de fondo. Al rato, me siento completamente renovada.

Medita… ¿y por qué no?

Como cristianos, le tenemos mucho miedo a esta palabra, sentimos que es de la Nueva Era o parte de las técnicas humanistas. Pero en la Biblia podemos ver muchos versículos al respecto. Solo para que te hagas una idea…

Meditaré en toda tu obra, y reflexionaré en tus hechos.[24]

Séale agradable mi meditación; yo me alegraré en el Señor.[25]

¡Cuán bienaventurado es el hombre que no anda en el consejo de los impíos,
ni se detiene en el camino de los pecadores,
ni se sienta en la silla de los escarnecedores,
sino que en la ley del Señor está su deleite,
y en su ley medita de día y de noche!
Será como árbol *firmemente* plantado junto a corrientes de
agua,
que da su fruto a su tiempo,
y su hoja no se marchita;
en todo lo que hace, prospera.[26]

Pero ¿qué es la meditación? Es todo aquello que hacemos con conciencia. Muchos piensan que es simplemente "poner la mente en blanco", repitiendo una palabra o un mantra sin parar. Y aunque así sea para algunos, los cristianos tenemos la bendición de encontrar en la Biblia una gran cantidad de versículos que hablan sobre este tema. De hecho, leer la Biblia es meditar sobre las Escrituras. Escudriñarnos a diario, como decía David en los salmos.

Vivimos en un mundo donde todo es urgente, donde estamos estresados por tantas cosas que hay que hacer. Meditar en el Señor nos ayuda a enfocar nuestra mente en lo importante. Nos ayuda a manejar el estrés, a bajar nuestra ansiedad. Nos ayuda a mantener cuerpo, mente y alma en balance.

La meditación es una técnica muy respetada hoy en día, pues se ha comprobado que, junto con la respiración adecuada, puede tener infinidad de beneficios para todos, pero en especial para las personas que sufren de efectos postraumáticos, ya sea por catástrofes naturales, guerras o abuso con violencia, por ejemplo.[27] Hay estudios completos que se han realizado en grandes grupos de personas tras una guerra o, por ejemplo, después del huracán Katrina, con excelentes resultados, en los que se pudo disminuir notoriamente la presencia de depresión, ansiedad y suicidios gracias al uso de la meditación. También existe evidencia de que estimula la respuesta inmunitaria en personas con enfermedades graves como el cáncer y el VIH, reduce las posibilidades de presentar un ataque cardiaco y puede ser tanto o más efectiva que algunos medicamentos contra el dolor. Lo más significativo en cuanto a la meditación y sus efectos en la mente es que se ha descubierto que quienes meditan constantemente se concentran más fácilmente, son menos violentos y tienen mejor respuesta al estrés, sus niveles de cortisol son más moderados e, incluso, presentan cambios en la zona del cerebro que se encarga de regular el miedo (la amígdala, ¿la recuerdas?).

Ora sin desmayo

Muchos piensan que al hacer un devocional diario, orando, leyendo la Biblia y meditando en su mensaje, el propósito es solo ser más espirituales, pero, aunque esto es una gran verdad, no es exclusivo. En sus páginas encontramos la forma de vivir íntegramente, alineados con nuestra biología y descubriendo el propósito por el que fuimos creados.

"Este es el pacto que haré con ellos después de aquel tiempo —dice el Señor—: Pondré mis leyes en su corazón y las escribiré en su mente".[28] Allí también encontrarás muchas respuestas, vías de solución y mucha inspiración para combatir las enfermedades y tentaciones de la mente.

Reconoce y cambia tus creencias limitantes

Comúnmente escuchamos decir que nuestra mente es como una computadora, muy moderna, por supuesto, la última versión. Y hasta cierto punto lo es, pues tiene cientos o miles de diferentes programas que debemos saber utilizar para los distintos escenarios de la vida. Pero no es tan sencillo el proceso. No se trata de que la mente envíe los datos al corazón para que este vea qué tipo de respuesta emocional puede proporcionar acorde a las circunstancias. La mente también tiene su propio espíritu, el cual suele ser un tanto rebelde a las indicaciones que recibe del Cielo. Es voluntariosa y casi siempre batalla por salirse con la suya. Es decir, por seguir anclada a todas esas ideas y moldes que vienen de antaño y que tanto trabajo nos cuesta quitar. Por eso, debemos trabajar permanentemente en renovar nuestra mente para que todo ese engranaje funcione de manera adecuada. No en vano en Efesios se nos insta a hacerlo: "… ser renovados en la actitud de su mente".[29]

Para llevar una vida saludable o tener éxito en la cruzada por alcanzarla, debemos comenzar a cambiar esas creencias limitantes. Esa es nuestra primera tarea. Cuando decidimos modificar esas creencias que nos han estado estancando y que seguramente arrastramos desde nuestros ancestros, de nuestra cultura, del entorno, pero que no siempre van de la mano con una vida saludable de manera equilibrada y completa, los cambios empiezan a notarse de inmediato. De inicio, dejamos de juzgar a los demás por sus creencias. Dejar de apuntar con el dedo a aquellos que tienen ideas diferentes es un principio básico para los cristianos, pero que olvidamos con mucha facilidad.

Una vez escuché decir a un psicólogo que, cuando soy consciente de que las cosas que veo en realidad no las estoy viendo, sino que simplemente las estoy *interpretando* y que mi interpretación tiene que ver con los *filtros* que uso, es decir, con esa información que recibí de pequeño, a medida que crezca me daré cuenta de que no necesariamente tengo la verdad ni la razón. Es simplemente MI INTERPRETACIÓN. Por lo tanto, para avanzar en armonía, paz y amor con el resto, como estamos llamados a hacer, debemos respetar y aceptar el resto de las realidades interpretadas. Como te he dicho antes en este libro, **no nos corresponde a nosotros juzgar, sino amar y honrar a los demás.** Así de sencillo.

Es comprensible que cualquier cristiano promedio no quiera empezar de nuevo, se cuestione y tenga ciertas aprehensiones con respecto a cambiar las *creencias limitantes*, pero los límites no están en el cielo, sino en nuestra mente, así como la aparente "reputación" que suponemos que estamos obligados a cuidar.

Trabajar en esas creencias que nos frenan es laborar en el cambio que anhelamos. Comencemos identificando esas creencias limitantes, tratando de cambiar nosotros mismos en vez de esperar que cambie nuestro entorno. Nunca, nunca es tarde para comenzar. No importa la edad que tengamos.

Crea nuevos hábitos

> *Yo Jehová, que escudriño la mente, que pruebo el co-*
> *razón, para dar a cada uno según su camino, según el*
> *fruto de sus obras.*
>
> JEREMÍAS 17:10[30]

Una vez que logramos darnos cuenta de cuáles son esas creencias limitantes que no nos permiten fluir, crecer y avanzar, debemos perder el miedo a enfrentarlas y deshacernos de ellas. Entonces, el siguiente paso que nos toca tomar con absoluta determinación es el de crear nuevos hábitos que nos renueven, nos sacudan esa vieja versión opaca y mediocre de nuestro ser para que, a partir de ese instante, toda nuestra vida y cada aspecto de esta —lo que hablamos, hacemos, ejercemos y proyectamos— sea un reflejo de coherencia, equilibrio y crecimiento integral, actuando como nuestros propios ángeles.

Me gusta mucho lo que dice la psicóloga Amy Cuddy en el libro *El poder de la presencia*, donde asegura que "la mente tiene la propiedad de controlar el cuerpo".[31] Ella se planteó la interrogante de si era posible que también el cuerpo le diera las órdenes a la mente. Amy, así como otros psicólogos, realizaron estudios y se dieron cuenta de que hay ciertas posturas que ayudan a que la mente genere acciones, debido a que producen cambios químicos en el cuerpo. De la misma manera en que, por ejemplo, una persona cuando se siente triste, vencida o deprimida, tiende a cerrar el cuerpo o se encorva, o si está sentada o acostada, recoge las rodillas hacia el cuerpo, las otras posturas demuestran y despiertan nuestro positivismo. Por eso Amy las llama *posturas de poder*.

Ella misma puso a prueba esta teoría y demostró que con ciertas posturas físicas la mente puede reaccionar. Por ejemplo, parándose, así sea por dos minutos, de determinada manera, puede disminuir el cortisol (¡sí, la hormona del estrés!). La mayoría de esas *posturas de poder* tiene el rasgo común de que abren el cuerpo, por ejemplo, abriendo y extendiendo los brazos hacia el cielo. Algo que podemos ver en la naturaleza, entre los orangutanes o chimpancés, por ejemplo, es que cuando quieren marcar su territorio abren los brazos y se estiran a lo ancho lo más que pueden. Incluso, la experta dice que hasta durmiendo le marcamos la pauta a nuestra mente con la posición en que lo hacemos. ¡La verdad es que la mente y nuestro cuerpo nunca dejan de sorprendernos!

A veces tratamos de repetir y repetir acciones, pero no llegamos a nada porque seguimos copiando el mismo modelo. En ocasiones, la mente no reacciona y como es ella la que lo controla todo, se necesita de algún refuerzo para motivarla al cambio. Muchas veces no tengo ganas de ejercitarme, pues mi mente está controlando mi cuerpo, diciéndole que es mejor quedarse descansando o durmiendo un rato más. Pero si me pongo la ropa de ejercicio y mis tenis, entonces mi cuerpo le está diciendo a mi mente que ya es hora de activarse. Recuerda que a la mente, según nuestra naturaleza humana, no le gusta cumplir con las obligaciones ni le gusta esforzarse demasiado.

A veces, como cristianos, tenemos esa mente cerrada que nos dice que debemos seguir actuando igual a como lo hemos hecho siempre y lo que se sale del formato nos hace temblar. Es el miedo a lo desconocido. Pero con sabiduría, seremos nosotros quienes podremos manejar nuestra mente. Recuerda que nosotros tenemos "la mente de Cristo"[32] y, por lo tanto, podemos hacer los cambios necesarios, modificando nuestros hábitos, sustituyendo los que nos causan daño o no nos ayudan a mejorar por otros que sí logren marcar la diferencia.

¡Nunca dejes de crear nuevos hábitos que mejoren tu calidad de vida de manera integral!

Activa tu mente

> *Cuando una idea ensancha una mente, esa mente nunca regresa a su forma original.*
>
> OLIVER HOLMES

Si dejas de usar cualquier parte de tu cuerpo, incluso la mente, se atrofiará. Cuando la mente se atrofia, el alma se marchita. A medida que usemos más el cerebro, se crearán nuevas conexiones entre las neuronas. Contrario a lo que muchos piensan, que a cierta edad nuestro cerebro deja de crearlas y nos convertimos prácticamente en vegetales, la neurogénesis continúa en la vida del cerebro adulto. ¡Dios nos ha creado con la capacidad de seguir aprendiendo hasta nuestro último suspiro! ¿No te parece un regalo maravilloso?

Pero sucede que en algún momento del camino dejamos de ampliar la mente y comenzamos a vivir de recuerdos. Dejamos de crear el futuro y comenzamos a repetir el pasado. Amar a Dios con la mitad de tu mente es como amarlo con la mitad de tu corazón. Por eso es importante que hagas lo siguiente:

- Busca nuevos desafíos intelectuales que te ayuden a mejorar como persona, como profesional, como trabajador, como padre o madre; o aprende nuevas técnicas para cocinar más saludable, algo de jardinería, un nuevo idioma, ¡lo que sea! La mente y tu cerebro están ávidos de nueva información y de *alimento* para el intelecto.
- Ejercita la mente, busca juegos, ejercicios que te ayuden a mantenerla activa. Realiza operaciones básicas de matemática que te ayuden a activar tu cerebro, como sumas o restas. Arma rompecabezas, haz sopas de letras, adivinanzas, aprende una nueva canción, memoriza una poesía, en fin, lo que sea que *ejercite* tus neuronas.

Disciplina tu mente y ejerce tu dominio propio

> *Por eso, dispónganse para actuar con inteligencia; tengan dominio propio.*
>
> 1 Pedro 1:13[33]

Estamos llamados a ejercer el control sobre nosotros mismos. Y es así porque contamos con todo lo necesario para hacerlo. Muchos cristianos suelen pensar y expresar que cuando tenemos problemas de concentración, por ejemplo, se lo debemos al diablo que anda por ahí metiendo la cola. La verdad, creo que en la mayoría de las ocasiones realmente se debe más a nuestras propias acciones, descuidos y desórdenes.

Nuestra mente a veces actúa como un adolescente sin supervisión de sus padres, que se pasea por aquí y por allá, divagando, sin propósito, sin orden ni disciplina, haciendo lo que le da la gana en una etapa de la vida que es crítica. Así funcionan nuestra mente e intelecto: si los dejamos que divaguen libremente, sin disciplinarlos, irán por cualquier lado, perdidos, sin ton ni son.

Una circunstancia de la mente que, así como las condicionantes físicas (que como ya sabemos, están completamente entrelazadas), también aporta su granito de arena en esa batalla por la disciplina es el cansancio extremo, el cual afecta la concentración.

La forma de disciplinar a la mente es, como dice el versículo de arriba, "actuando con inteligencia", dejando de ser "el adolescente pasivo" y ejerciendo nuestro derecho a ser un adulto ciento por ciento activo y en control de sí mismo. Eso significa ejercer nuestra voluntad.

La única manera de disciplinar nuestra mente, y de ahí en adelante todo nuestro ser, es haciendo uso de nuestra fuerza de voluntad, que es la que nos permite enfocarnos, organizarnos, priorizar y ponerle orden a cada aspecto de nuestra vida.

Para lograrlo, la mejor forma es organizando las prioridades de acuerdo con nuestro propósito y los roles que nos toca cumplir. Por ejemplo, mi propósito es servir a Dios a través del apoyo a mi congregación y el ministerio con mi esposo, además de cumplir con mi rol de madre. Por lo tanto, todas mis prioridades, tareas, horarios y tiempo para dedicarle a cada actividad están organizadas de acuerdo con eso.

Ordena tu mente

Ordena también físicamente tu ambiente, tu hogar, tu lugar de trabajo, tu cocina, tu bodega, lo que sea que administres y utilices, ¡hasta tu clóset! No sabes el efecto positivo que esto producirá en tu mente. El orden nos ayuda a visualizar mejor las cosas, a tener una mejor perspectiva, a recordar con qué recursos contamos. Y eso repercute en nuestra claridad mental. De hecho, el orden externo es un reflejo de cómo estamos internamente. Todo fluye mejor cuando cada cosa está en su lugar.

No pelees con el tiempo

El tiempo corre igual para todos, pero lo distribuimos de manera diferente conforme a los aspectos anteriores: propósito, prioridades y disciplina. Cuando los tenemos claros, es más sencillo organizar nuestro tiempo, de manera que nos alcance para todo. Y eso disminuye las posibilidades de generarnos un estrés innecesario. Hay tiempo suficiente para cada cosa y cada una toma el suyo para desarrollarse. También es vital no impacientarse esperando los resultados. No vas a conseguir organizar tu vida de la noche a la mañana o cambiar tus hábitos de sueño, por ejemplo, en una semana. Pero la constancia, la voluntad para lograrlo y la perseverancia dan buenos frutos.

Sé optimista contra todo resultado

Parece la tarea más difícil, pero llenar de pensamientos positivos la mente es, de hecho, la forma más segura de mantenerla saludable. Por todas partes vemos esto de mantener *pensamientos positivos* y a veces nos puede parecer completamente absurdo y una tarea imposible.

Todos tenemos nuestros momentos de tristeza, ¡hasta Jesús los tuvo! "Después les dijo: — ¡Mi tristeza es tan grande que me siento morir! Quédense aquí, manténganse despiertos conmigo".[34] Eso es parte de la vida.

Por supuesto que, en ocasiones, es complicado que veamos todo de color de rosa si hemos tenido una mala experiencia, estamos lastimados o dolidos con una persona o una situación, o si nos sentimos avergonzados u ofendidos. En estas situaciones, difícilmente llegarán pensamientos luminosos y coloridos a nuestra cabecita, pero intentarlo es nuestro trabajo. Recuerda: "La ansiedad en el corazón del hombre lo deprime, mas la buena palabra lo alegra".[35]

La ciencia nos ha probado que el optimismo tiene efectos concretos en nuestro cuerpo.[36] De hecho, una persona que se enfoca en lo positivo se recupera más rápido de una cirugía; también, cuando alguien enfrenta de la mejor manera las enfermedades, como el cáncer, en sentido general su sistema inmunitario es más eficiente. Es decir, las personas se enferman menos. Si eso ocurre en el cuerpo físico, el efecto en la mente no es menor, ya que quienes intentan darle la vuelta a cualquier situación para ver el vaso *medio lleno*, y no *medio vacío*, tienen menor tendencia al estrés, a la depresión y a la ansiedad. Incluso, los beneficios van mucho más allá, pues se ha comprobado que los pensamientos positivos reducen la inflamación y disminuyen el flujo de cortisol (ya sabes, la famosa hormona del estrés). También estimula el sistema nervioso parasimpático, que regula el proceso de la digestión y nuestro descanso, por lo que nos permite un sueño más reparador.

Pero ¿cómo hacer para volcarnos a esos pensamientos positivos cuando la marea de la vida nos lleva al lado contrario?: "En efecto, ¿quién conoce los pensamientos del ser humano sino su propio espíritu que está en él? Así mismo, nadie conoce los pensamientos de Dios sino el Espíritu de Dios. Nosotros no hemos recibido el espíritu de mundo, sino el Espíritu que procede de Dios, para que entendamos lo que por su gracia él nos ha concedido".[37]

Cuando el Espíritu Santo vive en nosotros, nos permite acceder directamente a la sabiduría de Dios. Pero para lograrlo, debemos dejar que nuestra mente se aclare e ilumine para recibir la información precisa. Sin embargo, como ya has visto, nos suele pasar que nuestra mente está divagando o está saturada de preocupaciones, miedos o ideas equivocadas que no le permiten acercarse y conectarse con el espíritu.

El mal o el diablo, como quieras llamarlo, tiene muy clara la importancia que posee una mente en calma, la cual está más cerca de alcanzar ese grado de conexión con nuestro Creador, por eso nos llena de trampas para inquietarla.

Pero nuestro Dios conoce su juego y siempre le lleva la delantera. Por eso nos ha dejado las pautas necesarias para combatir todas aquellas escaramuzas que nos puedan impedir conectar con la sabiduría del Espíritu Santo en nuestra mente. Siempre debemos estar alertas. ¡Nunca podemos bajar la guardia! Es una batalla diaria para no cederle terreno a ningún artilugio que pueda desviarnos del camino correcto, de los pensamientos adecuados, de las creencias poderosas, de la calma y la confianza absolutas de que Él es quien tiene el as bajo la manga.

Por eso, cuando tu mente no pueda más, se sienta agobiada de tanto ruido exterior, busca el silencio y el contacto íntimo con Dios a través de la oración. Pide conectar tu mente con la mente de Cristo, que es la que te dará la vía adecuada para seguir.

Como ves, la respuesta es más sencilla: Dios sabe lo que hace. Relájate, sonríe y confía. Él tiene el control.

Recuerda que...

Bendito el hombre que confía en el Señor,
y pone su confianza en Él.
Será como un árbol plantado junto al agua,
que extiende sus raíces hacia la corriente;
no teme que llegue el calor,
y sus hojas están siempre verdes.
En época de sequía no se angustia,
y nunca deja de dar fruto.[38]

CON TODAS tus fuerzas

¿Pero qué tienen que ver la alimentación o la vida saludables con este libro?, debes de estar pensando. Mucho más de lo que imaginas. Si hasta ahora te había comentado toda la relación que tienen lo que guardamos en nuestro corazón, la fe que profesamos y la salud de nuestra mente, bueno, pues, nos guste o no, todo se unifica en este cascarón que llamamos *cuerpo* encargado de suministrar la energía o combustible para que todo lo demás pueda funcionar y podamos amar con todas nuestras fuerzas a Dios.

Una de las reflexiones que se ha repetido en mi vida a lo largo de estos últimos años es sobre la actitud tan cómoda que tenemos en la actualidad. Vivimos en la época del menor esfuerzo. Queremos un auto nuevo, unas vacaciones espectaculares en un paraíso tropical o la casa de nuestros sueños sin trabajar o endeudarnos. Deseamos viajes, bienes y diversión sin sacrificio. Queremos contar con salud a toda prueba o estar en el peso ideal sin ningún tipo de esfuerzo ni cuidado adecuado. Cuando nos esforzamos un poco, rápidamente nos damos por vencidos porque encontramos que es una tarea muy difícil, aburrida y engorrosa. A estas alturas de la vida, ni siquiera tenemos la paciencia para esperar unos segundos más para conectarnos a internet porque nos hemos acostumbrado a que esto ocurra instantáneamente. Pretendemos colmarnos de bendiciones sin una vida disciplinada y obediente. Queremos permanecer cómodos sin ningún tipo de sacrificio. Y esa actitud de desidia y flojera se traduce en nuestro ser completo, empezando por nuestro templo, es decir, nuestro cuerpo, que está descuidado, agotado, muchas veces enfermo, viviendo a la mínima capacidad, sin energía ni fuerzas para dar más.

La gran pregunta entonces es: ¿cómo amaremos a Dios con todas nuestras fuerzas si nuestro cuerpo no tiene energía porque lo descuidamos? Y lo descuidamos de distintas maneras… A veces, dejando de escucharlo, no previniendo ciertos males o bien llevándolo al límite, desobedeciendo nuestra naturaleza pura y limpia, intoxicándolo con lo que encontramos a mano, dejando de ejercitarlo, acelerándolo más de la cuenta, y alimentándolo mal al punto de que nuestro organismo esté malnutrido, entre muchas otras formas.

Como te conté anteriormente, desde que era adolescente estuve en la búsqueda de una dieta, de algo mágico que me ayudara a adelgazar y mantenerme en mi peso. Hasta ese momento, nunca me había puesto a pensar en mi salud. Eso era algo que no me preocupaba, pues estaba apenas en mis veinte años y lo realmente importante era lo estético; así pensaba en aquella época. Más tarde, sin embargo, me di cuenta, y de la peor manera, de lo equivocada que estaba.

Era capaz de hacer dietas extremas, de tomar cualquier pastilla que anunciaban, de ponerme cremas o ungüentos milagrosos y hasta me envolvía la cintura con fajas elásticas que casi no me dejaban respirar, pero que me "garantizaban" reducir centímetros drásticamente. Nunca sucedió, pero seguía confiando en lo que ofrecía el mercado y en los datos que, de boca en boca, nos pasábamos entre amigas.

En esa época mi cuerpo era como un globo, a veces estaba superdelgada y al mes siguiente volvía a mi peso anterior, y en otras ocasiones, a uno peor. Pero los cambios más drásticos vinieron después, con los embarazos. Luego del primero, quedé con casi quince kilos extra, es decir, unas treinta y tres libras. ¡Imagínate! No lo podía creer y no sabía qué hacer para retomar mi peso más o menos "regular". Ahí comenzó mi búsqueda más ardua, pero estaba tan equivocada que no me importaba pagar por la recompensa de llegar a mi peso ideal, a costa de mi salud. Me concentré en hacer todo el ejercicio que pude, pero había un "pequeño" gran detalle: no cuidaba de mi alimentación.

A los treinta y tres años tuve a mi segundo hijo y entonces quedé con diez kilos extra, unas veintidós libras. Menos que en mi primer embarazo, pero seguía siendo un dolor de cabeza tratar de perderlos. Además, ya tenía unos cuantos años más en el cuerpo y el proceso se hacía más complicado. Fue entonces cuando comencé a tomar pastillas "naturales" (eso es lo que me decían) y a consultar médicos homeópatas para bajar de peso.

Estiré la liga de mi salud hasta que casi cumplí treinta y cuatro años, cuando esa liga se desgastó y comenzó a romperse por lo más fino.

En una ocasión, regresando de una gira que hice con mi esposo y los dos niños que teníamos en ese momento, comencé a sentirme extraña, extremadamente cansada y sin ganas de hacer nada; no sabía lo que me pasaba. A decir verdad, durante la gira, que había durado casi tres meses, había comenzado a subir de peso y a sentir esos síntomas. Y fue precisamente en medio de ese largo viaje que conocí a un homeópata que me dio varias pastillas a base de hierbas que me aseguraban una limpieza del organismo, me iban a ayudar a suprimir el apetito y, además, me darían mucha vitalidad. En total eran dieciséis pastillas que debía tomar en la mañana y dieciséis en la tarde.

Estoy segura de que me dirás: "¿Cómo pudiste hacer eso? ¿No te dabas cuenta?". Pero si has pasado como yo por esas etapas en que tu prioridad es bajar de peso, sabes que la salud no es algo en lo que estás pensando en esos instantes y crees todo lo que te dicen o te prometen. Pues yo estaba precisamente en ese punto. Así es que como ya, supuestamente, tenía mi "poción mágica", en las últimas semanas antes de concluir nuestro periplo, decidí comer todo lo que podía, ya que sabía que cuando volviera a casa tendría la solución en forma de cápsulas. ¿Qué podría preocuparme?

La única "precaución" que tomé fue bajar, por cuenta propia, la dosis a la mitad, pensando que con eso me estaba cuidando. Así es que serían ocho y ocho, un total de dieciséis pastillas al día. "Así estoy cuidando mi salud", pensé.

Luego de dos semanas de tratamiento, comencé a sentirme cada vez peor, hasta que un día, sentada en la silla después del almuerzo, me quedé dormida. ¡Jamás me había sucedido algo así! Pero el cansancio era tanto que no podía mantenerme en pie.

Finalmente decidí ir al médico, para descubrir horrorizada que tenía hipotiroidismo. Como te comenté anteriormente, esta es una enfermedad metabólica que ocurre cuando la glándula tiroides no produce la cantidad necesaria de hormona tiroidea para cumplir con todas las actividades que el cuerpo tiene.

De inmediato me pregunté por qué me estaba pasando eso… ¿Cómo era posible? ¡Si hasta unas cuantas semanas atrás me había sentido "saludable"! ¿Qué había pasado conmigo?

A partir de ese momento, comencé a aprender, a estudiar y a investigar para lograr entenderlo. Y es que durante tantos años había intentado una y otra dieta, una y otra pastilla, uno y otro estilo de alimentación (que la sopa, que la espirulina…), todo por mi afán de llegar al peso "ideal" sin buscar lo que realmente mi cuerpo y mi salud necesitaban. Precisamente ese vaivén de dietas y productos descontrolan más nuestra tiroides. Además, no todos los productos naturales y saludables son adecuados para todos los organismos. Por ejemplo, el brócoli, que es sumamente nutritivo y con muchísimos beneficios, en mi caso no es recomendable, pues contiene una sustancia que complica la absorción de yodo, un elemento vital para la función de la tiroides. Lo mismo me sucede con la soja, pues contiene fitoestrógenos, los cuales alteran la función de la tiroides. Es decir, que algo sea natural y tenga abundantes beneficios no significa que sirva para todo el mundo, pues mientras a unos les sirve, para otros es contraproducente o incluso letal. ¿Te das cuenta?

Comprobé, además, que lo estético nunca debe ser tu motivación para comenzar a llevar una vida saludable; lo principal tiene que ser tu salud. Lo estético es una consecuencia. Llegar a cualquier edad saludable, con energía, cuidando lo que comes es la base para tener una vejez saludable. Y, sobre todo, para cumplir con el mandato más importante: "Amar a Dios con todas nuestras fuerzas".

Actualmente, he aprendido y he logrado llegar a mi peso y mantenerme, aun con el hipotiroidismo y los cincuenta y dos años que tengo de vida. Y lo hago cuidando mi alimentación y haciendo ejercicio. Obviamente me cuesta más que a mucha gente porque mi glándula tiroidea dejó de funcionar, pero me prometí a mí misma nunca más poner en riesgo mi salud por unos kilos que me sobren.

No sé lo que me deparará el futuro y en qué circunstancias me tocará partir a la eternidad, pero lo que te puedo asegurar es que cuando me llegue la hora, no será porque no supe cuidar el templo del Espíritu Santo. Me iré simplemente porque se acabó mi misión aquí en la tierra y no a causa de no cuidar lo que comía o de mantener mi templo inactivo. Con esto no quiero decir que si nos cuidamos, nunca nos vamos a enfermar, pero a nosotros nos corresponde prevenir y prepararnos de la mejor forma posible para cumplir la misión que Dios nos encomendó.

Las enigmáticas zonas azules

Hoy, que todo se conoce más fácilmente gracias a internet, nos hemos enterado de que en el mundo hay distintos puntos, completamente alejados, con diferente geografía, costumbres, cultura y hasta idioma que, sin embargo, tienen algo en común: su población general es longeva. A esos lugares se les conoce como *zonas azules* y sus habitantes superan los cien años de vida, pero la mejor parte es que llegan a esa edad saludablemente.

Son cinco zonas ubicadas en las provincias de Nuoro y Ogliastra, en Cerdeña, Italia; la isla de Okinawa, en Japón; Loma Linda, en California; la península de Nicoya, en Costa Rica; e Icaria, una pequeña isla de Grecia.

Se han hecho muchos estudios sobre estos lugares e, incluso, se han escrito libros sobre este fenómeno, pues hay muchos científicos en todo el mundo que se han interesado en estudiar a su población para conocer dónde está el secreto para llegar a una vejez con calidad de vida. Pues una cosa es llegar a una edad muy avanzada, pero otra muy distinta es hacerlo en buenas condiciones; y ellos cumplen con ambas. Los expertos han llegado a la conclusión de que la fórmula para lograrlo está en mantener el balance y los hábitos adecuados durante la vida. De hecho, las características en común de estos lugares son:

- Sus habitantes están en constante movimiento. No solo se ejercitan con regularidad, sino que están en permanente actividad física: es decir, esta es parte de sus rutinas.
- Tienen un propósito de vida.
- Mantienen el estrés bajo control o es prácticamente inexistente.
- La alimentación que llevan es saludable y comen hasta sentirse cien por ciento satisfechos.

- Prefieren una dieta rica en frutas, verduras, semillas y legumbres.
- La proteína que consumen es, de preferencia, el pescado.
- Se unen a la *tribu* adecuada, es decir, se juntan con personas con comportamientos saludables.

Cuando leí esa información, me impactó muchísimo y me comenzó a dar vueltas y vueltas en la cabeza mi propia historia de hipotiroidismo, así como muchas otras que había escuchado cada día en mi labor ministerial. Y es que, tristemente, los cristianos nos hemos enfocado solo en trabajar nuestra parte espiritual, como si esa fuera la única área de nuestro ser que debemos cuidar. Diariamente veo a personas enfermas, sin energía, con diabetes, hipertensión, cáncer, problemas de la piel, del hígado, insuficiencia renal, con el colesterol por las nubes, etc. Y por lo general, cuando comenzamos a hablar para ver dónde está la raíz de sus problemas, me doy cuenta de que tienen malos hábitos alimenticios, sumados a una vida sedentaria y desordenada. A su vez, suelen arrastrar consigo una pesada mochila de tristezas, frustraciones y rencor que les carcome el corazón y les llena la mente de pensamientos negativos. ¿Cómo es posible tener una buena vida de esa manera? ¿Cómo se puede honrar a Dios de forma coherente? ¿Cómo lograr la salud y el equilibrio si hay tanto por hacer?

"Estoy esperando a que Dios me use" o "Esta es la voluntad de Dios", suelen responder cuando comienzo a preguntarles cómo creen que pueden mejorar. Pero mientras tanto… ¿qué? Somos tan místicos que a veces nos quedamos esperando ser un canal para Dios, pero no nos preparamos para eso. Es más, muchos cristianos piensan que cuidar el cuerpo es simplemente vanidad.

¿Por qué le tenemos tanto miedo al cuerpo? ¿Por qué descuidamos tanto este contenedor perfecto y maravilloso que nos ha sido dado para facilitar y canalizar todas nuestras formas: la espiritual, la emocional, la racional y la material?

Trabajar por nuestra salud no es una opción

> ... de quien todo el cuerpo, bien concertado y unido entre sí por todas las coyunturas que se ayudan mutuamente, según la actividad propia de cada miembro, recibe su crecimiento para ir edificándose en amor.
>
> EFESIOS 4:16[2]

Un cuerpo saludable es aquel que no solo tiene todos los miembros en su lugar y funcionando como corresponde individualmente, sino también haciendo la labor que les toca conectados entre sí, y eso —la conexión entre todas las partes y la dependencia de la función de unas con otras— es lo que lo hace saludable. Lograr una buena salud ya no es una opción, es una necesidad por la que debemos preocuparnos y para la cual debemos trabajar diariamente.

Si este contenedor que nos han dado, este templo, está sucio, desarreglado, contaminado y mal mantenido, difícilmente podrá realizar sus tareas. Eso es precisamente lo que sentí cuando regresé de mi gira de tres meses y descubrí mi enfermedad. Y es que si no le ponía atención a mi organismo, ¿cómo podría seguir ejerciendo el ministerio que me ha sido encomendado? ¿Cómo podría trabajar enferma y sin energía para la obra de Dios?

La salud no es algo que se puede dejar pasar o que no requiere nuestra atención. Nacemos dependiendo de ella. Basta recordar cuál es nuestra primera preocupación cuando vamos a dar a luz un hijo o sabemos de alguien que lo está haciendo: lo primero que queremos saber es si nació sano. Esa suele ser nuestra primera pregunta como padres porque sabemos que, desde ese momento, contar con dicha bendición para nuestro pequeñito determinará en gran medida su destino.

Sin salud no hay calidad de vida. Sin embargo, somos tan ingratos y malagradecidos que cuando la tenemos, la pasamos por alto y no la cuidamos. Solo cuando algo estalla interiormente, cuando se manifiesta alguna enfermedad o problema, nos percatamos de cuán valiosa es y daríamos lo que no tenemos por recuperarla. El problema es que, en muchas ocasiones, ya es demasiado tarde.

Es alarmante el descuido de la salud personal, lo cual provoca no solo las enfermedades, sino que muchas veces culmina en graves riesgos o la muerte. Por eso, cuando me enteré de que mi cuerpo sufría de un problema metabólico de por vida, me enfoqué en buscar y aprender las mejores opciones naturales para sobrellevar la enfermedad con la mejor calidad de vida posible. De inmediato, comencé a estudiar sobre nutrición y distintas terapias naturales, además de aprender a preparar los alimentos de manera que no pierdan su valor nutritivo, qué ejercicios agregar a mi rutina diaria y otros aspectos importantes que contribuyeran a mantener mi cuerpo funcionando de la mejor manera posible.

Pero ¿de qué sirve cuidar el cuerpo si descuidamos la salud mental? ¿O si dejamos de lado las emociones? ¿O si pretendemos ignorar aquello en lo que está enfocado nuestro corazón? ¿Dé que sirve comerte una ensalada si estás angustiado o con resentimiento? Te aseguro que esa ensaladita, por más saludable que sea, te caerá como una bomba. Insisto, somos seres integrales y todo está relacionado.

Fue entonces cuando pude comprobar que no hay manera de cuidar *solo* el cuerpo. No se puede ponerle atención y mimarlo para honrar a Dios con todas nuestras fuerzas sin hacer lo mismo con la mente, el corazón y el espíritu. **Para que uno esté saludable, todos deben estarlo. Eso es el equilibrio.**

Nunca tenemos un balance perfecto. Vivimos en un constante intento, puesto que es imposible estar siempre en la cresta de la ola. El secreto está en intentar mantenerse equilibrado interiormente para que el resto también lo logre.

Como cristianos, nos enseñaron que todo radica en nuestra vida espiritual. Y aunque es cierto, las demás áreas deben estar balanceadas. Si no se cultivan, nunca nos vamos a sentir seguros, confiados y bien para pararnos frente a los demás y contar las maravillas que ocurren en nuestra vida.

Tenemos la responsabilidad de cultivar todas nuestras áreas. Para que cuando una falle, las otras puedan ayudar y mantener su estabilidad. Tener una vida exitosa no significa que todo nos vaya bien constantemente, es encontrar el equilibrio y la forma de salir adelante en cada situación, por más compleja que sea, tomando las decisiones correctas, manteniendo la actitud adecuada y perseverando sin dejarnos avasallar por los obstáculos. Y para esto se necesita sabiduría, salud y equilibrio.

Para lograr todo eso, a veces es necesario un cambio radical en nuestro estilo de vida y tomar conciencia de que el cuidado de la salud se vuelve fundamental. Nuestro paradigma debería ser: "La salud es un proceso integral de mente, cuerpo y alma. Los hábitos definen nuestra calidad de vida". De eso no cabe duda. De hecho, si buscas información detallada sobre lo que te comenté acerca de las zonas azules, te darás cuenta de que los habitantes de esos lugares tienen hábitos que les permiten mantenerse activos, comer con conciencia, tomar las vicisitudes de la vida con buena actitud y hacer todo lo posible por vivir y disfrutar el momento *presente*. Y si lo piensas bien, si la mayoría de ellos logran sobrepasar los cien años de vida en buenas condiciones físicas, con todas sus facultades mentales y siendo personas realizadas y felices, ¡es porque todos, potencialmente, estamos capacitados para lo mismo!

Eso sí, es necesario comenzar a cuidarnos por las razones correctas, no por estética, por competir con otros o por vanidad,
sino por salud. Cuidarnos movidos por el amor hacia nosotros
mismos y no por el rechazo a nuestro cuerpo. Ejercitarte porque
amas tu cuerpo y no porque detestas sus formas. Aprender a comer
sin culpa, pero hacerlo de la manera correcta para tus necesidades
específicas.

Este capítulo no es un libro de recetas. Tampoco de ejercicios
o datos al azar. He querido reunir la misma información que me
ha servido a mí para lograr un cambio de actitud que se refleje en
mi propia salud y llegar a tener un balance en mi vida de la manera
más concreta y realista posible. Quizá haya muchas cosas que te
llamen la atención porque no son necesariamente las que has visto,
escuchado o leído por ahí. Y es que trato de ser muy realista. No
todos tenemos los mismos gustos o necesidades ni estamos en el
mismo punto de la vida para decidirnos por cambios radicales. No
importa cuál sea tu caso ni dónde estés. Ve a tu paso, a tu ritmo,
pero haz lo que tengas que hacer para convertirte en tu propio
ángel, sentirte mejor, cuidar tu templo y así amar con todas tus
fuerzas a Dios.

Mi gran meta es que te entusiasmes para actuar y puedas poner
en práctica los principios que te ofrezco para mantener, enriquecer
o recuperar tu salud en el más perfecto balance entre tu cuerpo, tu
corazón, tu mente y tu alma.

¿Por qué flaquean nuestras fuerzas?

El rechazo al cuerpo

> Porque es necesario que todos nosotros comparezcamos ante el tribunal de Cristo, para que cada uno reciba según lo que haya hecho mientras estaba en el cuerpo, sea bueno o sea malo.
>
> 2 Corintios 5:10[3]

¿Por qué le tenemos tanto miedo a nuestro cuerpo? Muchas veces me sorprende la actitud de muchos de nosotros, los cristianos, que pareciéramos temblar ante la posibilidad de ponerle atención a nuestro cuerpo, como si su sola mención fuera sinónimo de pecado. Pero no lo es.

Para amar a Dios con todas nuestras fuerzas necesitamos aceptar, reconocer y cuidar de este templo como sus auténticos mayordomos. Ni siquiera como sus dueños, porque le pertenece a Dios. Pero no podemos separarlo y desterrarlo de nuestro ser, puesto que es parte del todo y es fundamental.

Muchas veces, el rechazo proviene de no aceptar lo que vemos reflejado en el espejo. No lo aceptamos, no nos gusta. Aunque es cierto que hay muchas cosas que, por más que quisiéramos, no las podemos cambiar, como nuestro color de piel, de ojos o nuestra estatura. Pero la forma que adquiere, el peso, la inflamación de ciertos órganos, incluso, a veces, hasta la luminosidad de nuestra piel, son el resultado de "nuestra gestión como administradores de nuestro templo". Aquí no podemos responsabilizar a nadie más.

El descuido o ignorar nuestra parte física no nos hace más espirituales ni más obedientes a Dios. Por el contrario, pues estamos dejando de lado este *contenedor sagrado* que nos ha sido entregado precisamente para cuidarlo durante nuestro paso por la tierra.

Las odiosas comparaciones

Un aspecto importante del rechazo a nuestro cuerpo proviene del grado de importancia que le otorgamos a la opinión externa. Muchas veces estamos más preocupados por la opinión de los demás que por lo que realmente es la valoración de nosotros mismos. De igual forma, hay una gran presión por las exigencias de la sociedad para encajar en el molde que define cómo "se supone" que deberíamos ser. Y existe una lucha constante contra ese concepto de perfección que nos intentan vender en los medios de comunicación, en el cine y, ahora, en las redes sociales. Todo esto —especialmente durante la adolescencia o en periodos de gran vulnerabilidad, como sucede después de un embarazo, en el caso de las mujeres, o bien después de una enfermedad, un accidente o en medio de un proceso depresivo— se presenta como duros golpes al ego, a la autoestima, sobre todo cuando nos sentimos alejados de ese modelo de "mujer de 10" u "hombre de 10".

Las emociones que dañan al cuerpo

> *Ten misericordia de mí, oh Jehová, porque estoy en angustia; se han consumido de tristeza mis ojos, mi alma también y mi cuerpo.*
>
> SALMOS 31:9[4]

Tal como te lo he venido mencionando a lo largo de las páginas de este libro, no somos la suma de fragmentos que funcionan cada cual por su lado, de manera independiente, sin necesitarse; somos un solo armazón que no se puede dividir por secciones. Y nuestro cuerpo exterior, como lo viste anteriormente, reacciona a lo que nos sucede internamente; a la vez, nuestros pensamientos reaccionan de acuerdo con nuestras emociones, y viceversa. Si no estamos sanos emocional y mentalmente, ¡nuestro *cascarón* tampoco lo va a estar!

Nuestro organismo reacciona a esos estímulos internos o a esos *mundos paralelos* que forman parte de la ecuación. Dependiendo de lo que esté pasando en nuestra mente o esté sintiendo nuestro corazón, vamos a manifestarnos de manera saludable o a presentar problemas de algún tipo, desde un simple dolor de cabeza o estómago hasta otros más complejos.

Por ejemplo, es interesante saber que, cuando una persona pierde a un ser querido, aumenta veintiuna veces la posibilidad de que sufra un ataque cardiaco en los días posteriores debido a la tristeza y alteración que le causa. Eso prueba que el engranaje no se puede desarmar.

Otra vez, el consabido estrés

Si creías que el estrés solo afecta a la mente, pues ya has visto que no es así y aquí te lo recuerdo. Es tan nefasto su efecto, que muchos de los problemas físicos que presentamos tienen su raíz en el mal manejo que le damos. Al principio, su presencia constante altera nuestra respuesta inmunitaria, la química del cerebro, los niveles de azúcar en la sangre y, por supuesto, nuestras hormonas. Eso empieza a detonar una serie de efectos, algunos de los cuales afectan la presión arterial y los niveles de cortisol, que, a mediano plazo, suelen generar el aumento de peso o al menos contribuir al mismo. Esto, a la vez, dispara otros problemas y enfermedades degenerativas.[5]

La obesidad y el sobrepeso, los males de moda

No pretendo sonar a médico o nutricionista regañando a su paciente, pero el problema del exceso de peso es más común y muchísimo más grave de lo que imaginamos. Según los Centros para el Control de las Enfermedades de Estados Unidos (que se conocen como CDC, por su sigla en inglés), un 40 % de los norteamericanos son obesos, de los cuales el 20 % son adolescentes de entre doce y diecinueve años.[6] En veintinueve estados de la nación, más del 30 % de los hispanos sufren de obesidad, y en otros estados la cifra supera el 42 % de la población hispana. De hecho, según los datos más recientes de la Organización para la Cooperación y el Desarrollo Económicos (OCDE), hasta 2017 Estados Unidos ocupaba el primer lugar entre las naciones más obesas del mundo con el 38.2 % de la población adulta total, superando a México que tiene un 32.4 %.[7]

La preocupación que hay por el tema no es una cuestión de imagen o por adecuarse a los cánones de belleza y perfección, sino porque la obesidad y el sobrepeso generan otros problemas de salud como presión arterial alta, ataques cardiacos, accidentes cerebrovasculares, diabetes tipo dos, entre otras. También provoca que se eleve el nivel de grasa en la sangre, ya que aumentan el colesterol malo y los triglicéridos; asimismo, causa muchos problemas en los huesos y las articulaciones —por una razón lógica, ya que a mayor peso, mayor presión sobre estos—, lo cual desencadena enfermedades como la osteoartritis, que causa mucha rigidez y dolor.[8] Otros problemas que mucha gente no relaciona con el sobrepeso son los cálculos biliares y las enfermedades del hígado; algunos tipos de cáncer, como el de recto, de seno, ovario, colon, endometrio, páncreas, riñón, estómago y próstata; también se relaciona con la famosa apnea del sueño, que es cuando la gente deja de respirar mientras está durmiendo.

No en vano el sobrepeso, y no enfermedades como el sida o el cáncer, es la principal causa de muerte entre la población adulta de Estado Unidos.

La alimentación

> *En conclusión, ya sea que coman o beban o hagan cualquier otra cosa, háganlo todo para la gloria de Dios.*
>
> 1 Corintios 10:31[9]

Dime lo que comes y te diré quién eres... Así no va originalmente, pero tiene mucho sentido porque realmente todo, absolutamente TODO lo que somos, lo que sentimos y hasta lo que pensamos está estrechamente relacionado con lo que nos llevamos a la boca y a nuestro cuerpo.

Hay muchísimos estudios que han comprobado esta idea. De hecho, uno que me llamó muchísimo la atención se realizó en una cárcel privada de Adelanto, California, en 1997.[10] Allí, el nuevo dueño de la instalación creó un programa llamado "Nuevo comienzo" a través del cual les daba a los reclusos la opción de acceder a una dieta vegana, altamente nutritiva, combinada con estudios bíblicos, terapias de manejo de ira y capacitación laboral (¿ya ves?: una opción integral). Aunque parecía imposible que los reclusos aceptaran seguir este programa, el 85 % lo hizo. El 15 % restante continuó comiendo comida chatarra y pobre en nutrientes, y siguió mostrando un comportamiento violento, rebelde, con falta de interés en aprender o aprovechar esa experiencia en prisión para mejorar de alguna manera. Sin embargo, el grupo que cambió la alimentación por opciones saludables, alimentos frescos y de mejor calidad pudo modificar su manera de actuar y hasta de pensar, y disminuyó entre ellos la incidencia de problemas hasta un 2 % durante los siete años que duró el programa.

Otros estudios han mostrado que ese tipo de comida chatarra, si bien es cierto que posee mucho sabor —lo cual se debe a la cantidad de productos químicos como saborizantes, además de sal, azúcar y grasas añadidos—, tiene un valor nutricional muy bajo. Esto genera, además del sobrepeso, aumento del colesterol, de la presión arterial y otros problemas físicos, así como un estado emocional de indiferencia. Se ha probado que quienes la consumen pareciera que crearan una especie de barrera emocional que los ayuda a evadir las situaciones, el entorno y las propias emociones.[11]

Nuestra dieta moderna es la responsable de la verdadera epidemia de obesidad que existe hoy en gran parte del mundo. Lamentablemente, quienes somos inmigrantes, lejos de seguir con la manera de comer de nuestros países y de sumar mejores hábitos, lo que solemos hacer es todo lo contrario, copiamos las malas costumbres y agregamos todos los productos que nos hacen la vida supuestamente "más fácil" porque están listos, ya preparados, pero que a la larga deterioran nuestra salud.

Lamentablemente, es muy triste ver cómo en cada lugar, cada evento o reunión que hacemos, de tipo familiar, social e, incluso, en las congregaciones, todo se realiza en torno a la comida, pero, por lo general, jamás se hace optando por lo saludable.

Cuando decidí empaparme del tema de la salud y la nutrición para mejorar mi calidad de vida y la de mi familia, de inmediato aprendí cuáles son esos enemigos mortales que siempre están rondando nuestra mesa y amenazando nuestro bienestar. Y, por supuesto, los quiero compartir contigo.

La adorada azúcar refinada

Conozco a mucha gente que jura que el azúcar no es un problema en su vida porque, según ellas, acostumbran a tomar el café o té sin nada. Sin embargo, beben gaseosas durante todo el día y comen pasteles o algún chocolate, pero la peor parte es que también la consumen sin darse cuenta en decenas de productos que la utilizan para preservar su integridad.

Resulta que comer demasiada azúcar o alimentos que la contengan hace que cuando entra a nuestro organismo se convierta en grasa. Entonces, el páncreas secreta insulina para reducir los niveles de azúcar. Muchas veces ni siquiera aparece mencionada en las etiquetas de los productos, pero eso es una simple manera de ocultarla, ya que la puedes encontrar bajo cincuenta y cuatro nombres diferentes.

El azúcar, o el alcohol, que también se convierte en azúcar, altera el pH de la sangre, poniéndola más ácida. Eso, en el ámbito físico, genera problemas digestivos; en lo emocional, aumenta la irritabilidad, la depresión, la ansiedad e, incluso, se ha descubierto que despierta la sensación de miedo.

La otra cara del azúcar

El jarabe de maíz de alta fructosa es uno de los productos a los que le debemos muchos males y muchas libras o kilos sobrantes. Está hecho a base de maíz, mediante un proceso donde se obtiene este jarabe que puede ser más dulce que el azúcar, por lo que, en los alimentos que se añade, se utiliza menos azúcar, pero más de este ingrediente. Resulta que la fructosa es altamente adictiva. Ocasiona obesidad, daño hepático e inflamación crónica.

Las *"mentiritas blancas"*

Si crees que cambiando los productos que contienen azúcar por reemplazos como los edulcorantes acesulfamo y aspartamo mejora las cosa, lamento decirte que no es así. Muchos productos de dieta los contienen, pues son bajos en calorías y bajos en grasa. Pero sucede que eliminan la grasa original del producto y le agregan el edulcorante. Este produce una sensación dulce en la boca, mucho más potente que si consumimos azúcar. Pero estos ingredientes generan adicción. Luego, la persona necesita agregar más edulcorante a sus alimentos, lo que puede producir ansiedad, dolor de cabeza, vómitos, diarrea y depresión. Por su parte, se ha comprobado que la sucralosa causa daño hepático y renal. Lo peor del caso es que el cuerpo los digiere como si fueran azúcar. Así es que ese remedio es igual de malo que la enfermedad.

El santo pecado de las harinas refinadas

¡No puedes imaginar lo que significa para una sureña como yo descubrir que las harinas refinadas son un enemigo en mi dieta diaria! En países como el mío, una parte importante de la alimentación y hasta de la vida social gira en torno a un mate o un café y una *factura*, como les llamamos a los pastelitos y masas dulces que los acompañan, todos fabricados a base de toneladas de azúcar, grasa y, por supuesto, harina blanca.

El problema es que el grano entero ha sido sometido a un proceso industrial, y por ello ha perdido gran parte de su fibra y de su calidad nutricional. Las harinas refinadas se digieren rápidamente en comparación con el grano entero que le dio origen; por ello, son un alimento de alto índice glucémico, lo que significa que su consumo eleva rápidamente la glucosa en sangre. ¡Son deliciosas! ¡Lo sé! Pero lo único que hacen en nuestro organismo es satisfacer un gusto momentáneo, además de que nos provocan aumentar de peso y suben todos aquellos niveles que no necesitamos elevar. Como las harinas son hidratos de carbono, al entrar a nuestro sistema se convierten en glucosa, la cual se multiplica en nuestro torrente sanguíneo; además, aumenta la producción de insulina, haciendo trabajar mucho más a nuestro páncreas.

Otro punto desfavorable es que la harina blanca suele estar "acompañada" o mezclada con otros ingredientes igualmente nocivos, como el jarabe de maíz, la soja o la sal. También se ha detectado una relación entre el alto consumo de harinas refinadas con la disminución de la vitamina B en el organismo, lo cual activa las alergias, especialmente al gluten presente en el trigo y muchos otros cereales.

Las sabrosas grasas

Creo que en todos nuestros países tenemos parte de nuestra memoria conectada a ese sonido chispeante del aceite caliente y de las papas, el pollo o un churro friéndose, y a este último luego bañarlo con canela y azúcar. ¡De solo pensarlo me parece sentir hasta el olor! Tristemente, todas esas delicias y una larga lista son una verdadera bomba para nuestro organismo.

Los aceites vegetales refinados y las grasas trans no son saludables. Estos se usan en muchos productos horneados, pero se ha comprobado que promueven la inflamación crónica y la acumulación de grasa, y elevan la presión arterial.

Las grasas trans se forman cuando el aceite líquido se transforma en grasa sólida al añadirle hidrógeno, lo que hace que duren más tiempo. La mayoría de estas grasas vienen en los alimentos procesados, como la margarina. A estos aceites y grasas se les atribuye el elevar los niveles de azúcar en la sangre, disminuir la densidad ósea, y causar problemas en la piel, desequilibrios hormonales y afecciones en el corazón. Además, producen irritación, aumento de peso, somnolencia, fatiga y desorientación.

El tan temido colesterol

Le tenemos pavor a esta palabra, pero no deberíamos. Siempre y cuando hagamos bien las cosas. El colesterol es un tipo de grasa que tenemos en nuestro organismo y que nosotros mismos generamos para producir hormonas, vitamina D y ayudar a procesar los alimentos. De hecho, fabricamos exactamente la cantidad que necesitamos. Lo hay de tres tipos:

- Al HDL, o lipoproteínas de alta densidad, se le llama colesterol bueno, ya que funciona como si fuera un camión que se encarga de llevar el colesterol que sobra en algunas zonas del cuerpo de regreso al hígado para que este se encargue de eliminarlo.
- El LDL, o lipoproteínas de baja densidad, en cambio, es conocido como colesterol malo porque su exceso puede acumularse y generar placas en las arterias.
- Al VDL, o lipoproteína de muy baja densidad, por su parte, también se le denomina colesterol malo porque también puede bloquear las arterias, además de transportar triglicéridos.

El problema en sí no es que tengamos niveles elevados de colesterol, pues, en ocasiones, el que esté alto significa que el cuerpo está intentando reparar procesos inflamatorios. De hecho, la estatina, que es la droga que se usa para bajar el colesterol, además de causar muchos efectos adversos, oculta un problema mayor que hay detrás. El colesterol se produce en el hígado, entonces, deberíamos preguntarnos por qué está trabajando mal y la respuesta seguramente es: por llevar una mala alimentación.

Otros productos y sustancias que generan problemas y a los que deberías prestar atención:

- **El GMS o glutamato monos**ódico. Es la sal sódica del ácido glutámico, un aminoácido que está presente de manera natural en algunos productos como el queso parmesano, los tomates y los champiñones. Sin embargo, este es un potenciador de sabor y se usa en casi el 80 % de todos los alimentos procesados. Se encuentra en salsas, frituras, aderezos, condimentos y se oculta detrás de cincuenta nombres distintos. Aunque en Estados Unidos es un producto aprobado, en Europa, en cambio, su uso está limitado porque se considera altamente adictivo, ya que "engaña a nuestro cerebro". Se asocia a diferentes problemas de salud como dolores de cabeza, náuseas, irregularidades cardiacas, ataques epilépticos e, incluso, el asma.
- **Colorantes artificiales**. Cuando leemos las etiquetas, ni siquiera pensamos que eso que aparece como azul n.º 1, azul n.º 2 o amarillo n.º 6 puede ser peligroso. Y es que, lamentablemente, en Estados Unidos y muchos otros países, las regulaciones sobre los colorantes son bastante flexibles, a pesar de la gran cantidad de estudios que existen en el mundo sobre los efectos negativos que pueden causar en la salud. Todos los productos que encontramos en las tiendas y supermercados de colores brillantes, que no son naturales como frutas o vegetales, los contienen. TODOS. La única excepción son aquellos que dicen específicamente que utilizan colorantes de origen vegetal. Un reporte del Centro para la Ciencia en el Interés Público (CSPI) asegura que los colorantes alimenticios están relacionados con algunos tipos

de cáncer, hiperactividad en los niños y reacciones alérgicas. De hecho, se ha comprobado que cuando se eliminan de la dieta de un niño, este mejora su rendimiento escolar.

- **Néctar o jarabe de agave**. Aunque este jarabe proviene de la savia de la planta agave, que se cree tiene propiedades medicinales, lo que se comercializa actualmente no tiene relación con el que se hacía tradicionalmente en México, siglos atrás. Si bien la savia tiene un alto contenido de azúcar, posee muchos otros compuestos saludables como los fructosanos, que ayudan a regular los niveles de insulina y el metabolismo. El problema está en que el proceso para convertirla en jarabe ocurre a altas temperaturas, lo que genera que esos compuestos saludables se conviertan en fructosa, haciendo que el producto final pierda esas propiedades saludables y termine siendo muy similar al jarabe de maíz de alta fructosa que altera los niveles de azúcar en la sangre y promueve el envejecimiento prematuro.

- **Antioxidantes sintéticos**. No te confundas con los antioxidantes naturales, que se encuentran en las frutas y vegetales frescos y que nos ayudan a combatir los radicales libres que causan el envejecimiento y la oxidación de las células. Estoy hablando de sustancias como BHT, BHA, EDTA, creadas de manera artificial por la industria de alimentos, y que se utilizan para conservarlos por más tiempo. Se encuentran en productos de repostería, panadería, cereales en caja y productos como galletas y *snack* salados. Lamentablemente, a pesar de su uso común, se ha descubierto que causan diversos problemas en la salud porque son muy tóxicos. Pueden generar hipersensibilidad y hasta promover algunos tipos de cáncer.

- **Nitritos, nitratos, sulfitos y sulfatos**. También son usados en la industria alimentaria como conservantes para evitar que los alimentos se contaminen con bacterias, especialmente en productos como las carnes, crustáceos, embutidos, pescados, productos instantáneos, congelados y vinos. Muchas veces no aparecen con esos nombres en las etiquetas, sino con la combinación de letras y números que los identifican, por ejemplo, E 221, E 228, Na_2SO_3 o $KHSO_3$.

Estos ingredientes reaccionan con nuestros microorganismos en el tracto digestivo y limitan sus funciones. Además, debilitan el sistema inmunológico. Las personas con intolerancia a ellos o quienes padecen asma deben evitarlos con mayor razón.

- **Benzoato de sodio, sorbato de potasio**. Son otros conservantes muy económicos y, por lo tanto, muy utilizados en salsas, aderezos, panadería, repostería y cereales. También se utilizan como medicamentos para personas que necesitan disminuir el amoníaco en la sangre. Sin embargo, tienen serios efectos secundarios como dolor en el pecho y generar confusión. También se han asociado a dificultades respiratorias y ataques de asma. Reducen la carga microbiana del cuerpo y, por lo tanto, afectan nuestro sistema digestivo. Según informes de la Clínica Mayo, pueden dificultar la concentración y provocar o exacerbar los síntomas del trastorno de déficit de atención e hiperactividad tanto en niños como en adultos.

- **La sal yodada**. El yodo es un mineral imprescindible para nuestro organismo, ya que nos ayuda a producir la hormona tiroxina. El exceso de yodo en el cuerpo generalmente se regula de manera natural, pero su falta genera problemas de salud.

El punto es que la sal, originalmente, posee suficiente yodo y otros minerales. Sin embargo, durante el proceso de extracción y producción, se eliminan prácticamente todos. Por eso es que la Organización Mundial de la Salud estableció que se le añadiera yodo a la sal de mesa o procesada para cumplir con la cantidad requerida del mismo y de otros elementos. Pero recientes estudios han probado que ni siquiera así se cumple la norma. Por lo tanto, las propiedades de la sal son prácticamente inexistentes. Además, en exceso, como solemos utilizarla, puede generar hipertensión, entre otros trastornos al organismo.

Existen también otros problemas que pueden dañar tu salud y modificar tus estados de ánimo y tu peso, tales como:

Uso de medicinas

Todas las medicinas recetadas, todas, lamentablemente tienen efectos secundarios. En realidad, se usan cuando vemos que el porcentaje de alivio a los síntomas que nos están molestando o atacando es mayor que sus efectos secundarios. Sin embargo, muchas veces ocurre que el remedio es peor que la enfermedad original o genera un sinnúmero de problemas a otros órganos.

Por ejemplo, las estatinas (las mencioné anteriormente), que se usan para bajar el colesterol, tienen bastantes efectos secundarios. Al principio generan dolor muscular, provocan inflamación, cansancio y debilidad. En ocasiones es leve, pero hay casos en que el efecto es mucho más intenso y complican la rutina de una persona. Pero la peor parte de esta droga es que puede ocultar el problema mayor que hay detrás del colesterol alto.

Telómeros

Son como una especie de tapones que se encuentran en las puntas de nuestros cromosomas y su función es que estos se mantengan intactos. El envejecimiento de nuestras células ocurre cuando no logran regenerarse y van muriendo. Con el paso del tiempo, los telómeros se van acortando y la división celular se detiene. Es un proceso natural. Sin embargo, también hay factores externos que aceleran el envejecimiento como la falta de ejercicio, el estrés crónico, el tabaquismo, la mala alimentación y la obesidad.

Una forma de ayudar a nuestros telómeros a mantenerse intactos es reduciendo el azúcar y mejorando nuestra alimentación.

Toxinas

Una sustancia tóxica es aquella que puede causar daño en el cuerpo. Puede ingresar a nuestro sistema por inhalación, por contacto con los ojos, por ingesta oral o penetrar a través de la piel. Nuestro cuerpo está configurado para neutralizar los radicales libres y las toxinas. Sin embargo, cuando la carga de toxinas es mucho mayor que la cantidad que el cuerpo puede procesar, podemos desarrollar distintas enfermedades, tales como asma, hipertensión, artritis, párkinson, cáncer o déficit de atención, entre otras. Las toxinas disminuyen la capacidad que tiene el cuerpo de curarse a sí mismo.

Lamentablemente, a diario tenemos contacto con elementos tóxicos. Por ejemplo, el BPA, también llamado bisfenol A, es un derivado del petróleo que está en todos los productos de plástico y se libera al momento de calentarse. También absorbemos muchos tóxicos provenientes de productos de cuidado personal y de limpieza, como la parafina (derivado del petróleo), el aluminio (algunos desodorantes lo contienen), el mercurio o el plomo (presente en muchos labiales).

El complejo metabolismo

El síndrome metabólico es un conjunto de factores de riesgo que aumentan la posibilidad de padecer enfermedades cardiovasculares. Esos factores incluyen diabetes tipo dos, hipertensión arterial y colesterol alto.

El síndrome metabólico también se conoce como síndrome de resistencia a la insulina o síndrome X. La insulina es una hormona que se produce en el páncreas y que permite que la glucosa proveniente de los alimentos entre a todas las células del cuerpo para ser utilizada como energía.

En ocasiones, sucede que algunos tejidos del organismo dejan de reaccionar a la insulina (por eso se llama *resistencia* a esta). El cuerpo, que no sabe interpretar bien ese mensaje, empieza a producir más y más insulina pensando que no es suficiente, lo cual genera otros problemas como el colesterol alto y la hipertensión.

Lo peor del caso es que, como te podrás dar cuenta, un mal va de la mano con otro. Sin embargo, si bien importa hasta cierto punto que se tengan antecedentes familiares como la diabetes, la aparición de este síndrome metabólico depende más de nuestros hábitos alimenticios y de la actividad física que realicemos. Si se consumen demasiadas calorías, muchas grasas saturadas y no se practica suficiente ejercicio, las posibilidades de desarrollarlo aumentan.

Déficit de nutrientes

El tipo de dieta o alimentación moderna, basada en alimentos altamente procesados, tiene un efecto negativo doble, puesto que, por un lado, provoca sobrepeso y obesidad; y, por otro, genera un déficit de nutrientes en el organismo. Que una persona sea obesa no indica que esté mejor alimentada, al contrario. Lo más probable es que no consuma los nutrientes que necesita para mantenerse saludable. En ocasiones, la falta de nutrientes se debe a problemas digestivos que complican la absorción de las vitaminas y minerales de los alimentos. Y si no le damos los alimentos adecuados, nuestro cuerpo no va a poder curarse y autorregenerarse.

A veces existe deficiencia de minerales como el hierro, el zinc y las vitaminas del grupo B. Quienes acostumbran a realizar dietas muy rigurosas o, incluso, en ocasiones, algunas personas que han optado por un plan alimenticio vegetariano, suelen tener estas deficiencias, que pueden manifestarse a través de grietas en las comisuras de la boca.[12] A otras, cuando les falta vitamina B7, por ejemplo, llamada también biotina, les puede aparecer un sarpullido rojizo en el rostro o cuerpo, y también pueden empezar a perder cabello. La deficiencia del ácido fólico, en tanto, puede provocar desde hormigueo y adormecimiento de las manos o los pies hasta depresión, anemia, fatiga y desequilibrios hormonales. Los calambres, por su parte, generalmente se deben a la carencia de tres minerales vitales para el organismo: potasio, calcio y magnesio. Como ves, hay muchas manifestaciones que nos muestran que no estamos recibiendo suficiente "calidad" de nuestros alimentos.

Un cuerpo ácido también enferma

Hay ocasiones en que el cuerpo se convierte en un fabricante de ácido. A veces sucede como consecuencia del mal funcionamiento de los riñones, que no están eliminando suficiente ácido del organismo. O también, porque la persona ha sufrido de un proceso digestivo complicado, con diarrea intensa, la cual ha eliminado el bicarbonato de sodio del cuerpo. Además, existen ciertos factores como el consumo de alcohol, enfermedades como el cáncer, insuficiencia hepática, exceso de ejercicio, el uso de algunas medicinas, entre otros, que también pueden causar un tipo de acidez. El problema es que el exceso de ácido debilita nuestro sistema, ya que interfiere en la absorción de minerales, nutrientes y oxígeno.

Las células están saludables cuando nuestro pH está entre 7 y 7.4.

Vida sedentaria, el mal nuestro de cada día

Fuimos diseñados para movernos. Estar en permanente actividad debería ser nuestra forma natural de desenvolvernos. Sin embargo, la vida moderna no lo permite. Y esto ha convertido al sedentarismo en el mayor problema para combatir la obesidad, el sobrepeso y todos los males que estos acarrean. Estar sentados tanto tiempo puede dañar órganos como el corazón y el páncreas, además de complicar nuestra digestión; el cerebro no se oxigena muy bien; tenemos debilidad muscular, problemas de postura, huesos débiles, etc. ¡Nos pasamos el día sentados!

Muchos piensan que haciendo ejercicio una hora al día ya cumplieron con la cuota diaria. Si vas al gimnasio por una hora, haces treinta o cuarenta minutos de cardio, pero luego vas a tu trabajo y estás ocho horas sentado, lamento decirte que tienes una vida sedentaria.

El aparato circulatorio lleva oxígeno y nutrientes a nuestro cuerpo, y si no nos movemos, nuestras células no se alimentan correctamente.

No dormimos lo suficiente

Te lo he dicho en reiteradas ocasiones a lo largo de estas páginas, y en este capítulo no te puedes escapar. Y es que dormir no es una pérdida de tiempo, como algunas personas creen, ¡es absolutamente necesario! De hecho, es considerada una de las tres piedras angulares de la buena salud, junto a la alimentación y el ejercicio.

El 45 % de la población mundial tiene su salud bajo amenaza y una pobre calidad de vida debido a problemas para dormir o por hacerlo menos de las horas necesarias.

Necesitamos descansar entre siete y ocho horas al día, de manera ininterrumpida, y llegar a un sueño profundo.[13]

Además de todos los efectos nocivos en la salud mental que ya te he mencionado, está comprobado que la falta de una buena calidad de sueño aumenta las probabilidades de desarrollar problemas cardiovasculares, diabetes y cáncer. El descanso a través del sueño es parte de un todo, pues las personas que no duermen lo suficiente suelen tomar malas decisiones en cuanto a su alimentación. Por lo tanto, hay aumento de peso, lo cual, a su vez, genera peor calidad del sueño, ya que el sobrepeso provoca la apnea.

La falta de suficiente descanso también está relacionada con la aparición de la resistencia a la insulina. Por si fuera poco, disminuye nuestra energía y rendimiento tanto físico como mental. Por último, también afecta nuestro sistema inmunitario, ya que la carencia de descanso disminuye la producción de citocinas, unas proteínas que nos ayudan a combatir las inflamaciones e infecciones.

¿Cómo recuperar nuestras fuerzas?

Nunca es tarde para cambiar de hábitos

Nuestra salud es nuestra responsabilidad. Primero comienza el cambio de mentalidad y luego cambia nuestra conducta. La idea es modificar los hábitos por convicción antes de tener que hacerlo por prescripción médica.

Lo primero que debes tomar en cuenta —y estar convencida de ello— es que cualquier cambio para mejorar nuestro estilo y calidad de vida vale la pena y puedes hacerlo a la edad que sea. He escuchado a muchas personas de cuarenta, cincuenta o sesenta años diciendo que ya no vale la pena dejar de fumar, cambiar su estilo de alimentación o comenzar a ejercitarse porque están "demasiado viejos" para empezar con eso. Déjame decirte que *mejorar*, en cualquier sentido, nunca es una pérdida de tiempo. Nunca es tarde para comenzar a hacer bien las cosas, para comenzar a hacer ejercicio, practicar algún deporte, aprender algo nuevo, cambiar los horarios, dormir mejor o empezar a nutrirnos como corresponde. ¡He escuchado que hay personas que a los noventa años corren maratones! Hace poco, visité Miami Beach y me encantó ver a un señor bastante mayor trotando suavemente por la playa. Me llamó la atención verlo acompañado de un grupo de jóvenes y algunos adultos que iban al paso con él. Cuando pregunté quiénes eran, me contaron que el señor comenzó hace apenas un par de años a caminar para recuperarse de una cirugía. Poco a poco fue mejorando hasta comenzar a trotar. Cada día había personas que se sorprendían al ver cómo iba mejorando, poquito a poco, con mucha paciencia, con su actitud positiva y constancia. Él motivó a quienes lo observaban a actuar y por eso se han ido sumando y lo acompañan en su rutina diaria. No les importa no avanzar a la velocidad que ellos podrían hacerlo si estuvieran solos, pues lo que están haciendo es motivarse mutuamente, gracias a ese anciano *líder* que, sin darse cuenta, creó un hermoso grupo de deportistas. ¡Qué ejemplo más inspirador! Si él puede lograrlo y contagiar a otros, ¿por qué tú no?

Lo difícil no es cambiar un hábito, sino mantenerlo en el tiempo. Los cambios tienen que ser paulatinos para poder sostenerlos. No es aconsejable realizar cambios muy drásticos porque no podrás cumplirlos. Comienza con uno sencillo y poco a poco ve sumando nuevos desafíos. Cambia una cosa a la vez; cuando sientas que ya incorporaste ese nuevo hábito, prueba otro y así sucesivamente, a medida que te vayas acoplando a tu nuevo estilo de vida.

Sé flexible, si un día te equivocaste y comiste algo que no debías, vuelve a intentarlo al día siguiente. Cuando se quiere cambiar un mal hábito, hay que reemplazarlo por otro bueno. Esa es la clave.

Una vez que logras cambiar tus hábitos y tienes el control de tu alimentación, inevitablemente mejora tu autoestima. No hay nada como sentir que podemos conseguir nuestros objetivos y que vemos resultados concretos en nuestro día a día: en la manera en que podemos realizar las actividades de manera más fácil, que nos sentimos mejor, que disminuimos la cantidad de medicamentos, que tenemos más energía, dormimos mejor, nuestro ánimo es más positivo, etc. Esa es la prueba de nuestro dominio propio y de poner en marcha nuestra voluntad. ¡Se siente muy bien!

Muchos dicen que un hábito tarda veintiún días en adquirirse, otros expertos, en cambio, aseguran que se necesita al menos noventa días para asentarlo como parte natural de nuestra conducta. Pero no hay algo determinado, si el hábito que se desea cambiar es muy marcado, puede tardar más. No importa cuánto te tome. Sigue en tu propósito, contra todo.

Encuentra las razones correctas para el cambio

Cuando alguien no está convencido de algo, no hay manera de que pueda tomar el impulso para comenzar a cambiar de hábitos. Y con suerte, si lo hace, los deja a medio camino porque no hay razones de peso que lo mantengan enfocado y perseverando en sus objetivos. Sin embargo, después de todo lo que te he comentado sobre la interacción que existe entre lo que recibe y realiza nuestro cuerpo con la manera en que reaccionan nuestra mente y nuestras emociones, y cómo todo eso vuelve y se refleja en nuestra parte física, si todavía todo eso no te convence, creo que nada lo hará.

Piensa en tu calidad de vida y en la de tu familia. Escucho a muchas personas escudarse a diario en explicaciones como: "De algo hay que morir", "Dios es mi doctor", "Soy como una roca, nada me puede afectar", etc. Por supuesto que nuestro Padre nos protege en cada momento, ¡pero tampoco se trata de cargarle la mano! No está bien hacerlo, porque nuestro papel, como cuidadores de este templo sagrado, es precisamente ese: cuidarlo.

Además, es una postura bastante egoísta para tu familia y quienes te rodean no querer prevenir las enfermedades. Toma en cuenta que cualquier afección o problema físico repercute no solo en quien lo padece, sino en todo su entorno. No hay nada más terrible que ver sufrir a quienes amamos, pero muchas veces, cuando no nos cuidamos, somos nosotros quienes, con esa negligencia, le hacemos daño a la gente que está a nuestro alrededor. Una persona enferma dentro de una familia significa alguien a quien cuidar. Y muchas veces ese cuidado tiene un costo no solo económico —que podría estar fuera de nuestro alcance—, sino también emocional, mental y físico para quienes deben enfrentarlo. Es un desgaste inmenso que a veces dura años o el resto de la vida. ¿Estás dispuesto a entregarle esa carga a tus seres queridos, pudiendo hacer algo para evitarlo?

Recuerda también que los hábitos se van copiando. Si eres madre, padre, abuela, abuelo o hermano mayor, piensa en quienes forman parte de tu hogar y que son más pequeños. Quizá tú seas la gran diferencia en la vida y la salud de tus hijos, de tus nietos o tus hermanos. Los cambios que tú realices, ellos también podrían hacerlos; pero si no es el momento, al menos tu ejemplo será vital. Sé un buen modelo a seguir.

Así como la parte estética o tratar de encajar en los estereotipos ideales de belleza que vemos por ahí no deberían ser el centro de tu motivación, la salud integral, el equilibrio de tus distintas áreas, la posibilidad de mejorar tu calidad de vida y la de tu familia, pero sobre todo, el amor real a Dios y el deseo ferviente de honrarlo como Él lo pide, con TODO nuestro ser, sí deberían ser razones más que suficientes para actuar. ¿No lo crees?

Organiza tus prioridades

Ya hablamos que eso de "Me falta tiempo" es una excusa barata que no sirve para nada. Entonces, para ayudarte a conseguir el empuje que necesitas es bueno que armes una especie de tabla que te permita visualizar y organizar tus ideas. Puedes usar tu teléfono, tu computadora, una agenda, libreta o una pizarra. Vas a pensar que parezco una maestra de primaria dando la tarea a sus alumnos... Pero sucede que nuestra mente (imagino que ya lo sabes) es muy didáctica y fotográfica. Mientras más refuerzo visual tenga, es mucho más fácil mantener las cosas claras y enfocarse en nuestras metas.

Bueno, ya sea que elijas el teléfono o cualquier alternativa para hacerlo, crea cuatro columnas:

- **En la primera**, anota cuáles son tus prioridades y necesidades. Por ejemplo, bajar de peso, controlar el azúcar, bajar tus niveles de colesterol, evitar un ataque cardiaco, ver crecer a tus nietos, etcétera.
- **En la siguiente columna**, pon los objetivos concretos que quieres conseguir, como perder una o dos libras (un kilo) semanalmente o cambiar la manera de alimentarte. Quizá pienses que debas estudiar algo específico que te ayude, como cocina saludable o leer algún libro.

- **Luego,** anota las acciones que deberías realizar para alcanzarlos, como dejar de tomar refrescos, empezar a beber un vaso más de agua al día, acostarte media hora más temprano, eliminar las harinas, dejar el azúcar, inscribirte en un gimnasio o comenzar a caminar media hora diaria, etcétera.
- **Y finalmente, en la última,** pon en cuánto tiempo quieres lograr cada uno de esos puntos.

Sé muy concreto y realista. No te vayas a las nubes de una vez. Es mejor ir cambiando paulatinamente que intentar dar un giro drástico que te dure apenas un par de semanas. La constancia y perseverancia de las pequeñas acciones es mucho más importante y notoria.

Revísate de punta a cabo antes de comenzar cualquier rutina (médicamente)

No vayas a iniciar ningún tipo de ejercicio ni cambio de alimentación sin consultar primero a tu médico y, si puedes, también a un especialista. Uno de los graves problemas que tiene internet hoy en día es que, si bien facilita el acceso a mucha información, no todo lo que hay sirve y, aun sirviendo, no es para todos. Hay muchas cosas que incluso siendo "saludables" no les funcionan a ciertas personas porque tienen necesidades y condiciones específicas. Por ejemplo, en mi caso, por mi hipotiroidismo, hay productos como la soja, ciertos vegetales como el brócoli y las coles e, incluso, algunas frutas que, aun cuando son saludables y recomendados en muchas de las dietas y cambios alimenticios, no me sirven y pueden incluso ser contraproducentes por los efectos que suelen tener en la tiroides. Tampoco a todos los pacientes de hipotiroidismo les afectan de la misma manera.

BUSCA TU PROPIO ÁNGEL

Cada persona tiene sus propias necesidades y requerimientos. Por eso, mi recomendación es que visites a tu médico antes de realizar cualquier cambio, te hagas todos los exámenes de rigor para ver tus niveles de lípidos, azúcar, comportamiento de la tiroides, etc., y le expliques también cuáles son tus necesidades, las actividades que realizas, tu edad, enfermedades que padeces, etc. **Una vez que él te aclare y te oriente conforme a tus resultados, puedes pedir que te remita a un nutricionista, e idealmente también a un terapeuta de conducta o psicólogo, sobre todo si tienes problemas de sobrepeso o bajo peso u otras enfermedades.** La mejor manera de enfrentar los cambios de hábitos es atacando por todos los frentes. Imagino que ya tienes claro que lo más probable es que tu estado actual tenga origen en algunas emociones que andan por ahí, escondiéndose debajo de la alfombra desde hace tiempo. Toma el toro por los cuernos, enfréntalas sin miedo, sin vergüenza. Es la única manera de convertirnos en nuestro propio ángel.

Busca asesoramiento si lo necesitas

Así como se necesita la opinión de un profesional para aclararnos las cosas médicas, a veces cuando queremos comenzar el cambio, también nos hace falta un poco de ayuda de otros expertos, como alguien que sepa de alimentación saludable y/o un entrenador personal. Cuando me di cuenta de que debía comenzar a ser mi propio ángel para tomar control de mi salud y dejar de darle poder a mi tiroides, comencé a tomar clases de cocina saludable y nutrición. También había comenzado a ejercitarme con regularidad, pero sentía que no era suficiente para mis necesidades. Mi tercer paso fue acudir a una experta y busqué a mi amiga Ingrid Macher, quien, por cierto, más adelante compartirá contigo algunos de sus mejores consejos para estar saludable.

Ingrid lleva años dedicada al entrenamiento físico, la motivación y la alimentación saludable. Por lo tanto, me orientó en distintos aspectos que me fueron ayudando a entender por dónde debía empezar. Su asesoramiento fue de gran ayuda.

Quizá no puedas contratar a un asesor, una experta en cocina saludable o un entrenador, pero puedes buscar uno en algún centro comunitario o gimnasio municipal. También muchos centros de salud pública, incluso algunas clínicas y hospitales, cuentan con algunos que ofrecen clases grupales o asistencia personalizada gratis o a muy bajo costo. Busca opciones, pero no te quedes estancado en lo mismo.

Escoge mejor a tus aliados en tu nuevo estilo de vida

En realidad, creo que este es un principio que deberíamos usar para todo en la vida. No en vano la Biblia, en la primera epístola a los corintios, dice: "No os dejéis engañar: 'Las malas compañías corrompen las buenas costumbres'".[14] Y es completamente cierto.

Diversas investigaciones han demostrado que el tabaquismo, la obesidad, la felicidad y hasta la soledad son contagiosos. No hay que ser muy profundo para darse cuenta de que los compañeros de fiesta y diversión no necesariamente son los que están en los momentos difíciles a nuestro lado. Y lo más probable es que sean los que tienen más líos en sus vidas, que abusen de sustancias, del alcohol, y quién sabe cuántos problemas más tengan. Incluso, eso sucede a veces con miembros de nuestra familia que son influencias negativas y cuesta muchísimo hacerlos a un lado. Sin embargo, si quieres crecer y cambiar de verdad, tienes que escoger con pinzas con quién pasas tu tiempo.

No hay nada más agradable que salir a caminar con una o dos amigas. Eso las va a animar, pues es mucho más divertido y estimulante. Cuando una no tiene muchos deseos de cumplir con la meta del día, está la otra para animarla y empujarla a seguir. Lo mismo ocurre si empezaste una rutina en un gimnasio después de la oficina. Si te sumas al compañero que es disciplinado y serio en sus compromisos, de seguro será un hábito más fácil de asimilar. También es agradable y muy útil intercambiar ideas de cómo están llevando la alimentación, compartir recetas, etcétera.

Por lo tanto, a partir de ahora, súmate a la gente con buenos hábitos. Si es necesario, busca un grupo que tenga intereses afines a tus nuevos propósitos y comienza a participar con ellos. Verás que tu crecimiento será en todo orden de cosas, pues la acción, el orden, la disciplina y la constancia, además de contagiosos, dan mejores frutos.

Cambia el enfoque sobre tu cuerpo

Porque habéis sido comprados por precio; glorificad, pues, a Dios en vuestro cuerpo y en vuestro espíritu, los cuales son de Dios.

1 Corintios 6:20[15]

Quizá durante toda tu vida has estado sumido en la tristeza y baja autoestima por situaciones que sucedieron en el pasado, especialmente en tu infancia. Ya sabes que eso puede quedar por ahí guardado, generando pensamientos negativos y repercutiendo en la manera en que enfrentas todo en tu vida, empezando por la actitud y la alimentación.

Pues ya que sabes la relación que existe en toda esta telaraña, es hora de deshacerse de esos recuerdos, sanar, dejarlos atrás y comenzar a vivir de manera distinta, con conciencia de salud.

Si no te gusta tu cuerpo, puedes hacer mucho para mejorarlo. Pero cambia la manera de mirarlo. Para empezar, *obsérvalo*, ¡eso no es pecado! Aprende a agradecer cada característica que tienes, tu color de ojos, de cabello, la forma de tu rostro, tu altura, tu contextura, tus "detallitos" y también lo que te gusta. Cada una de esas cosas, a fin de cuentas, te hace distinto y único. Aprovéchalas para honrar a nuestro Creador a través de ellas; eso es parte de nuestro trabajo como administradores de este templo.

Ten en cuenta que ese reflejo es en parte lo que somos, pero también lo que queremos ser. Y eso depende en gran medida de tus elecciones y hábitos.

Quiérelo, acéptalo y, a partir de ahora, cuídalo y hónralo.

Los genes influyen, pero tú tienes la última palabra

¿Has escuchado hablar de la epigenética? Es la forma en que nuestros genes manifiestan o, por decirlo de alguna manera más gráfica, *escriben* las instrucciones para nuestras células. Es decir, el código del ADN es uno, pero lo que nos diferencia a cada ser humano es la epigenética, o sea, la secuencia *instructiva*. Esta es la encargada de regular cada característica que tenemos dentro de nuestro organismo, desde las más básicas, como la manera en que procesamos las proteínas y otras sustancias.

Nacemos con esa secuencia y a medida que vamos creciendo, cada proceso celular ocurre de acuerdo con ese *instructivo* porque es su memoria. Sin embargo, es un proceso que puede ser modificado por el ambiente, y eso es lo interesante. Es decir, quizá por *genética* tienes predisposición a ciertas enfermedades, como la diabetes, porque tu secuencia así lo indica. Sin embargo, si tienes los hábitos correctos, puedes cambiar la forma en que funciona y jamás manifestar la enfermedad.

Repito: los hábitos definen nuestra calidad de vida actual y en un futuro. La alimentación y la manera en que nos exponemos al ambiente y a las diversas sustancias químicas influyen en la activación y desactivación de los genes.

La exposición a químicos, la dieta que llevamos y el tabaquismo pueden alterar la manera en la que funcionan los genes. Por lo tanto, la ecuación es muy sencilla: si cambias tu forma de alimentarte y cuidas de no exponerte a contaminación excesiva, ¡puedes cambiar tu genética! ¡Ya no necesitas responsabilizar a tus ancestros ni a nadie de tus achaques!

No dejes de apoyarte en tus otras áreas: emocionales, mentales y espirituales

Una vez vi en internet una imagen comparativa entre el cerebro de un obeso y el de un drogadicto. Es sorprendente ver que no hay diferencia, el daño es casi igual. El resultado es que la persona obesa tiene muy poca sensación de placer, en consecuencia, consume cada vez más químicos que le provoquen ese sentimiento. Eso deriva en ansiedad y otros trastornos que tienen su raíz en cómo se alimentan. Por eso es importante trabajar en conjunto con todas tus áreas para apoyarlas. Busca motivación e inspiración para animarte a conseguir tus nuevos hábitos. No te dejes aplastar por las emociones negativas o tóxicas. Ponles freno y usa el dominio propio. Instrúyete, edúcate y prepárate para que los pensamientos que pongas en tu mente estén basados en información correcta y no en creencias añejas y viscerales.

Aliméntate con conciencia

> *... y alguno de vosotros les dice: Id en paz, calentaos y saciaos, pero no les dais las cosas que son necesarias para el cuerpo, ¿de qué aprovecha?*
>
> Santiago 2:16[16]

Nuestro *templo* no solo necesita de paz, oración y cánticos hermosos o algo de comida para calmar el hambre y protección para cubrirse de las inclemencias del ambiente. Sería perfecto si fuera así de sencillo, pero es insuficiente.

El cuerpo tiene exigencias que no son caprichos, sino *necesidades* que debe satisfacer, de lo contrario no estará saludable y, por lo tanto, no tendrá las fuerzas suficientes para cumplir con el mandato divino. La posición bíblica es la de atender el cuerpo en la integridad de sus necesidades, eso es lo que lo hará saludable.

Ahora bien, ¿por qué crees que las dietas, a largo plazo, no funcionan? Te cuento mi punto de vista, de acuerdo con mi experiencia y el de muchos expertos que aseguran que, incluso, pueden llegar a ser nocivas, ya que exponen al organismo a la privación de muchos nutrientes cuando no se hacen de la manera correcta.

Las dietas, además, no se enfocan en la salud ni logran cambiar nuestra mentalidad. En cuanto dejamos de seguirlas, volvemos a lo de antes. Es decir, que no promueven un cambio de hábitos. Lo mismo que bajes (si es que logras bajar) lo vas a aumentar cuando vuelvas a comer de forma normal, y lo más probable es que subas todavía más.

Por eso, promuevo seguir un estilo de vida saludable CONFORME A LAS NECESIDADES ESPECÍFICAS DE CADA PERSONA. No soy de la idea de imponer o sugerir uno u otro estilo de alimentación, tales como:

- Vegetariano: basado fundamentalmente en vegetales y frutas, pero más flexibles, ya que también incorporan huevos, leche y, a veces, pescado.
- Vegano: basado en vegetales y frutas. Es más estricto; no acepta la carne, ni leche, ni los derivados del animal. Pero muchas veces quienes lo siguen comen muchos productos procesados, ya que reemplazan la carne por carne vegana, procesada, o hamburguesas veganas, que también están procesadas.
- Flexitarianos: es una dieta de transición hasta dejar completamente la carne.

Hay infinidad de opciones, pero cada quien tiene sus gustos y, sobre todo, sus necesidades, de acuerdo a su edad, sexo, actividades que realiza, etc. Por eso no se puede usar una regla general. Además, esas mismas necesidades cambian con el tiempo. Por ejemplo, hoy en día hay productos que no tolero bien y que hace años no me causaban ningún problema. Así como hay épocas en que requiero mayor cantidad de ciertos minerales o vitaminas, por lo tanto, tengo que buscar las fuentes naturales, ya sean carnes, vegetales o frutas que los contengan.

He probado llevar un estilo de vida vegetariano, pero siento que necesito comer proteína animal. Mi cuerpo me lo pide. No digo que esté mal ser vegano o vegetariano, pero creo que no hay una forma que sea la adecuada para todas las personas. Escucha a tu cuerpo, es sabio y te va a hacer notar cuándo un alimento, por más saludable que sea, no es el adecuado para ti.

Pienso que lo más importante es incorporar alimentación REAL a tu estilo de vida. Es decir, buscar alimentos y productos naturales, de la mejor calidad posible, con la menor cantidad de químicos. Y preparados de la forma más sana.

Elimina los alimentos más peligrosos

- Azúcar procesada y edulcorantes. Ya tienes claro que están entre los principales venenos y que, por más delicioso que se sienta su sabor, no hay un solo aporte nutritivo que provenga de estos. La estevia puede ser una buena opción, siempre y cuando no esté mezclada con otros ingredientes. Fíjate muy bien lo que dice la etiqueta. Y si puedes conseguir estevia natural, como planta, mucho mejor. También tienes el endulzante monk fruit, y aunque aún existe una polémica acerca de si sube la glucosa en la sangre o no, la realidad es, por propia experiencia, que si agregas un poco de endulzante, con el tiempo necesitarás un poco más y además sentirás muchas ganas de comer algo dulce. Estos son una buena opción, pero, como te dije anteriormente, no abuses de ellos.

- Los carbohidratos refinados como las harinas blancas. No soy partidaria de eliminar por completo los carbohidratos, pero sí de cambiarlos por sus versiones complejas, que no han sido refinadas, como el arroz y la harina integrales. Tanto el azúcar como los carbohidratos simples que contienen harina y almidón aumentan nuestra insulina, lo cual hace que almacenemos la grasa.

- La sal yodada. Prueba utilizar sal marina sin procesar o sal rosada del Himalaya. Esta última es una de las sales más puras. De todas maneras, recuerda que la sal retiene el líquido en el cuerpo y eleva la presión arterial. Lo máximo recomendado para un día en una persona promedio es dos mil trescientos miligramos, que es el equivalente a una cucharadita. Puede ser que pienses que jamás consumes tanta sal, pero recuerda que también cuenta la que viene incorporada en los alimentos procesados como salsas, embutidos, aderezos, panes, comidas congeladas, conservas y la leche envasada. La mayoría de las sopas o enlatados son altísimos en sodio. Revisa muy bien las etiquetas antes de comer uno de estos productos. Si tienes problemas con tu presión arterial, que tiende a elevarse, puedes optar por usar más hierbas naturales o condimentos para darle sabor a tus alimentos y así no tener que usar tanta sal en tus platillos.

- Los productos procesados. Eso es vital. Intenta eliminar las comidas que vienen preparadas, aunque digan "natural" u "orgánica", pues eso no significa necesariamente que sean saludables. Por ejemplo, mucha comida procesada, siendo orgánica, no tiene conservantes químicos, pero para poder mantenerla en los congeladores o estantes necesita de algún producto. Lo más probable es que tengan un alto contenido de sal. Por eso, lo mejor es optar por comidas hechas con productos frescos, preparados de forma saludable.

- Todos los productos que puedan provocarte alguna reacción alérgica o de intolerancia. No voy a decirte que excluyas de tu alimentación *x* o *y* producto. Puesto que, como ya mencioné, cada quien tiene sus necesidades específicas. Sin embargo, si sueles tener problemas con el peso, a pesar de haber hecho cambios drásticos para alimentarte saludablemente durante periodos largos de tiempo y no ves resultado, puede ser que sufras de ciertas intolerancias. Muchas personas, hoy en día, lo son al gluten de algunos cereales, por ejemplo; otros, a la lactosa, al maní, al maíz o a productos como el tomate. Es muy importante que vayas a tu médico para que te realicen los estudios correspondientes y descartes aquellos alimentos que no funcionan en tu cuerpo.

Considera cuál es la base de tu alimentación

Hay ciertos elementos que deben estar en tu plan de alimentación diaria para que tu salud comience a mejorar, logres el peso que deseas y te sientas con energía. Aquí te los menciono.

Los macronutrientes son grasas saludables, carbohidratos y proteínas.

1) Carbohidratos. La principal función de los carbohidratos —también llamados hidratos de carbono— es proporcionar energía rápidamente al organismo porque son de fácil digestión, pero cuando esa energía no se gasta, se almacena en el organismo en forma de grasa. Se dividen en carbohidratos simples y compuestos.

Los simples se descomponen rápidamente en el cuerpo para ser usados como energía y se encuentran en forma natural en alimentos como las frutas, la leche y sus derivados, y en alimentos procesados y refinados como los dulces, panes, pastas y el azúcar común. Los procesados, como te acabo de mencionar, es mejor evitarlos porque no traen ningún beneficio para la salud.

Los carbohidratos complejos son digeridos más lentamente por el organismo, siendo liberada el azúcar más despacio en la sangre y ayudando a producir la sensación de saciedad por más tiempo. Suelen ser clasificados entre alimentos con bajo índice glucémico. Por ejemplo: la pasta o el arroz integral, las lentejas, el pan integral, la batata, entre otros.

2) Proteínas. Puede ser animal o vegetal. Si te inclinas por la proteína animal, fíjate que sea de animales de libre pastoreo, eso quiere decir que son animales que crecen en el campo y se alimentan de pasto y no de maíz ni soja transgénica. Si prefieres el pescado, que este sea silvestre (o *wild*), lo cual significa que es de mar abierto y no criado en granjas. Si optas por pollo o pavo, que sean orgánicos y de libre pastoreo, así también los huevos. Los huevos orgánicos son de gallinas que se alimentan naturalmente y no con granos transgénicos, además, no contienen antibióticos ni hormonas. Eso es muy importante.

3) Grasas saludables. No todas las grasas son nocivas y las necesitamos. Estas aportan energía y, al mismo tiempo, ayudan a mejorar el ambiente hormonal de tu cuerpo. Las mejores opciones las encontramos en el aguacate, las almendras, el maní, los huevos, pescados como el salmón, el aceite de oliva o de coco, las semillas, entre otros.

Desintoxícate de manera natural

Hemos escuchado o leído infinidad de veces que necesitamos *desintoxicar* nuestro cuerpo y tratan de vendernos jugos verdes, tés milagrosos y dietas mágicas para lograrlo, prometiéndonos que vamos a sacar lo malo del organismo y adelgazar. La realidad es que nuestro cuerpo tiene la función de regenerarse a sí mismo, eliminando las toxinas de nuestro organismo. Dios nos creó así.

Necesitar una desintoxicación es estar afirmando que lo que estás ingiriendo te está intoxicando. ¿No sería mejor cuidar lo que estamos introduciendo en nuestro organismo?

Por supuesto que la desintoxicación es posible en ciertas ocasiones, cuando se necesita tras una enfermedad, luego de tomar medicinas por un lago periodo de tiempo, antes de comenzar un cambio, entre otras. No en vano, la Biblia menciona infinidad de veces los *ayunos*, pues nos ayudan a aclararnos físicamente y también nuestra mente y corazón.

Se puede hacer *detox* del hígado, de los riñones, de los intestinos, de la vesícula biliar, de la piel y el cerebro, pero si lo tienes

que hacer, será con un propósito terapéutico y bajo las indicaciones de un especialista.

Si sientes que necesitas desintoxicarte, comienza a alimentarte de otra manera, no quieras eludir los síntomas. Tu cuerpo te está diciendo a gritos que necesitas cambiar tus hábitos alimenticios porque con el combustible que le estás dando es imposible operar semejante maquinaria maravillosa.

Deja de estar metiendo basura a tu cuerpo. Vuelve a lo natural. Deja de lado paquetes, latas, colorantes, conservantes, y comienza a comer comida real.

Más adelante, aprenderemos a leer etiquetas de productos. Si vas a comer comida empaquetada, es mejor que sepas qué debes leer y qué cosas evitar.

A continuación, te comparto algunos alimentos que ayudarán a tu cuerpo a operar tal cual fue su diseño original.

Frutas y vegetales
Tienen agua, fibras, antioxidantes y minerales.

Una buena opción para incorporar más vegetales a tu alimentación es a través de jugos verdes o licuados, pero recuerda que no es para desintoxicarte o adelgazar, sino para que tu cuerpo pueda hacer los procesos de nutrición correctamente. Aunque te tomes un jugo verde todas las mañanas, eso no quiere decir que mágicamente comenzarás a adelgazar.

Lo ideal es comer los vegetales enteros sin pasarlos por un extractor o licuadora, pero si te cuesta comerlos, es mejor incorporar un jugo verde todos los días y así estarás cumpliendo con los requerimientos del cuerpo e incorporando tu ración diaria de vegetales. Pero recuerda, cuando estás por tomarte un jugo verde, hazlo pensando en la nutrición, no en que vas a adelgazar. Obviamente, si cambias tu alimentación, como consecuencia vendrá un descenso de peso, tu piel mejorará y sentirás más energía.

Jugos verdes

Entre sus ventajas están que te nutren celularmente, oxigenan tu sangre, reducen tus antojos, hidratan y mejoran tu piel, y eliminan líquidos retenidos. También, disminuyen considerablemente el apetito porque ya estamos nutridos y fortalecen el sistema inmunológico, entre otros.

De preferencia, se toman en ayunas para que todos los nutrientes entren a nuestro cuerpo y se absorban rápidamente.

Se preparan con un extractor (estos separan la fibra del jugo). La fibra es muy buena para nuestro cuerpo, pero no la queremos en un jugo para poderlo digerir más rápido.

Lo mejor es que contengan más verduras, al menos cinco o seis y solo una fruta por vaso.

Aquí te comparto algunos ejemplos de preparación que puedes mezclar a tu gusto, siguiendo las indicaciones que acabo de mencionar:

- Base líquida: pepino, apio, lechuga
- Vegetales (dos o tres por vaso): pimiento, rábano, calabacita, acelga, berza, col, espinaca, hinojo
- Fruta (no más de una por vaso): manzana, pera, fresas, *blueberries*, piña
- Sabor: limón, jengibre
- Extras: albahaca, ajo, páprika, perejil, cilantro

¿Cuál es el mejor extractor de jugos? Hay tres tipos:

1) Centrífugo: tiene cuchillas y boca ancha. Si haces el jugo con este extractor, puedes ponerlo en un termo oscuro. Llénalo hasta arriba, así no le queda mucho aire y no se oxida. Debes tomarlo el mismo día.

2) Los masticadores: lo hacen en frío. Tienen una boca más chica y hay que trozar más las verduras. Los jugos duran en un termo oscuro hasta setenta y dos horas.

3) Prensados: se prensan en frío y el jugo dura hasta cuatro días, guardados en la nevera. Estas máquinas son caras y generalmente las usan los negocios comerciales.

Esto es importante: el jugo no reemplaza un desayuno. Luego de tomarlo, desayuna.

Licuados verdes (o smoothies*)*

A diferencia de los jugos, estos son más consistentes porque contienen la pulpa de la fruta y se preparan en la licuadora. Se pueden tomar para desayunar, pues contienen mayor cantidad de elementos como fibra y carbohidratos. Además, se les pueden agregar semillas como chía o linaza para cumplir con la demanda de grasas saludables.

Aquí te comparto estos productos que puedes usar para su preparación:

- Base: agua, leches vegetales, agua de coco
- Fruta: una
- Hojas verdes: espinacas, berza o *collard*
- Grasas buenas: chía, linaza, almendras, nueces
- Endulzantes: algún endulzante natural, si lo deseas, como miel de abeja, estevia o dátiles

No uses más de cinco ingredientes por vaso. Se pone todo en la licuadora y ya está.

Acude a la fuente de vida: el agua

El agua acelera el metabolismo de forma significativa. Pero cabe aclarar que tomar agua y refrescos no es la misma cosa. Si tomamos líquidos con sabor como té, café o jugos, el cuerpo asume que son alimentos y los manda al tracto digestivo, y esto hace que tengamos un estado de deshidratación.

En cambio, si tomamos agua pura, el cuerpo la envía al torrente sanguíneo, haciendo que aumenten la hidratación y el oxígeno celular.

Nuestra sangre es alcalina y, por lo tanto, cuando tomamos refrescos, que son ácidos, el cuerpo hace un esfuerzo extremo por reducir los niveles de ácido en el cuerpo a través de la orina, y esto propicia la deshidratación.

Una de las cosas que aprendí es que, cuando uno comienza a sentir sed, ya hay indicios de una leve deshidratación. Una boca reseca es una de las últimas señales.

Como tomaba poca agua, con el tiempo comencé a darme cuenta de que no tenía nada de sed y, por consecuencia, llegué a pensar que estaba bien, que no necesitaba tomar tanta agua. Pero cuanto más deshidratada esté una persona, más rechazará el agua; por esa razón, el cuerpo entra en estado de racionamiento y apaga la sensación de sed como medida de adaptación a la falta de agua. Es decir, que cuando se está deshidratado no se siente sed.

Nuestro organismo tarda aproximadamente siete días de consumo continuo de agua antes de volver a activar la sensación de sed. Una vez que se reactiva, ya no puedes dejar de tomar agua.

El gran problema cuando no se toma la cantidad necesaria es que el cuerpo no recibe la hidratación adecuada, y entonces se las arregla rápidamente para manejar la escasez y mantener los órganos hidratados, como el corazón, el cerebro, los riñones o el hígado. Cuando tomamos poca agua, no llegamos a cubrir esta necesidad de nuestro cuerpo y entonces los órganos no tan vitales, como la piel y las articulaciones, comienzan a sentir los primeros síntomas de la deshidratación.

Si sientes dolor de espalda, en las articulaciones o de cabeza, antes de ingerir una sobredosis de analgésicos, prueba lo siguiente: bebe agua y verás cómo los síntomas poco a poco irán desapareciendo. Obviamente, hay casos que no se solucionan con agua, pero si sufres estos problemas y el médico no te ha dado ningún diagnóstico al respecto, haz esta prueba. Te garantizo que comenzarás a sentirte mucho mejor.

Durante los primeros días que comiences a tomar más agua de la que tu cuerpo está acostumbrado, verás que acudes varias veces al baño, y eso pasa porque es el modo que tu cuerpo tiene de liberarse del exceso de líquido y de las toxinas. Estarás limpiando tu cuerpo. Al darle agua a tu organismo le estás diciendo que salga del modo de *supervivencia*, pues ya no tiene que retener más para repartirla entre los órganos porque ahora hay abundancia.

Recuerda que un cuerpo ácido es caldo de cultivo para muchos problemas de salud, tales como la fibromialgia, la artritis, la diabetes, el cáncer, enfermedades autoinmunes, etcétera.

Ahora bien, ¿cuánta agua debes consumir? Sigue este simple cálculo. Divide tu peso en libras entre dieciséis. El resultado será la cantidad de vasos de agua de ocho onzas que deberás tomar por día. Por ejemplo: si alguien pesa ciento sesenta libras, deberá dividir ese peso entre dieciséis, el resultado es la cantidad de agua que debe tomar (160 / 16 = 10 vasos).

La realidad es que durante el invierno tal vez tomemos menos agua que en el verano, cuando los días son más largos y más calurosos. Esto es una guía, puedes tomar la cantidad que quieras, pero lo más importante es que lo hagas.

¿Y cuándo es mejor tomarla? Bebe un vaso apenas te levantes en la mañana, pues esto ayuda a comenzar a mover el metabolismo y evitar el estreñimiento. Bebe otro cuando hagas ejercicio. También antes de almorzar o cenar, pues te ayudará a no comer en abundancia. Evita tomar líquido *durante* la comida, ya que esto interfiere con los jugos digestivos y las enzimas que hay en el estómago e intestinos y retrasa la digestión.

Entre las siete u ocho de la noche trata de tomar el último vaso de agua, porque si lo haces muy tarde, estarás levantándote durante la noche para ir al baño. Recuerda que, si de cuidar la salud se trata, el agua es tu mejor aliada.

Preocúpate de tu digestión

Nuestros intestinos son una parte fundamental de todo nuestro engranaje. Y más de lo que se piensa, ya que lo que entra en este y cómo se digiere interviene incluso en la manera en que reaccionamos, pues, como te voy a explicar en el próximo punto, hay nuevas investigaciones que prueban que parte vital de nuestras emociones se originan allí, químicamente. Ello determina luego lo que llevamos a nuestra mente, y así sigue el círculo, generando acciones y repercusiones en la salud, en nuestra calidad de vida y en todo, para bien o para mal.

En la boca comienza la digestión mecánica de los alimentos. Las bacterias buenas que se encuentran en nuestro estómago componen de un 70 a un 80 % del sistema inmunitario. Por eso es tan importante la calidad y el tipo de alimento que consumes.[17]

El estómago no es solo un órgano físico, también influye en temas emocionales, espirituales y mentales. ¿Te ha pasado que tienes un examen en la universidad o una presentación en tu trabajo y te comienza a doler el estómago?

Sucede que este órgano produce un líquido llamado ácido clorhídrico que es muy fuerte. Nuestro intestino hace su proceso de digestión con un pH ácido. La función del estómago es matar todas las bacterias que comemos antes de que el cuerpo las absorba.

Luego que la comida entra al estómago y es digerida, pasa al intestino delgado, donde hay vellosidades que absorben minerales y nutrientes que entrarán luego a nuestro torrente sanguíneo.

El hígado es un filtro de limpieza de la sangre; un órgano que tiene más de quinientas funciones, entre las cuales están el ser responsable de la síntesis de proteínas, combatir infecciones en el cuerpo, controlar los niveles de grasa, los aminoácidos y la glucosa en la sangre. Fabrica bilis, la que nos ayuda a digerir la grasa. Es además responsable de la desintoxicación de sustancias dañinas como las drogas y el alcohol. En cada momento este órgano está involucrado en fabricar grandes cantidades de nutrientes para los treinta y siete billones de células del cuerpo.

Puedes apoyar a tu hígado comiendo sano, eliminando el azúcar, los alimentos procesados y concentrándote en la comida real para que pueda eliminar el exceso de toxinas. También puedes incorporar alimentos fermentados como kombucha o kéfir, así como arúgula, coles, acelga, brócoli, hierbas frescas, raíces como la cúrcuma (esta ayuda a tener una presión sanguínea saludable y mejora la circulación), jengibre, cilantro, perejil, orégano… Todos estos impulsan la producción de hierro y reducen la inflamación del cuerpo. También te recomiendo el ajo, frutas, té verde, matcha y aceite de coco.

El páncreas almacena las enzimas digestivas. Aquí también se produce la insulina que ayuda a regular los niveles de azúcar en sangre.

Entonces, el ácido clorhídrico del estómago y las enzimas digestivas del páncreas llevan a cabo la digestión química de los alimentos. Una vez que los minerales y nutrientes son absorbidos en el intestino delgado, los desechos sobrantes son vertidos en el colon. Aquí se puede desarrollar una capa de placa y convertirse en un criadero de parásitos y de hongos (uno de los hongos que puede desarrollarse es el conocido como cándida).

Estamos expuestos a muchos químicos a diario y algunos de estos los comemos. Nuestro cuerpo está diseñado para absorber, digerir y eliminar los alimentos, pero no los químicos. Por ello es importante una buena alimentación y evitar algunos factores que pueden afectar nuestra digestión como son el comer distraído o de manera incosciente, sin prestar atención a lo que nos estamos llevando al cuerpo, hacerlo muy rápido, bajo estrés, así como escoger alimentos procesados y no masticarlos bien.

Si es necesario, suma probióticos y enzimas

Estos productos se utilizan para mejorar nuestra digestión, ya que nos ayudan a equilibrar la flora intestinal para absorber mejor los alimentos. Pues si hay una buena absorción, hay una buena digestión.

Las enzimas digestivas son moléculas que se encargan de romper los alimentos en partes más pequeñas a nivel molecular para que puedan ser absorbidas de mejor manera. Cada enzima tiene distinta función, algunas, como las lipasas, digieren las grasas para luego ser sintetizadas por el páncreas; otras, como las proteasas, descomponen las proteínas; en el caso de las amilasas, estas se encargan del azúcar y el almidón. Están presentes de manera natural en las frutas y vegetales, especialmente la piña, la papaya y el kiwi.

Los probióticos, por su parte, son organismos vivos y tienen un papel importante en el sistema inmunitario. Lo ideal es consumirlos en forma natural, ya sea fermentados o como vinagre de manzana (que contenga la madre de la fermentación).

¿Por qué son tan importantes los probióticos? Como te comenté anteriormente, hay nuevas investigaciones que prueban que lo que te he dicho sobre el *entrelazado* de todas nuestras partes del ser es real, y más de lo que creemos.

Existen distintos estudios que se han realizado recientemente para probar la relación entre nuestros estados de ánimo y la manera en que se realiza nuestro proceso digestivo. Por ejemplo, los investigadores se han dado cuenta del vínculo entre las emociones relacionadas con la depresión, como la tristeza, el miedo o la ansiedad, y nuestro estómago. Estudiando esto, algunos científicos han encontrado que los probióticos pueden ser una alternativa maravillosa para mejorar esos síntomas, en reemplazo de los antidepresivos, ya que tendrían un efecto directo en los químicos del cerebro. De hecho, la serotonina, que como te he mencionado antes, es una hormona encargada de regular el estado anímico, entre otras cosas, existe en mayor concentración en nuestro intestino que en nuestro cerebro.

Así es que ya sabes, si padeces de depresión o si quieres mantener tus emociones saludables, para que de ahí en adelante todo esté balanceado, comienza por sumar probióticos a tu alimentación.

Aprende a leer las etiquetas de los productos

Entender lo que estamos comprando, y que luego será nuestro alimento, es vital para mejorar nuestra salud. Por eso, tenemos que saber qué estamos consumiendo, aprendiendo a leer lo que dicen en su tabla nutricional.

Lo primero que debes verificar son los ingredientes que contiene. Si aparecen demasiados nombres, eso ya es una señal de alerta. Un producto que contenga más de cinco ingredientes es considerado un alimento procesado, y la enumeración de lo que lleva va de mayor a menor. Es decir, que el primer ingrediente que aparece es el que más contiene. Por esta razón, el *azúcar* nunca debe estar entre los primeros ingredientes, por ejemplo. Lo mismo pasa si hay nombres complicados, desconocidos o con referencias numéricas. Mientras menos ingredientes contenga y más sencillos sean, mayor es la garantía de tener un mejor producto. Por ejemplo, muchas personas son fanáticas de sazonar sus platillos con esas mezclas de sal y sabores intensos. Si lees los ingredientes, te encontrarás con una larga lista de nombres impronunciables. En cambio, las versiones más orgánicas suelen tener solo especias y hierbas secas. ¿Cuál escogerías?

Luego, revisa la parte superior de la tabla, donde aparece el tamaño de la porción. Por ejemplo, una taza, una cucharada, etc. Muchas veces las personas piensan que están tomando o comiendo una porción, pero en realidad están consumiendo el doble o hasta el triple, ya que el producto en total trae tres o cuatro porciones. Si la persona come o bebe la mitad, por ejemplo, está consumiendo dos veces lo que indican esos numeritos.

Todas las etiquetas en la parte izquierda tienen el valor numérico por porción y al lado derecho, la de todo el producto. Es decir, si bebes una botella de refresco completa, la cantidad de calorías es la que indica el número de la derecha y no el de una porción. No te engañes.

La cantidad de calorías se basan en una tabla hecha de acuerdo con las dos mil calorías que, en promedio, debería consumir una persona. Sin embargo, si tu meta es perder peso o bajar algunos niveles de colesterol, por ejemplo, quizá necesites otra cantidad mucho menor de calorías (según lo indique tu médico).

Los carbohidratos se refieren al aporte de azúcar, almidón y fibra vegetal, medidos en gramos.

Luego aparece la cantidad de fibra vegetal, que idealmente debería tener al menos tres gramos por porción para que valga la pena nutricionalmente hablando.

En la parte dedicada a las grasas, debemos prestar mayor atención a las grasas saturadas, que deberían ser las menos posible. Algo que debes tomar en cuenta es que muchas veces en esa parte dice que "no contiene" grasas saturadas, lo cual no suele ser real. Esto se debe a que las reglas de los alimentos autorizan a los fabricantes a poner esto cuando tienen menos de 0.5 gramos de grasa. Pero puede ser que en una sola comida estés consumiendo 0.5 en un producto, 0.5 en otros y, sin darte cuenta, estés sumando unos cuantos gramos de grasa saturada a tu cuerpo.

También es importante verificar las llamadas grasas trans, que son las que nos suben el colesterol malo y bajan el bueno. Verifica que nunca superen el gramo por porción.

La cantidad de azúcar también es importante. La mayoría de los alimentos procesados la contiene, aunque no sean dulces, y ni qué decir de las gaseosas o refrescos. Ocurre lo mismo que mencioné antes. Puede que pienses que no estás agregando más que un par de gramos, pero si también comes otros productos que la contienen, se sigue sumando al total que ingresa a tu organismo.

Lo que se recomienda es consumir veinticinco gramos o cinco cucharaditas de azúcar al día, esto sería el límite. Un alimento que en su etiqueta dice que tiene cinco gramos de azúcar, es razonable. Pero si puedes evitar el azúcar por completo, te aseguro que mejorarás tu vida en todas las áreas.

Con el caso de la sal, como te dije antes, lo sugerido es no consumir más de dos mil trescientos miligramos al día. Sin embargo, una lata de salsa de tomates o una sopa regular, sin ser baja en sodio, muchas veces tiene ochocientos miligramos por porción o más. Y si a eso le sumas la sal que proviene de otros productos, a lo largo del día puedes superar esa cantidad con creces, especialmente si comes en un restaurante o comidas procesadas.

Agrega los suplementos que en realidad necesitas

No te conviertas en una adicta a los suplementos alimenticios. Si comes adecuadamente, lo más probable es que adquieras la mayor parte de los nutrientes que tu cuerpo, tu mente y todo tu ser necesitan para funcionar de manera óptima. En el caso de que no sea así, pregúntale a un experto y sigue sus indicaciones. Por ejemplo, suele pasar que nos haga falta agregar vitamina D por algún tiempo si estamos deprimidos o tenemos algún tipo de problema con las articulaciones. Si te los recetan, úsalos, pero no caigas en la desesperación de comprar cuanto suplemento aparece en promoción.

Quienes solemos hacer ejercicio regularmente, a veces podemos caer en la tentación de autosuplementarnos. Nos dicen que debemos recuperar los músculos después del trabajo en el gimnasio o que debemos tomar energizantes antes del mismo para levantar más peso y rendir mucho mejor. ¡Pero no caigas en el error de correr a comprar todo lo que te sugieren!

Hace un tiempo, visité en Argentina a Alejandro García, médico especialista en medicina del deporte. Él me ayudó a alimentarme de acuerdo con los objetivos que quiero lograr en cuanto a masa muscular se refiere. Según él, no necesitamos suplementarnos con nada, ni siquiera con proteína *whey*, pues todo lo que necesitamos para incrementar el metabolismo está en nuestra alimentación. Este es otro ejemplo claro de que los alimentos son nuestra medicina.

Evita utilizar productos químicos

Como te dije antes, la toxicidad hoy en día es muy difícil de evitar. La recibimos en el aire que respiramos, a través de los elementos de higiene y limpieza, de los plásticos y productos que usamos en la cocina, ¡de todo! Es imposible vivir sin recibir toxinas si estamos insertos en la vida cotidiana y, sobre todo, urbana. Pero podemos hacer mucho por nuestra salud si empezamos a tomar conciencia de lo que usamos e intentamos cambiar poco a poco.

Por ejemplo, uno de los primeros elementos que saqué de mi hogar fueron las pastas dentales comunes, que tienen distintos elementos nocivos para el organismo como el triclosán, el fluoruro o el glicol propileno, entre otros. Como reemplazo, opto por alternativas naturales, que afortunadamente hoy abundan en el mercado y cuestan lo mismo que una regular. Lo mismo ocurre con el jabón, el champú, los productos de maquillaje y otros elementos personales. Los desodorantes y antitranspirantes en su mayoría contienen aluminio y se ha comprobado que son extremadamente tóxicos para nuestro organismo. Gracias a la dermatóloga Donna West (a quien conocerás más adelante), aprendí que algunos bloqueadores solares tienen como componente principal avobenzona, que permite la absorción y neutralización de los rayos ultravioleta. En cambio, los que contienen como primer componente óxido de zinc o dióxido de titanio ayudan a proteger mejor tu piel, ya que son bloqueadores físicos de la radiación ultravioleta, es decir, provocan que rebote en la piel en lugar de ser absorbida y neutralizada en esta.

Mientras más puro es lo que usamos, tanto mejor. Recuerda que nuestra piel es el órgano más grande que tenemos y absorbe todo lo que le ponemos encima. Seguramente estarás pensando que los productos naturales son más caros y que el presupuesto quizá no te da para hacer los cambios en tu alimentación y en el ambiente de tu hogar, pero te diré algo, si no inviertes ahora en tu salud, lo más probable es que en el futuro tengas que invertir combatiendo las enfermedades.

Aprende a disfrutar de lo que comes

Si comienzas a comer con conciencia, verás que paulatinamente te resulta mucho más fácil tomar las decisiones correctas sobre qué llevarte a la boca y qué evitar, así como las raciones apropiadas. Cuando lo logres, deja de comer con culpa y disfruta de cada bocado. Agradece la posibilidad de acceder a lo que necesitas. No todos pueden hacerlo, ya sea por carencia de recursos, por falta de información o de decisión. Si ya superaste todos esos obstáculos, entonces siéntete feliz de saber que cada cosa que estás llevando a tu cuerpo tiene un propósito más sublime y trascendental que simplemente aportarte calorías. Es el comienzo para honrar a tu Creador como Él te lo ha pedido.

Muévete. El ejercicio ¡es vida!

La actividad física trae muchos beneficios, ¡muchísimos! Y me imagino que ya, a estas alturas, estamos más que claros de eso.

Nos ayuda a perder peso, mejora nuestra salud, nos trae bienestar mental, ganamos masa muscular, nos mejora el humor, incrementa nuestra energía, potencia el flujo sanguíneo al cerebro, mejorando el desarrollo y la supervivencia de las neuronas.

De hecho, el ejercicio nos ayuda a regenerar el cerebro, el cual sigue desarrollando nuestras neuronas durante toda la vida como respuesta a la actividad mental. Lo que significa que puedes mejorar tu capacidad cognitiva independientemente de la edad que tengas (repito: la edad NUNCA es una excusa para mejorar). Recuerda que no somos solo un cuerpo, somos billones de células actuando en conjunto.

¡No necesitas ni siquiera de un gimnasio para comenzar a generar todo esto! Necesitas simplemente la voluntad para hacerlo y, poco a poco, la disciplina para convertirlo en un hábito más, entre tus favoritos. La disciplina que desarrolles es fundamental, ya que cuando venga el desánimo, lo único que te va a mantener en tu propósito es haberte disciplinado.

Puedes hacer ejercicios en tu casa, salir a caminar por tu vecindario, a un parque, sumarte a un centro comunitario, etc. También es importante que durante todo el día realices pequeños cambios y movimientos que potencien tu actividad física. Como te mencioné en otro capítulo, puede ser que realices una hora de ejercicio por la mañana, pero si el día entero te lo pasas sentado, es muy poco efectivo.

Pon una alarma que te indique cada hora o dos que necesitas pararte al menos cinco minutos y estirarte, doblar las piernas, estirar la espalda, etc. También preocúpate por mantener la postura correcta. Eso ya es un ejercicio en sí, si mantienes el abdomen apretado por al menos unos minutos y la espalda recta.

Levántate de tu asiento y muévete continuamente. Si tienes acceso a escaleras, súbelas y bájalas cada vez que puedas.

Si estás en tu casa, en vez de leer un libro, ver televisión o consultar las redes sociales por horas sentado en un sillón, trata de sentarte en el piso. Realiza algún ejercicio, aunque sea como un juego. El más mínimo que hagas será un paso a favor.

Cada músculo que no usas se va atrofiando, se va deteriorando a medida que pasa el tiempo. Muchos ancianos pasan demasiadas horas sentados sin moverse y esto hace que cada vez les cueste más caminar, pararse, doblarse. Y es que las articulaciones se van oxidando y los músculos se van haciendo más rígidos si no los accionamos permanentemente. El cuerpo inactivo es idéntico a un vehículo de lujo estacionado en un garaje por años, ¡se convierte en chatarra! En cambio, hay personas muy ancianas, como las de las zonas azules, que caminan, bailan, montan bicicleta o hasta corren, ¡como si estuvieran en sus mejores años! ¿Sabes por qué? Porque nunca se detienen, porque no escuchan esas voces negativas diciéndoles: "Eso no es para tu edad", "A los tantos años ya no se puede mover", etcétera.

¡Yo espero llegar a los noventa años y poder sentarme en el piso y levantarme sin ayuda! No es algo imposible. Y para eso estoy trabajando duro desde ahora. Recuerda que moverse hace que todo tu cuerpo esté en balance.

Organiza tu ciclo de sueño

No me voy a cansar de mencionarte que dormir es una medicina para todo nuestro ser: cuerpo, mente y alma. No hay forma de dejar esta actividad, que es la que nos renueva cada día. Se ha comprobado que las personas que duermen poco y mal toman las peores decisiones, no solo laborales y personales, sino hasta en la comida, ya que se altera lo que se conoce como nuestro ritmo circadiano, que son los intervalos que tenemos para cumplir con ciertas actividades biológicas como comer, dormir, despertar, etc. Y cuando el sueño se altera, todas las demás actividades se ven afectadas. Es entonces cuando comenzamos a manifestar problemas de salud. Por eso, para lograr las fuerzas que necesitamos día a día, tenemos que crear una rutina saludable de sueño y respetar nuestro tiempo de reposo.

Disfruta de tu salud y de tus fuerzas, las tengas o no

Sé que no siempre tenemos esas fuerzas físicas y, por ende, ni mentales ni emocionales para dar el siguiente paso. Cuando esto falle, saca fuerzas de tu fe. La salud puede ser transformada, como todo. Como cristianos, lo sabemos y confiamos en esa promesa.

Agradece lo que hay y tienes en ese templo en la actualidad. Quizá no es el estado físico ideal, pero muchas veces es precisamente esa situación límite la que nos drena todas las energías y nos lleva a la desesperación, la que finalmente se convierte en el botón de arranque que nos impulsa a tomar la decisión para el cambio. Y a partir de ese minuto, comienza un nuevo *tú*.

Valora que, de la manera que haya sido o sea el proceso en la actualidad, bajo cualquier circunstancia, Dios conoce precisamente tu situación. Y si has llegado hasta esta página, es porque tus alas de ángel están comenzando a salir. Ten en cuenta que a veces esa metamorfosis es dolorosa, difícil y toma tiempo. Pero allí están, en ti. Basta que afloren, las sacudas y comiences a volar, a honrar y a disfrutar de los cielos, que es precisamente para lo que cada uno de nosotros hemos nacido.

Recuerda que…

Panal de miel son las palabras amables: endulzan la vida y dan salud al cuerpo.[18]

CAPÍTULO V

MIS
refuerzos

En este capítulo he querido incorporar lo que llamo *mis refuerzos*. Otros pueden llamarlos *recursos*, pues se trata de esa ayuda extra que a veces obtenemos de profesionales en distintas áreas que nos ayudan a conseguir nuestros objetivos. En este caso, se trata de mujeres expertas en bienestar que, por distintas razones y en diferentes momentos, me han ayudado, enseñado y brindado una mano para alcanzar mi propósito de mejorar de manera integral. Ellas también han sido *mis* ángeles, ayudándome a descubrir el mío dentro de mí, y es por eso que les pedí que fueran parte de este proyecto para que también puedas beneficiarte con sus consejos.

Te invito a abrir tu mente, tu corazón y tu alma y dedicar todas tus fuerzas a obtener la información que te hace falta o recibir esa cuota de impulso que aún necesitas para actuar.

CECILIA ALEGRÍA, LA DOCTORA AMOR

Hace varios años que soy productora y jefa de piso en el programa que conduce mi esposo, llamado *Dante Night Show*. Este estuvo al aire durante dos años a través del canal Mega TV para todo Estados

Unidos y actualmente se transmite por TV Azteca para todo México y varios países de Latinoamérica.

En uno de esos programas, conocí a la doctora Cecilia Alegría, más conocida como la Doctora Amor. Ella es escritora, periodista, consejera bíblica matrimonial, terapeuta de parejas, conferencista internacional y conductora de radio y televisión. Es experta en temas de relaciones de pareja y ha ayudado a cientos de miles a resolver sus problemas matrimoniales.

Cecilia tiene su propio programa en la cadena internacional Enlace, que llega a toda Latinoamérica y también se retransmite por su canal de YouTube. Además, es parte del grupo de conferencistas Cala Speakers y su espacio *El Consultorio de la Dra. Amor* se transmite por decenas de radioemisoras en español en Estados Unidos y en varios países de Latinoamérica.

Durante varios años, fue invitada permanente de *Despierta América* y de *Sábado Gigante*, de Univisión, y ha participado en innumerables ocasiones en *Un Nuevo Día* y *Al Rojo Vivo*, de Telemundo, a través de los cuales se ha dado a conocer en distintos países del continente.

Ha publicado diez libros sobre temas de pareja y actualmente dicta conferencias matrimoniales, para novios y solteros, en instituciones e iglesias de Latinoamérica. Tiene muchos años de experiencia en estos campos, pero, sin lugar a duda, una de sus cualidades que más impactó fue la forma tan práctica y concreta que tiene de explicar las cosas y de poner en palabras las emociones de las personas. Ella tiene el don de ver más allá. Por esta razón, le pedí que compartiera algo de su experiencia en este libro.

Corazón de mujer, creado para amar

Por Cecilia Alegría, la Doctora Amor

Liliana se dejó llevar por su corazón cuando desestimó los comentarios negativos de sus compañeras del Seminario Bíblico sobre Dante. Y cuando, al principio, ni ella misma podía creer que ese joven se convertiría en su esposo, Liliana se dejó cortejar, admirar y amar, cosa que las mujeres solemos hacer muy bien. Él la reconoció desde la primera mirada. A ella le tomó más tiempo. Hoy, después de muchas lunas, sigue muy enamorada del amoroso padre de sus cuatro hijos, quien se ha convertido en uno de los pastores hispanos más famosos del mundo. Ella es su ayuda idónea, elegida por Dios para Dante, aun antes de nacer.

Algo similar me sucedió a mí con quien fuera mi compañero por veitiocho años hasta que la muerte nos separó. Aunque fui yo quien lo reconoció primero, la que presintió que nos casaríamos. Yo solo tenía dieciséis y Jorge, veintiuno. Al verlo por primera vez, tocando guitarra en la misa de la cárcel de mujeres, nunca imaginé que él estuviera estudiando para sacerdote. Al enterarme, la noticia no me agradó mucho que digamos y dejé que mis ilusiones murieran. Luego de unos meses, supe que Jorge había renunciado al seminario para seguir sus estudios de geología y que un amigo mutuo le había dado mi teléfono. Tuvimos cuatro años de noviazgo sin relaciones prematrimoniales. Yo llegué virgen y él llegó casto a la noche de bodas. Las casi tres décadas juntos y nuestros tres hijos me enseñaron lo que es un matrimonio cristiano desde la práctica.

Entonces, no solo a partir de mis conocimientos, sino de mi propia experiencia —y conociendo la felicidad conyugal de Liliana, que sirve de inspiración a miles de mujeres en el mundo entero—, escribo las siguientes líneas sobre nuestro CORAZÓN DE MUJER, CREADO PARA AMAR.

Vale aclarar que nuestro caminar al lado de nuestros esposos no ha estado exento de problemas. Tanto Liliana como yo hemos aprendido, paso a paso, las a veces crudas lecciones del amor que todo lo perdona y todo lo soporta, de ese amor que nunca deja de ser. Pero lamentablemente, las mujeres que conocen este tipo de amor no son la mayoría. ¿Por qué? En parte porque los medios de comunicación les han hecho creer que el amor es un sentimiento y que si, en determinado momento, no sienten lo mismo por su cónyuge, es porque se les acabó el amor y hay que buscar otro. ¡Craso error!

Los cuentos de hadas y la industria cinematográfica de Hollywood nos instan a creer que la relación amorosa debe ser mágica, romántica y especial permanentemente. Nada que ver con la vida prosaica de los comunes mortales. Y algunos mitos perjudican al amor de pareja porque han elevado las expectativas de tal manera que nadie puede alcanzar semejantes niveles de éxtasis constante.

El primer mito sostiene que la relación amorosa debería crecer y mantenerse sin esfuerzo alguno de las partes.

Lo real es que, si deseamos que una relación dure, y dure bien, tenemos que trabajar en ella, como lo vienen haciendo Dante y Liliana, y como lo hicimos mi esposo y yo.

De nada sirve imaginar que porque hay amor todo va a marchar sobre ruedas, como por inercia. Hasta las relaciones buenas, sin mayores crisis, requieren de esfuerzo y sacrificio. Ambos tienen que empeñarse en conservar viva la llama de la pasión, hacer cosas nuevas juntos, practicar actos de servicio, tener gestos románticos, hablarle a la persona amada en su lenguaje y mantener las líneas de comunicación abiertas.

Un segundo mito nos dice que es recomendable evitar la aparición de conflictos, pero si aparecen algunos, huir de ellos.

Este mito está basado en la peregrina idea de que los conflictos nunca son buenos, sino un indicio de una eminente ruptura. Pero la realidad demuestra que las discusiones civilizadas pueden resultar ser positivas, en la medida en que aclaren los motivos de disgusto y se procure resolverlos. Es importante saber qué fastidia, incomoda, molesta o hiere a nuestro ser amado y por qué. En cambio, evitar discutir puede arruinar la relación. Tensiones y frustraciones se acumulan hasta que, el día menos pensado, uno de los dos explota y decide abandonar el barco.

Para que la discusión sea edificante, el objetivo es mantener un tono y volumen de voz normales, sin exaltarse ni perder los estribos. Se trata de discutir con altura, sin insultos, sin malas palabras, sin acusaciones o ataques. Discutir como gente adulta. Y aprender las lecciones de cada conflicto.

El tercer mito afirma que si tu pareja ya no te hace feliz, es porque se acabó el amor y es mejor buscar otro.

Tal creencia proviene de una sociedad individualista, epicúrea y de gratificación instantánea, altamente egoísta. "Primero YO, segundo YO, tercero YO y lo que queda, si me da la gana, para la persona a la que digo amar". Triste, pero cierto. Hay gente que solo ama a alguien mientras esa persona la hace feliz. Y la felicidad está sobrevalorada en el mundo en que vivimos. Hay gente que pone su felicidad por encima de todos y todo, incluso a costa de ver sufrir a otros. Y conviene aclarar aquí que el verdadero propósito del matrimonio no es la felicidad de la pareja, sino su santificación, como lo explicaré al final.

Hacer al otro responsable de tu felicidad parte de la concepción egoísta del amor. El verdadero amor opera al revés. El amante encuentra felicidad en darse, en entregarse, en hacer al otro feliz. El verdadero amor nos hace capaces de sobrellevar, soportar y aguantar muchas cosas, de sufrir por el otro y con el otro, de perdonar, de olvidar, de volver a empezar, de sacar fuerzas de la flaqueza, de sonreír tras las lágrimas.

Además de los mitos, hay contradicciones que perjudican al matrimonio en las que muchas mujeres caen en cuanto se convierten en madres. Cuando una mujer se enamora de verdad, lo hace con cuerpo, alma, corazón y vida, completamente. Sin embargo, cuando llegan los hijos, suele olvidar que después de Dios no debería haber nada ni nadie más importante que su esposo. Entonces, él se siente desplazado —hasta rechazado en algunos casos— porque ahora ella es madre y ya no tiene tiempo ni energía para él.

Cuando esto sucede, las mujeres olvidan una de las primeras leyes del matrimonio: *la Ley de la Prioridad*. Los hijos se irán. No pueden ni deben permanecer a nuestro lado para siempre. El cónyuge sí. Ese es su rol porque solamente con él SOMOS UNO, de acuerdo al diseño divino.

La Ley de la Prioridad se basa en el versículo bíblico citado en todas las bodas religiosas: "… dejará el hombre a su padre y a su madre, y se unirá a su mujer, y serán una sola carne".[1] Ya no son dos ante Dios. Dios los ve como una unidad. Por eso mismo, tu cónyuge merece un lugar prioritario en tu vida, y no solo de palabra, sino sobre todo de obra. Ni tu trabajo, ni tus hijos, ni tus amigas, ni tu familia extendida deberían ocupar el lugar que le corresponde a tu esposo en tu corazón. Después de Dios, viene él. Demuéstraselo.

Ahora bien, ¿cómo demostrarle que lo sigues amando como al principio o incluso más aún? Liliana me pidió que brindara consejos a las lectoras que desean mejorar sus relaciones amorosas (o salvarlas) y aquí van mis doce preferidos.

1) *No te ofendas fácilmente.*
   - Tu matrimonio te lo agradecerá.
2) *"Deja ir" el asunto que te preocupa.*
   - No te atormentes ni te tortures dándole vueltas y vueltas en tu cabeza.
   - No te obsesiones.
   - Nada se resolverá si pierdes la calma. Por el contrario, tu reacción puede empeorar el problema.
3) *Acepta que tu esposo es diferente y que no va a ser tu mejor "amiga".*
   - Él no habla ni actúa como tú; no piensa ni siente como tú.
   - Acepta y respeta las diferencias.
4) *Reflexiona sobre lo que piensas acerca de él.*
   - Decide pensar solo lo mejor.
   - Él es el hombre que Dios eligió para ti y, como tal, debes honrarlo.
   - Reconoce y detén los pensamientos tóxicos. Cámbialos por pensamientos de luz basados en la Palabra de Dios.
5) *Decide pensar lo mejor de ti misma.*
   - No te compares con las modelos de las revistas, la televisión o el cine.
   - No te sientas insegura al lado de mujeres más bellas y atractivas que tú.
   - Tu seguridad no se basa en tu exterior ni en lo que los demás crean o digan de ti.
   - Tú eres bella, única y victoriosa EN CRISTO. Tu identidad la define Él.
   - Siéntete segura de quién eres en el Señor que te fortalece.

6) *Si quieres vivir en paz con el hombre de tu pacto, no seas celosa.*
   - Las probabilidades de que él te sea fiel serán mayores si confías en que lo es y lo será.
   - Uno de los valores centrales para el éxito de un matrimonio es la confianza.
   - Tu pensamiento positivo o negativo crea una relación saludable o una en la que tu amado se siente preso en una cárcel… y tú también.

7) *No te aferres al pasado.*
   - Decide sepultarlo y olvidar. Solo así podrás afirmar que has perdonado de verdad y serás libre.
   - Cuando los pensamientos tóxicos basados en dolorosos recuerdos del pasado ataquen tu mente, aplica lo mencionado en el inciso cuatro.

8) *Toma la lupa para mirar las virtudes de tu cónyuge y no sus defectos.*
   - Eso fue lo que hiciste al inicio de la relación. Te enamoraste de él enfatizando sus cualidades. Por el contrario, si continúas usando la lupa para magnificar sus defectos, terminarás por dejar de percibir sus virtudes.

9) *Recuerda que él no tiene malas intenciones.*
   - Si dice o hace algo que te molesta, no lo hace o dice a propósito, con la finalidad de herirte o perjudicarte. Tu cónyuge está pasando por un mal momento. Ya pasará y volverá a ser el de siempre. Además, cuando te diga o haga algo que te hiera sin querer, piensa que lo hace desde su propia herida, desde sus traumas de niñez, desde las experiencias que lo han marcado negativamente, desde su dolor… y que no tiene una mala intención.

10) *Aprende a ser una buena amante para tu esposo.*
- Él te necesita.
- Él te quiere y te lo demuestra en cada encuentro sexual.
- Háblale en su lenguaje. Es hora de ser tan generosa con él, como deseas que él lo sea contigo.
- No emplees el sexo como un arma de manipulación.

11) *Respeta su silencio.*
- No olvides que él no soluciona los problemas como tú, hablando de ellos, sino meditando, pensando, callando.
- Dale un tiempo. Guarda cierta distancia. Respeta su necesidad de espacio.
- Espera a que salga de su cueva. Si lo fuerzas a salir, el resultado será contraproducente.
- Mientras tanto, ora, espera y confía en Dios.

12) *Decide cambiar tú primero.*
- Sin importar si tu esposo elige cambiar o no, acercándote como nunca antes al Señor.

Basta con que uno de los dos lo haga para que la dinámica de la relación se transforme positivamente. Pero mucho mejor aún si ambos desean cambiar y asumen la tarea juntos, como una pareja cristocéntrica.

Dante y Liliana Gebel han llegado a donde están porque son un matrimonio cristocéntrico que ha desarrollado los frutos del Espíritu, y por sus frutos los reconocemos.

Dios creó el matrimonio no solo para la procreación y la satisfacción de muchas necesidades de marido y mujer, sino también para su santificación. Dios desea usar los dones y talentos que nos ha otorgado como pareja: necesitamos aprender a vivir lo que creemos, poner en práctica la Palabra de Dios, dar fruto y llegar a ser como Él en la vida diaria.

El fruto es el carácter de Cristo producido en nosotros para que podamos demostrarle al mundo como es Él. Para que cuando nos vean a nosotros, vean a Jesús. ¡Que tu matrimonio sea un dulce fruto para Su gloria!

Sin duda alguna, el fruto del Espíritu más importante para la durabilidad del matrimonio es el AMOR. Así como una naranja está cubierta y protegida por una cáscara exterior, el amor es la dimensión unificadora de los frutos espirituales. Pero su práctica no es fácil. Puede que amar a nuestro cónyuge por momentos resulte doloroso. Entendamos entonces que Dios nos está podando.

¿Por qué es necesaria la poda? Es necesaria porque cuando una persona recibe a Jesús en su corazón y nace de nuevo, no es instantáneamente perfecta. Como el oro se purifica en el crisol, así el Señor nos refina a través del sufrimiento para limpiarnos y santificarnos. Y esto ocurre con suma frecuencia en el matrimonio, donde marido y mujer vencen su egoísmo para acrecentar su capacidad de amar. En el camino de santificación emprendido como esposos, tú y tu amado serán testigos de un proceso del Espíritu, que por la Palabra de Dios comienza a podar en ustedes aquellas actitudes y comportamientos que no son de Cristo.

¿Por qué debemos producir fruto? Por muchas razones, pero sobre todo —como en el caso de Dante y Liliana— para que el nombre de Dios sea glorificado a través de nuestras vidas, hasta que la muerte nos separe.

MYRKA DELLANOS, LA COMUNICADORA DE LA FE

¡Creo que todos conocemos quién es Myrka! Es, sin lugar a duda, uno de los rostros más representativos de la televisión hispana de Estados Unidos. Desde que comenzó a formar parte de los primeros años de la revista de noticias *Primer Impacto* y luego en *Exclusivamente con Myrka Dellanos*, de Univisión, se ganó la credibilidad y el cariño de la gente. Durante más de dos décadas frente a la cámara, ha entrevistado a mandatarios, famosos y personajes destacados de todo el mundo, mostrando siempre respeto hacia su entrevistado y con una cuota extra de elegancia y distinción que la han hecho única dentro del competitivo ambiente de los medios.

No en vano ha recibido en dos ocasiones el cotizado premio Emmy y tres premios ACE. Otro de sus grandes logros fue haber sido invitada por la mismísima Bárbara Walters para ser anfitriona del famoso *show* matinal *The View*, de la cadena ABC, así como haber colaborado en varias ocasiones en CNN.

Ha recibido numerosos reconocimientos, entre los que destaca el que le otorgó la Comisión de Derechos Humanos en 2001 por su esfuerzo y dedicación para mantener a la comunidad hispana bien informada. También recibió el Premio Athena, que reconoce a las mujeres que han servido como modelo para otras mujeres. En 2005 fue nombrada por la Casa Blanca como miembro del Cuerpo de Libertad de los Estados Unidos, un grupo integrado por las veinticinco personas más influyentes en sus campos que se dedican a promover el voluntariado. En infinidad de ocasiones, ha sido portada de revistas, y fue escogida en 2014 como una de las veinticinco personalidades más poderosas de la revista *People en Español*.

Además, Myrka es autora del libro *Triunfa y sé feliz*, publicado por Random House. Y, por si fuera poco, tiene su propia fundación llamada mROC (Missions Reaching Out Compassionately) para ayudar a las mujeres y niños desfavorecidos en el sur de Florida y en Latinoamérica.

Myrka es, sin lugar a duda, una mujer talentosa como periodista, entrevistadora y empresaria. Ahora, en su rol de conferencista, viaja sin descanso dando charlas de motivación y compartiendo su experiencia con Dios. No en vano, en sus redes sociales la siguen más de dos millones de personas.

Hace unos años tuve la oportunidad de conocerla personalmente cuando estábamos grabando nuestro programa de televisión *Dante Night Show*. Me impactó su calidad humana y su sencillez.

En aquella entrevista, ella contó cómo logró vencer un diagnóstico de diabetes tipo dos, cambiando sus hábitos alimenticios. Por esa razón, le pedí que compartiera algo de sus vivencias y experiencias en este capítulo. Es una mujer que ha sabido enfrentar los momentos difíciles en su vida, ponerse de pie y salir adelante airosa.

La conexión y el balance entre nuestro cuerpo, mente, alma y espíritu

Por Myrka Dellanos

Muchos me preguntan a menudo, a través de las redes sociales, o cuando los conozco personalmente, cómo me he mantenido en forma y saludable a lo largo de los años. La respuesta no es simple y espero poder despejar esa interrogante con amplitud en esta parte del libro de mi estimada Liliana. Desde hace varios años, Liliana y esta servidora hemos platicado sobre el tema de cómo mantener un balance saludable entre el cuerpo, la mente y nuestro espíritu. Por ello espero que mis palabras te sirvan en la búsqueda de este balance y que resulten en una gran bendición para tu vida. Te cuento que de pequeña siempre fui muy activa. A los tres años de edad, ya estaba en clases de tap y *ballet* para principiantes. A medida que pasaron los años, también tomé clases de flamenco y seguí en el *ballet* hasta pertenecer a la compañía de jóvenes bailarines de la ciudad de Miami, bajo el liderazgo de una de las grandes profesoras de *ballet* reconocidas mundialmente, la argentina Martha Mahr.

Cuando estás tomando clases de baile cinco días a la semana y ejercitando tu cuerpo, puedes comer prácticamente cualquier cosa y te mantienes bien de peso. Si a esto le añadimos que somos adolescentes, nuestro metabolismo es bastante rápido y quemamos calorías constantemente. Además de las clases de baile después del horario escolar, corría en el equipo de pista de mi escuela, jugaba voleibol y fútbol *soccer*, además de que me encantaba el baloncesto. Fíjate, podrías pensar que era una tremenda atleta, ¡pero no es así! De hecho, me río conmigo misma al escribir estas líneas porque, aunque participaba en estos deportes, llegaba a casa con las piernas amoratadas por las patadas que recibía jugando *soccer*. O sea, ¡no era muy buena que digamos! Pero sí corría bastante rápido, mucho más rápido que la mayoría de los varones, y por eso estaba en el equipo de pista.

Te cuento esto para que te des cuenta de que estar activo a una edad temprana, de cierta manera, condiciona a tu cuerpo para estar en forma, crea el hábito de ejercitarse y mantiene el metabolismo a un ritmo saludable. Si no eres de esas personas que fue activa de pequeña, no te preocupes. Te lo digo para que ayudes a tus hijos a crear este tipo de hábitos porque ¡les ayudará en la vida! Pero regresemos a ti que ya eres adulta y que tal vez no creaste esos hábitos de niña y ahora estás buscando un balance entre lo físico y lo espiritual.

Amiga, nunca es demasiado tarde para comenzar un buen hábito y mejorar nuestras acciones. ¡Qué bueno que nuestro Dios nos promete que sus misericordias son nuevas cada día! Por lo tanto, si te sientes en medio de una batalla física, y quizá también espiritual, ¡hoy es tu día! Hoy, ahora mismo, puedes comenzar a dar un paso hacia el cambio y las metas que deseas alcanzar.

El primer consejo que puedo ofrecerte es que nuestras prioridades tienen que estar en orden para llegar a nuestras metas. Como mujer de Dios, ¡mi relación con mi Creador es lo más importante para mí! De hecho, si no estoy en constante comunicación con Dios, mi cuerpo va a sufrir. Tal vez te preguntes por qué. ¿Qué tiene que ver el Dios del universo con mi peso, mi cuerpo y mi salud? ¡Pues mucho! Tiene todo que ver porque tú eres Su creación perfecta, eres Su obra maestra y Él te ama de todo corazón y, por lo tanto, te creó a Su imagen. Esto significa que tú y yo somos especiales y únicas, y tenemos la gran responsabilidad de cuidar de esa obra que nuestro Padre decidió crear. Si ponemos a Dios en primer lugar en nuestra vida, entonces nos ofrecerá toda Su fuerza para poder lograr todo lo que a Él le agrada. ¡Y sí, amiga! A Dios le agrada que tú estés saludable, que luzcas bien y que te sientas a gusto. No estoy hablando de vanagloriarnos si lucimos más bellas o estamos más fuertes y musculosas que nuestras amigas. La comparación con otros seres humanos es una forma muy fácil de destruir nuestra autoestima y descarrilarnos del camino que Dios nos ha trazado. Esto sucede porque cada uno de nosotros tiene una misión distinta y nuestro Padre celestial tiene un plan especial y único para cada uno de Sus hijos. Entonces, no debo estar atenta al caminar de mis amigas, porque Dios tiene algo diferente y especial solo para mí. Por cierto, ¡eso me encanta de Dios! Siempre me hacer sentir especial y única para Él. El mundo tal vez no reconozca nuestros talentos o nuestra belleza interna; incluso, muy a menudo, ni nuestros seres más queridos pueden apreciar toda la grandeza que Dios ha depositado en nosotros. Por tanto, nuestros ojos deben estar fijos solo en Él, ¡y nuestra identidad tiene que provenir de nuestra certeza de que somos Sus hijos más amados! Somos un tesoro para

Dios —¡tanto así, que envió a su único hijo para que muriera en la cruz por nosotros!—. Ese tipo de amor cambia vidas, transforma corazones ¡y nos da una fuerza sin igual!

Esa fuerza es precisamente la que necesitas para dar los pasos necesarios para mejorar tu salud y, por ende, mejorar tu cuerpo. ¡La meta es ser la mejor versión de nosotras mismas! Jamás podré ser mi vecina, mi amiga o la supermodelo de las revistas, pero sí puedo ser la mejor versión de Myrka Dellanos en el momento que estoy viviendo. ¡Y eso es lo que agradará a mi Padre! Y si estamos alineados con Su voluntad, entonces ¡NO HAY NADA QUE NO PODAMOS LOGRAR!

Querida, mi lema de vida es este: sin lugar a duda, ¡sé que Dios tiene excelentes planes para para mí! Él tiene planes de bien y no de mal, ¡y provee un futuro y una esperanza para Sus hijos! Sabiendo esto, sé que Él desea lo mejor para mí y sé que Él me da las fuerzas, SUS fuerzas, para realizar lo que necesito hacer con el objetivo de estar saludable. Por eso es que primero necesito lo espiritual, que luego ¡me ayudará a lograr las metas físicas!

Cuando me diagnosticaron diabetes, me sentí muy triste porque mi padre la había sufrido y le provocó problemas cardiacos, y a mi abuelo paterno le tuvieron que amputar una pierna por la misma enfermedad. Yo jamás había estado medicada, pero tuve que tomar pastillas para bajar los niveles de azúcar y también me tenía que inyectar en el estómago una medicina que ayudaba a abrir los receptores de insulina. También tenía que revisar mi sangre antes y después de cada comida, o sea, seis veces al día, para monitorear los niveles de azúcar. Tenía todos los dedos doloridos por las agujas y siempre andaba con moretones en el estómago por las constantes inyecciones. Como añadido a toda esta rutina, las pastillas recetadas por mi médico me hicieron aumentar de peso. Esta situación comenzó a afectar mi imagen porque, al ser persona pública, en los programas de farándula comenzaron a criticarme porque había engordado. Hasta dijeron que me veía "¡fea, gorda y vieja!". Recuerdo un día que fui como invitada a un programa de Univisión y el presentador, que muchos de ustedes conocen, me recibió con estas palabras: "Ay Myrka, pero no te ves tan gorda ni tan fea como me habían contado". Quería que la tierra me tragara, pero ahí estaba en vivo y en directo en un programa y era una vocera de Yo Soy Segundo, un movimiento donde anunciamos que Dios es primero en nuestra vida y nosotros estamos en segundo lugar. Solo dije en mi interior: "¡Dios ayúdame! ¡No me dejes quedar en vergüenza!". ¡Y así de lindo es Dios! Luego, se comentó que Yo Soy Segundo lucía bien y le dieron el tiempo y el respeto merecidos.

Pero ¿cómo pude perder ese sobrepeso? Pues leyendo mi Biblia. Una noche, Dios me mostró un versículo que habla de la disciplina al comer y sentí al Espíritu Santo decirme claramente: "Si eres disciplinada en tu alimentación, te libraré de esta enfermedad". Le pedí a Dios que me ayudara en todo momento y comencé a andar en bicicleta, a trotar de nuevo, a caminar alrededor de mi vecindario, a tomar clases de yoga y cambié mi alimentación por completo. Por un año entero, comí mucho pescado, sopas sin grasa, eliminé el arroz y los dulces. No fue sencillo, pero seguí adelante con la meta que me había trazado. Hay muchos detalles más sobre la dieta que hice, pero lo anterior es lo más importante. Poco a poco bajé entre una a dos libras por semana (casi un kilo) y después de un año bajé veintiocho libras (doce kilos) y estaba de nuevo en un peso saludable y normal para mi cuerpo. Ya me reconocía. Me miraba al espejo y era la Myrka de siempre. Las revistas lo comentaron, pero entonces, algunos comenzaron a criticarme porque ahora lucía demasiado delgada. Es cómico, muchas veces la gente critica por criticar, pero debes hacer caso omiso a esos comentarios negativos. Me decían que me ubicara y que una mujer "de mi edad" ¡no debería estar tan delgada! Pero me pregunto: ¿qué tiene que ver la edad con lucir lo mejor que podemos? Amiga, no creas esa mentira de que tienes que aumentar diez libras (casi cinco kilos) con cada década de tu vida. ¡Eso es una mentira! Tu cuerpo es el mismo siempre, aunque cambie nuestro metabolismo y aunque tengamos otros cambios corporales. ¡No tenemos que estar gordas porque tenemos más años! ¡No creas eso!

Créele a Dios, no a los hombres. Dios te dice que ¡TODO LO PUEDES EN CRISTO QUE TE FORTALECE! Y así es. Te reto a que comiences a dar un pasito hoy que te lleve a lograr tu meta de estar saludable. Recuerda que todo comienza con tu espíritu. A medida que prospere tu espíritu y tu relación con Jesús, todo lo demás prosperará también y te sentirás fuerte y equipada para lograr tus objetivos. Te dejo este versículo tan preciado y que me ha servido de gran ayuda: "Mas buscad primeramente el reino de Dios y su justicia, y todas estas cosas os serán añadidas".[2] Amiga, ¡TODO te será añadido! Tu salud, tu bienestar, tu fortaleza mental y espiritual, ¡TODO!

¡Te quiero mucho, amiguita! Nos vemos en las redes sociales. ¡Bendiciones!

@MyrkaDellanos

LA DOCTORA DONNA WEST, A CARGO DE NUESTRA *CÁSCARA* DIVINA

Cuando llegué a California en 2009, comencé a buscar una dermatóloga, ya que mi hijo mayor estaba atravesando su adolescencia y sufría de un brote de acné. Había comenzado su tratamiento en Miami y queríamos que lo continuara en nuestra nueva ciudad. Así fue como unos amigos me recomendaron a la doctora Donna West. No se equivocaron, pues es una de las mejores especialistas en el sur de California que he conocido. Además, es un maravilloso ser humano, cálida y siempre pendiente de nosotros y buscando cómo ayudarnos. Ella fue quien le diagnosticó al reconocido pastor Juan Carlos Ortiz un melanoma, y fue justo a tiempo para poder combatirlo y salvar su vida, hace ya dieciocho años.

La doctora West posee una licenciatura y un doctorado de las universidades de California, en Riverside e Irvine. Realizó su residencia en dermatología en la Universidad de Loma Linda, donde fue residente principal del Departamento de Dermatología y participó en programas de investigación de la piel. Su vasta experiencia en el tema, por más de catorce años, la han calificado con creces para reconocer y crear tratamientos personalizados. Además, gracias a su entrenamiento en química, tiene una amplia experiencia y una perspectiva única sobre este órgano tan importante de nuestro cuerpo: la piel.

Cada vez que la visito para hacerme un *peeling* o consultarla sobre algún producto, se convierte en una verdadera bendición. Ella me enseñó cuál es el tipo de protección solar que es mejor para mi piel, así como los cuidados que debo tener en el momento de limpiarla y humectarla. Además, es cristiana y cuando ambas tenemos alguna situación con nuestros hijos, o, en su caso, con sus nietos, oramos la una por la otra.

Confío mucho en sus consejos porque creo que, por su preparación, experiencia y convicciones, conoce perfectamente dónde está el equilibrio entre el cuidado de nuestra *cáscara exterior*, con el propósito de mantenerla lo mejor posible para honrar a Dios, y los límites de la frivolidad.

"La piel sana es la piel joven", ese es el lema de la doctora West. De hecho, cuando me enteré de esto, confirmé que ella era la persona idónea para ayudarte a entender cómo debes cuidar tu "carta de presentación ante el mundo".

Evitando los pecados de la piel

Por la doctora Donna West

¿La piel bella es un regalo de Dios? La respuesta es un rotundo ¡sí! Todos comenzamos con una piel suave, inmaculada y suponemos que debe continuar así. Pero si observamos a nuestro alrededor, notamos que algunas personas tienen una piel de aspecto más rejuvenecido, en cambio, otras, lucen una piel muchísimo más envejecida. Creo firmemente que nuestros cuerpos son el templo de Dios, y Él nos pidió cuidarlo. Y como dermatóloga, también creo que eso incluye el cuidado de nuestra piel. Permíteme ilustrarlo con un ejemplo.

En una ocasión, entré al salón de examen en mi consultorio para ver a un paciente nuevo. Él estaba recostado sobre la camilla y parecía ser un hombre musculoso, alrededor de los setenta años. Cuando quise presentarme, me interrumpió diciendo: "Doc, por favor, no me diga que necesito usar protección solar. Muchos doctores han intentado convencerme de eso. Pero amo el sol y me hace bien". De inmediato, me contó que pasaba la mitad del año en el sur de California y la otra mitad en Puerto Vallarta, México. Por lo tanto, las principales actividades que realizaba a diario involucraban hacer ejercicio al aire libre y estar sentando bajo el sol. Además, con mucho orgullo, resaltó lo bien que comía y los cuidados que, según él, tenía. "Evito el alcohol, nunca he fumado, evito comer carnes rojas y como muchas frutas y verduras. Amo estar sano y un buen bronceado lo único que hace es aumentar mi salud", me dijo. Realmente había ido al consultorio solo para asegurarse de que su piel estaba en un buen estado.

Cuando lo miré, ¡quedé horrorizada! No solo se le había arrugado la piel como un cuero, sino que también estaba salpicada de múltiples *manchas del hígado*, de sol o de vejez, como se les conoce, y en las manos y los brazos había varios moretones debido a que la piel era demasiado fina. ¡Me enteré entonces de que apenas tenía cincuenta y tres años de edad! Paré, ya no le hice las preguntas habituales que le realizo a todos mis pacientes acerca de cómo y cuándo protegen su piel del sol, y comencé el examen de piel. Estaba abrumada. En su rostro había al menos cuatro prominentes lesiones de cáncer de piel sobre una base que presentaba daño solar y en la parte superior de la espalda tenía siete cánceres de piel más. Todos parecían ser de los dos tipos más comunes de cáncer de piel, el carcinoma de células basales y el carcinoma de células escamosas. Estos cánceres pueden eliminarse, aunque con mucha incomodidad para el paciente y consumen mucho tiempo, pero generalmente son curables. Sin embargo, en la parte inferior de su espalda había un gran lunar. En mi mente pensaba que esa lesión tenía todos los signos de un melanoma. En conclusión: el melanoma estaba avanzado y el paciente solo vivió otros tres meses más. Bueno, puedes decir, ¡me hablaste de un caso extremo! Sí, lo hice, pero he diagnosticado melanoma en personas con mucho menos daño en la piel y la ciencia nos dice que la mayoría de los casos de este cáncer están asociados con la exposición al sol.

Así es que, como dermatóloga experimentada que ha tratado daños en la piel de todo tipo, no puedo hacer grandes cambios en aquella que está dañada, pero puedo recomendar tres cosas. Las personas que desean una piel sana y rejuvenecida necesitan protegerla del sol y de sus dañinos rayos ultravioleta (UV), dejar de fumar (lo ideal sería no comenzar nunca a hacerlo) y evitar el humo de segunda mano, es decir, evitar convertirse en un fumador pasivo. La ropa, los sombreros de ala ancha y las gafas son ideales para usar bajo el sol. La segunda mejor defensa es un protector solar de amplio espectro. Si tienes que estar expuesto al sol, usa un protector solar sobre toda la piel con una protección solar (SPF, por sus siglas en inglés) de al menos 30.

Los protectores solares funcionan absorbiendo, reflejando o dispersando los rayos del sol que impactan sobre la piel. Cuanto mayor sea el SPF, mayor será la protección de las quemaduras solares, que son causadas principalmente por los rayos solares UVB. Los protectores solares de amplio espectro bloquean los rayos UVA y UVB. Los rayos UVA penetran más profundamente en la piel y son un factor importante que contribuye a la formación de arrugas y cáncer de piel.

Sin embargo, los protectores solares de amplio espectro no son perfectos. Estos deben aplicarse unos veinte minutos antes de salir al aire libre. Después de nadar o de hacer ejercicio extenuante, la protección solar se debe volver a aplicar cada dos horas. Recuerda, los rayos UV del sol son invisibles y más fuertes entre las diez de la mañana y las cuatro de la tarde. Dado que los rayos UVA penetran a través de las nubes y las ventanas de vidrio, el protector solar se debe utilizar en días nublados e incluso en los ambientes cubiertos que reflejen mucha luz.

Muchas personas piensan en el bronceado como un signo de buena salud. Pero el bronceado es el resultado de lesiones en la piel. Cuando los rayos UV penetran en la piel, esta trata de protegerse produciendo más pigmentación, es decir, un bronceado. Si te expones constantemente a los rayos UV del sol, esto puede resultar en que tengas una piel dura, curtida y grandes pecas, conocidas como manchas solares, del hígado o de la edad; también puede ser que te aparezcan una especie de escamas, que pueden ser indicios de piel precancerosa. La protección solar debe aplicarse desde la infancia, ya que la mayoría de nuestra exposición ocurre antes de los veinte años de vida.

¿Qué más podemos hacer en casa para mejorar la piel que heredamos? Los alimentos que comemos afectan el órgano más grande del cuerpo, que es nuestra piel, así como al resto de nuestro organismo. Los alimentos que contienen grasas malas (es decir, grasas saturadas) deben minimizarse o evitarse. Algunos ejemplos son los cortes gruesos de carnes, los alimentos con alto contenido de grasa proveniente de la leche, como los quesos, alimentos fritos, grasa vegetal y bocadillos procesados. Una dieta rica en estas grasas puede acelerar las líneas de expresión, la flacidez y las manchas. En su lugar, aunque con moderación, incluye las grasas buenas, que se llaman monoinsaturadas y poliinsaturadas. Las nueces, los aceites vegetales, las frutas secas y el aguacate (o palta) contienen grasas monoinsaturadas, mientras que las grasas poliinsaturadas se pueden encontrar en la mayoría de los pescados, semillas, nueces y en el aceite de canola, así como en otros alimentos de origen vegetal.

Hay más malas noticias para el paladar. Debes reducir el consumo de azúcar. El desglose de azúcar causa arrugas al dañar el colágeno. Incluidos en la categoría de azúcar están también el alcohol y la fruta. Es mejor comer un montón de verduras (incluye una variedad de colores), granos enteros y semillas (la quinoa es una buena opción para reducir el consumo de carbohidratos y añadir más proteínas a tu dieta), proteínas magras, una cantidad moderada de fruta (de nuevo, incluye una variedad de colores) y no te olvides de las pequeñas porciones de las grasas buenas. Bebe mucha agua para mantenerte hidratado y no te olvides de las infusiones, como el té verde o negro para añadir antioxidantes a la piel.

El ejercicio es indispensable para el mantenimiento de una piel sana. El movimiento promueve una buena circulación y a través de esta la piel recibe una cantidad extra de oxígeno y de nutrientes. Pero evita los ejercicios de alto impacto. Las sacudidas o saltos constantes que ocurren cuando estás corriendo, por ejemplo, pueden debilitar el colágeno y eventualmente conducir a la flacidez. En cambio, el entrenamiento de fuerza, como las pesas, es muy importante para una piel sana y la gente debería realizar más de este tipo de ejercicio a medida que envejece. El entrenamiento de fuerza aumenta el tono muscular, lo que da como resultado una piel rejuvenecida y firme.

Controlar el estrés también mantiene la piel en buena forma. Los altos niveles de tensión y ansiedad aumentan la producción de hormonas que pueden dar lugar a brotes de acné o agravar otras enfermedades de la piel. La inflamación de la piel, sea cual sea la causa, generalmente nos genera vergüenza, afecta nuestra autoestima y contribuye al envejecimiento.

La superficie de la piel merece ser mimada y tratada con cariño, especialmente la de la cara, que es más delicada. Y la limpieza es una parte importante del cuidado, ya que elimina la suciedad y las bacterias. Utiliza siempre un limpiador suave, ya que los jabones con detergentes eliminan la capa protectora de aceite de la piel. Quítate siempre el maquillaje y/o protector solar antes de acostarte. Para el maquillaje resistente al agua, usa un removedor a base de aceite, seguido de un limpiador suave. Luego, hidrata la piel después del baño, si se siente seca o con picazón.

Un programa sencillo de antienvejecimiento, especialmente para la superficie de la cara, el cuello y las manos, debe incluir un producto de vitamina C y/u otros antioxidantes, así como un protector solar de amplio espectro SPF 30+ en la mañana y, por la noche, un retinoide/retinol con crema hidratante, si es necesario. La vitamina C tópica y otros antioxidantes tópicos pueden prevenir el daño solar, la deshidratación y las arrugas. Los retinoides abren los poros, ayudan a eliminar el acné, reducen las líneas finas, impulsan la producción de colágeno, aclaran las manchas café y mejoran la textura de la piel. Ten cuidado, porque también pueden provocar sequedad, descamación y enrojecimiento. De hecho, hay que usarlos con precaución, por eso en Estados Unidos se requiere una receta médica para comprarlos. Sin embargo, el retinol de venta libre trabaja de manera más gradual y suave, pero todavía es eficaz para rejuvenecer la piel. Otros productos se pueden añadir a las necesidades específicas de tu piel y siempre es aconsejable consultar a un profesional para saber qué cuidados extra se necesitan.

Se sabe desde hace años que hay diferentes tipos de piel, especialmente en la cara. Los tipos, por lo general, se dividen en cuatro categorías e incluyen piel normal, grasa, seca y mixta. La piel mixta tiene una zona T que es grasa, y es normal que se sequen las otras áreas de la cara. La piel normal debe responder bien a formulaciones tópicas ligeras. Si tu piel es grasa, debes utilizar productos que vienen en forma de geles o líquidos. La piel seca, en cambio, necesita lociones no irritantes y cremas. La piel mixta debe humectar las áreas secas con lociones y sueros ligeros y las áreas grasas, con geles y líquidos.

Todo el mundo debería ver a un dermatólogo una vez al año para un chequeo completo de la piel de todo el cuerpo, independientemente de si existen otros problemas cutáneos. Esta revisión se hace para examinar los lunares y buscar cualquier lesión sospechosa de cáncer de piel. Incluso si no se encuentra nada sospechoso, se establece un punto de partida como base para los exámenes futuros. El melanoma, la forma más mortal de cáncer de piel, está aumentando más rápido que cualquier otro tipo de cáncer. Este generalmente surge de un lunar ya existente y puede extenderse a otros lugares del cuerpo si no se trata a tiempo. El melanoma es el segundo cáncer más común en las personas entre veinticinco y veintinueve años, pero puede presentarse a cualquier edad y en cualquier raza. Si se detecta a tiempo, se puede tratar, pero lamentablemente, cuando ha pasado demasiado tiempo, suele ser incurable. La señal de advertencia más importante para cualquier tipo de cáncer de piel, incluyendo el melanoma, es una mancha en la piel que cambia de tamaño, forma o color. En la visita anual, tu dermatólogo también te puede dar recomendaciones sobre tipos de protección solar y cuidados de la piel.

¿Podemos reparar el daño solar que ya tenemos o es demasiado tarde? Los dermatólogos tenemos muchas opciones para reparar el daño solar. Los *peelings* químicos aplicados a la piel son un ejemplo. Estos funcionan eliminando las capas superficiales de la piel, con lo cual se estimula el crecimiento de una nueva capa superior de piel sana. Como resultado, el daño solar, el acné, la textura desigual, la hiperpigmentación, las líneas finas y las arrugas disminuyen. La profundidad del procedimiento y el tiempo de recuperación de la piel varían de acuerdo con los ingredientes que se usan, el tipo de producto y su concentración. Con el uso de nueva tecnología médica que incluye el láser, la radiofrecuencia, el ultrasonido y otros dispositivos, los dermatólogos tenemos muchas opciones para revertir el daño solar.

<www.zenamedical.com>

INGRID MACHER, LA TRANSFORMADORA DE CUERPOS... DESDE EL ALMA

Como te conté anteriormente, siempre estuve pendiente de cuidar mi salud, mi alimentación y la actividad física que realizaba, pero no lo hacía de la manera más apropiada. Luego comencé a darme cuenta de que, en realidad, eso no estaba siendo efectivo, ya que me mantenía estancada en mi peso (que no era el ideal) y mi alimentación no era la correcta. Así es que en noviembre de 2014, visité por primera vez a Ingrid Macher.

Desde la primera entrevista con ella, comencé a aprender y a darme cuenta de la cantidad de errores que cometía en mi intento por alcanzar "saludablemente" mi peso ideal. De inmediato, Ingrid me hizo notar mis desaciertos, por ejemplo, en la forma de alimentarme. Uno de esos errores era que por querer mantener el peso que consideraba ideal, cada vez comía menos, pero paradójicamente engordaba más. Y mi tiroides estaba completamente descontrolada.

Una vez que lo tuvimos claro, Ingrid diseñó un plan de alimentación y de ejercicios específicos conforme a mis necesidades y comencé a perder peso, a fortalecer mis músculos y a tener más energía.

Ingrid ha sido una gran inspiración para mí, ya que ella practica con pasión lo que dice. Su motivación es ayudar a las mujeres a alcanzar su peso ideal y su salud.

A pesar de haber sido diagnosticada con cáncer de seno hace un tiempo, Ingrid continuó con su labor y además comenzó a compartir todo lo que ha hecho para afrontar esta enfermedad, con la meta de que esa información ayude a otras mujeres a prevenirla y a tratarla. Recuerdo una entrevista en la que compartió cuánto le impresionaba que alguien tan saludable como ella pudiera tener cáncer. Así fue como se dio cuenta de que había falta de perdón y tristeza en su vida, y que había enfermado a causa de descuidar su alma. Su testimonio impactó mi vida y por esa razón quise que mi querida amiga Ingrid te diera unos consejos, algunos de los cuales ya hemos mencionado, pero que reafirmarán tus conocimientos y tus convicciones para transformar tu vida, pues los ha puesto en práctica en ella misma y con cientos de miles de mujeres.

Mis mejores secretos que cambiarán tu vida

Por Ingrid Macher

Hola, soy Ingrid Macher, dueña de Adelgaza20.com. Comencé mi carrera tratando de mejorar mi vida y mi salud después de escaparme de las garras de la muerte en dos ocasiones: la primera, víctima del asma; la segunda, por cáncer. Desde ese momento, entendí que tenía una misión en el mundo: ayudar a las personas, proveyéndoles las herramientas y la información correcta para tener una vida más saludable, pero sobre todo, más feliz.

Soy esposa, madre de dos hermosas princesas, experta en nutrición holística, autora de tres libros *best sellers* y creadora de programas digitales; entre estos, mi más reciente trabajo: Fabulosa & Fit, el programa que ha cambiado la vida de más de diez mil mujeres en el mundo, enseñándoles a tener una alimentación consciente. No existe una forma única de alimentarnos, todo depende de cuál sea nuestro estilo de vida. Si quieres ser vegana, vegetariana, cetogénica o carnívora, eso lo decides tú al probarlo.

Hoy te voy a compartir los secretos con los cuales logré perder cincuenta libras (más de veintidós kilos) en noventa días y mantenerme así hasta el día de hoy e, incluso, recuperar la salud después del cáncer, y hacerlo de una manera natural utilizando la nutrición y mi mejor arma: mi fe en Dios.

De entrada, te puedo contar que los tres secretos fundamentales para lograr mi transformación han sido: primero, entregarle mi vida a Dios; luego, estudiar nutrición; y posteriormente, aplicar todos estos pasos día a día para poder llegar a ser la mujer que soy hoy.

En las siguientes páginas, te mostraré cómo puedes transformar tu vida y ser una nueva mujer. Te daré mis secretos más poderosos que, a pesar de los años, nunca cambian. Si los mantienes en tu *cajita personal de herramientas* te ayudarán a alcanzar el éxito en tu propósito y mantenerlo para siempre.

¿Estás lista? Bueno… ¡Empecemos!

Secreto 1: Empieza

Una vez que has tomado la valiente decisión de recuperar el control de tu vida, hay algunas cosas que necesitas hacer antes de que empieces con el ejercicio físico o tu plan alimenticio. Tienes que ir a tu cocina, pararte en medio de ella y mirar alrededor. Verás conscientemente los alimentos que has estado comiendo y que sabes que no son saludables.

Una vez que hayas identificado todos los alimentos que no son saludables, ¡bótalos! Así es, deshazte de todo lo que sabes que te puede tentar: el cereal, las harinas blancas, las papas fritas, los refrescos, los dulces, postres, donas, café, etc. De esta manera, tu mente entenderá que no hay vuelta atrás. ¡Asegúrate de que tu cocina esté llena de alimentos nutritivos, saludables y deliciosos!

Renovación de la cocina

Después de haber vaciado tu cocina, es el momento de llenarla de nuevo. Este es el instante para empezar de cero.

Cuando vayas al supermercado, asegúrate de no ir con el estómago vacío, porque si tienes hambre, tendrás más probabilidades de tomar decisiones poco saludables en la compra de los alimentos y ¡estarás botando tu dinero!

Ve con el estómago lleno y te doy un pequeño consejo: ve justo después de hacer ejercicio, cuando todavía estés sudorosa (solo asegúrate de llevar contigo un pequeño aperitivo saludable). Tu mente todavía estará en modo "saludable". Al caminar por las secciones del supermercado estarás más apta para obtener alimentos saludables porque estás muy consciente del trabajo duro que has estado haciendo. "¿Quisiera comer postre después de la cena esta noche? ¡Claro que sí, pero ya no hay forma de perder esas calorías después de que he pasado una hora quemándolas!". Este es el diálogo que estará ocurriendo en tu cabeza.

Otro consejo que seguramente siempre escuchas es que *necesitas* o que *no necesitas* contar las calorías y los carbohidratos. Algunos dicen que es necesario, mientras que otros dicen que es una pérdida de tiempo. Esta es mi opinión: **lee las etiquetas**.

Lee las calorías, la cantidad de sodio, los carbohidratos, azúcares, ¡todo!; lee todos los ingredientes de la etiqueta.

Realmente este ejercicio no es para contar la cantidad de calorías o carbohidratos, sino para entender completamente lo que estás poniendo en tu boca. Si no tienes idea de cómo pronunciar un ingrediente de la etiqueta, no lo compres.

Caer en la tentación de comprar alimentos que no son saludables para ti hasta ahora ha sido normal, y eso pasa hasta en las mejores familias. El truco está en no ceder a las tentaciones y ¡permanecer siempre fuerte!

¿Conoces la diferencia entre una persona que se pone en forma y otra que no lo hace! ¡Es la fuerza de voluntad!

¡Lo lograste! Este es el primer paso, no es tan difícil, ¿verdad?

A continuación, hablaremos acerca de lo que te ha estado haciendo ganar peso ¡y cómo puedes detenerlo!

Secreto 2: Barriga llena, corazón contento
¡Ríete todo lo que quieras, pero te digo esto porque me encanta la comida! Soy una de esas personas que prueba una deliciosa comida y no para de sonreír. Y precisamente porque que me gusta tanto la comida, quiero aclarar su mala reputación.

¡LA COMIDA NO ES TU ENEMIGO!

¡Es maravillosa, deliciosa, divertida, estimulante, diversa y mucho más! La comida es la fuente que une a las familias y es la esencia de donde recibimos todos los nutrientes que necesitamos para tener más energía.

La razón por la cual las personas siempre les echan la culpa a los alimentos por su sobrepeso es porque escogen los equivocados al momento de comer. Dejemos esto en claro: todos los alimentos no son creados de la misma manera. Todo depende de lo que comes y cuándo lo comes.

Las siguientes reglas que te voy a presentar marcarán la diferencia... si las sigues, por supuesto.

Cuando hablamos de la comida y de la alimentación, no todos somos iguales. Algunas personas pueden manejar diferentes métodos o estilos de alimentación. A muchos les funciona comer cada tres horas, a otros les funciona hacer solo tres comidas al día. Lo más importante es escuchar a tu cuerpo.

Muchas personas hoy en día practican el ayuno intermitente como una herramienta. En mi caso, después de enfermar de cáncer, descubrí que esto se convirtió en mi arma favorita. Darle un descanso al cuerpo de catorce a dieciséis horas antes de tu primera comida, te permite hacer una pausa en tus niveles de insulina y de esta forma puedes utilizar las reservas de grasa como energía en vez de usar los carbohidratos.

Pero cada quien busca su estilo de acuerdo a como su cuerpo se lo indica. Hay personas que pueden pasar por el ayuno, pero hay quienes mentalmente no lo pueden hacer. Hay quienes, simplemente, no pueden permanecer sin comer cada tres horas; en cambio, hay otras a quienes les funciona muy bien.

Lo que ha descubierto la ciencia es que lo más efectivo es hacer una alimentación consciente, es decir, comer cuando se tiene hambre, satisfaciéndola de la forma más saludable posible.

Mi sugerencia es que, ya sea que hagas uno u otro tipo de alimentación, obtengas todos los macronutrientes a la hora de alimentarte, es decir: fibra, proteínas, grasas buenas y carbohidratos en poca cantidad.

Secreto 3: Bebe, bebe, bebe

Puede ser que no seas un bebedor empedernido y solo te tomes unas copas en familia o socialmente. Pero debes saber que, en cualquier caso, el alcohol es una de las peores cosas que puedes poner en tu cuerpo cuando estás tratando de perder peso, y te explico por qué:

- Está cargado con azúcar.
- Afecta tu juicio. Incrementa tu apetito haciendo que comas todo lo que quieras, aunque no sea saludable.
- Causa deshidratación. Y cuando tu cuerpo está deshidratado, es más propenso a almacenar grasa.
- Causa depresión, lo que, a la vez, lleva a comer de forma compulsiva.
- Causa la pérdida de concentración, de energía y además te puede provocar enfermedades como cáncer, diabetes, afecciones cardiovasculares, entre otras.

¿No crees que es mejor eliminarlo por completo mientras cambias tu estilo de vida por uno más saludable? La verdad es que todos los cocteles y tragos son malos para ti y para cualquiera. No recomiendo ninguna bebida alcohólica.

¡Yo perdí catorce libras (más de seis kilos) en los primeros veintiún días al cambiar mis viejos hábitos! Vas a ver, una vez que las tres semanas de sequía hayan terminado, que realmente no extrañas el alcohol y que continúas perdiendo pulgadas (o centímetros).

La bebida que te llevará al éxito

El alcohol no es la única bebida que realmente no satisface tu sed.

La soda es otra de las bebidas que no se debe tomar. La bebida, que además te pinta los dientes de un tono amarillo, ha sido vinculada a la obesidad, la osteoporosis, las caries dentales y enfermedades del corazón. La soda es una de las principales razones, hablando nutricionalmente, por la que muchas personas sufren problemas de salud.

Aparte de los efectos negativos de la soda, el beber demasiada no te deja espacio para comer verduras, proteínas y otros alimentos que tu cuerpo realmente necesita.

Un pequeño truco que utilicé para cambiar este mal hábito fue ir al supermercado y buscar la botella de agua más colorida y práctica que pudiera llevar conmigo a todos lados. Me aseguré de que tuviera un sistema fácil para beber sin la preocupación de que se regara por todos lados.

Créeme que, si me copias y compras una para ti, este nuevo juguete te ayudará a tomar más agua. Utilizando esta técnica, inconscientemente, tus manos llevarán la botella a tu boca frecuentemente y beberás más agua sin darte cuenta. Pero si todavía insistes en que necesitas algo de sabor, le puedes agregar un poco de limón, hojitas de menta, jengibre, frutos rojos, etc. ¡Funciona! Confía en mí.

¡Quiero saber acerca de ti!

¿Cómo te sientes? ¿Crees que puedes renunciar a estos malos hábitos?

Esta fue una de las partes más complicadas para ponerme en forma. Pero si lo haces con conciencia, valdrá la pena y yo estaré ahí para escucharte y ayudarte a eliminar todas tus ansias por el azúcar.

Secreto 4: Decisiones inteligentes

Las pequeñas tareas que te voy a contar cambiaron mis hábitos alimenticios y me hicieron más saludable: son las que me mantuvieron e hicieron todo más fácil.

Cambiar tu estilo de vida para estar más saludable y en forma toma tiempo; es algo para lo cual tienes que estar constantemente preparada.

Comer saludable significa cocinar tus propias comidas a fin de saber lo que estás comiendo. Esto se debe a que, en las etapas iniciales del proceso para bajar de peso, habrá tentaciones, y serán tan intensas que se apoderarán de tu fuerza de voluntad y será difícil ignorarlas.

No quiero desanimarte al decir esto, pero quiero que seas consciente de la importancia de realizar este paso.

Aparta tiempo para bajar de peso

La mayoría de la gente no tiene ni un instante libre en su agenda, pero para que esto funcione, necesitas tener tiempo para preparar los alimentos saludables que vas a comer.

Yo elegí los domingos en la tarde. En ese momento, cortaba y separaba mis carnes magras (pechuga de pollo, pavo y pescado) en las porciones que debía comer cada día; limpiaba y cortaba las verduras, cocinaba la quinoa y mezclaba toneladas de lechuga y verduras crudas para hacer ensaladas. También ponía en orden meriendas como almendras, manzanas, nueces, brócoli, fresas, etcétera.

¡Esto funciona! Porque cuando tenía hambre, durante toda la semana, la comida que podía comer estaba ahí lista para mi consumo. No tenía tiempo para cuestionarme si iba a hacer trampa.

Empaca tu almuerzo para que no seas tentada por alguno de tus compañeros. Cuando todo el trabajo en la preparación de los alimentos frescos y saludables se hace, la parte de comer saludablemente es fácil. Te acostumbrarás a esta rutina y se volverá un hábito. ¡Ese es el punto!

Puede parecer tiempo perdido, pero sacrificar un par de horas el domingo te ayudará a tener éxito. ¡Haz las cosas fáciles para ti!

Cambia tu modo de actuar en los restaurantes

También necesitas tomar decisiones inteligentes cuando vas a comer fuera. No animo a la gente a que salga a comer fuera de casa durante los primeros veintiocho días de su nuevo hábito alimenticio, ya que es difícil elegir la comida saludable cuando todavía eres nueva en todo este proceso. Sin embargo, sé que los restaurantes forman gran parte de nuestras vidas, así es que usa estos consejos cuando salgas a comer:

- Ordena pollo asado, a la parrilla u horneado (pero nada frito), vegetales, una ensalada con un poco de aceite de oliva y vinagre al lado (¡siempre al lado!), y no te olvides: NO tomes alcohol, sodas o jugos.
- No tengas miedo de pedirle al mesero que modifique tu comida según tus preferencias saludables. A la mayoría de los restaurantes no les importa y normalmente es una solución rápida para el chef.
- Ah, y esto es vital, cuando te sientes, dile al mesero: "¡No traiga pan, por favor!".

El secreto radica en estar preparada al cien por ciento a la hora de la comida. Mantén comidas y refrigerios preparados para el momento en que tengas hambre.

No es tan difícil, ¿verdad? Créeme, si sigues estas nuevas estrategias, harán una ¡GRAN diferencia!

Secreto 5: ¡Mantente activa!

- Sube las escaleras en vez de tomar el ascensor.
- Estaciona tu auto más lejos de tu destino final.
- Camina a lugares cercanos en vez de conducir.
- Anda en bicicleta con tus hijos en lugar de solo mirar como lo hacen ellos.

Todos estos pequeños detalles en tu vida diaria pueden crear un ¡GRAN impacto!

Esto ni siquiera es considerado hacer ejercicio si le preguntas a la mayoría de las personas. Es solo una cuestión de elegir una alternativa saludable en vez de una mala.

Puede parecer sin importancia o una pérdida de tiempo, pero confía en mí: haz estas cosas diariamente y verás los resultados.

Da el máximo

Hacer estos pequeños cambios es un gran comienzo para mantenerte activa, pero tendrás que dar un paso hacia delante con el fin de obtener los mismos resultados rápidos que yo obtuve. Ir al gimnasio un par de veces a la semana es importante para cualquier objetivo de condición física o hacer una rutina de ejercicio diaria en casa por no menos de veinte minutos. En mi caso, vi los resultados cuando comencé a ir a un gimnasio cinco o seis veces a la semana.

Me di cuenta de que cuando tienes un compañero para entrenar es más probable que te sientas más comprometida para ir al gimnasio. Un compañero de entrenamiento es alguien que puede motivarte y hacerte más responsable con tu nuevo propósito, como tú lo harás también por él o ella.

Aun cuando no quieras ir a entrenar, si sabes que un amigo te está esperando, tal vez eso, a regañadientes, te haga ir. Por supuesto, una vez que estés allí, te alegrarás de que te haya ayudado a cumplir tu compromiso. Además, un compañero de entrenamiento es también una competencia amistosa.

Nunca vas a cambiar nada si no te propones hacerlo

Una vez que estés yendo al gimnasio, no tengas miedo de mezclar un poco los ejercicios. Tu cuerpo responde mejor a la variedad.

Ve a una clase de bicicleta (*spinning*) o invita a un amigo a *kickboxing*. Estos ofrecen un ejercicio cardiovascular completo, además de ayudarte a fortalecer los músculos.

Otra motivación es hacer ejercicio ¡al aire libre! Ve a una caminata, alquila canoas o ve a andar en bicicleta de montaña. Todas estas son buenas maneras de evitar el aburrimiento en el gimnasio.

Cuando estés en este punto, ya deberías estar experimentando y viendo transformaciones en tu cuerpo. Y te darás cuenta de lo importante que es cambiar los malos hábitos por otros buenos para obtener resultados.

Secreto 6: Dormir te ayudará a quemar grasa
Dormir es importante por varias razones. Como sabes, dormir lo suficiente determina nuestro estado de ánimo al siguiente día.

La falta de sueño provoca mal humor, fatiga, irritabilidad, solo por nombrar algunos de sus síntomas. Es muy probable que si no duermes lo suficiente, tu día de trabajo se vea comprometido por la incapacidad para prestar atención y estar bostezando constantemente. Sin embargo, el sueño no es importante solo para tu estado de ánimo, también es imprescindible para obtener resultados en tu pérdida de peso y lograr un mayor rendimiento cuando te estás ejercitando.

Cuando estás durmiendo, tu cuerpo emite los más altos niveles de la hormona del crecimiento humano, que ayuda a la construcción de los músculos.

También es la única vez que todos tus músculos descansan. Y estos necesitan descanso porque están en constante movimiento y estiramiento, especialmente mientras te ejercitas fuertemente para perder peso.

<u>Pulsa el botón de silencio (*snooze*) de tu alarma de vez en cuando</u>
La falta de sueño también puede ocasionar un **aumento de peso**, a pesar de que estés haciendo ejercicio regularmente y tengas una alimentación saludable.

No solo tu metabolismo se hace más lento si no duermes lo suficiente, sino que además tu cuerpo produce una sustancia química llamada cortisol (una mezcla de azúcar elevada en la sangre y de los niveles de insulina). Cuando tu cuerpo detecta el cortisol, lo confunde con el hambre.

El cortisol provoca que se almacene **la grasa corporal en el área abdominal**. Si produces más cortisol, existe la posibilidad de que también estés almacenando más grasa en la parte del abdomen.

Así que aquí estamos: **somnolientos e irritables, con un metabolismo más lento y con hambre**. ¡Guau, eso suena como una combinación terrible!

Dormir es bueno también para la piel, el cabello y las uñas. Mi abuela siempre decía que si dormía como una bella durmiente, me mantendría alejada de las arrugas, y ¡tenía razón!

<u>El estrés es un lío. Calma la mente para dormir mejor</u>
Sé que es difícil en esta época, la economía es mala y la gente está trabajando más y durmiendo menos. Nuestros niveles de estrés a menudo nos despiertan en la noche. Sin embargo, es fundamental dormir lo suficiente.

Cada día, debes disfrutar entre seis y ocho horas de sueño como mínimo. Lo ideal sería que todo el mundo durmiera esta cantidad de horas cada noche. Estoy segura de que es difícil para algunos dormir lo suficiente, pero definitivamente debes convertirlo en prioridad durante la mayoría de las noches de la semana.

Trata de hacer ejercicio al menos tres horas antes de acostarte. Hacer ejercicio muy tarde puede contribuir a quedarse despierto por más tiempo. Tomar una ducha caliente una hora antes de irme a dormir, con frecuencia me ayuda a relajarme. Si a eso le sumo un buen libro para leer, generalmente me funciona y me ayuda a descansar como una bella durmiente.

Me sorprendió muchísimo enterarme de que la falta de sueño, además de somnolencia y fatiga, provoca la acumulación de grasa abdominal. Mi éxito es el resultado de dormir lo suficiente, así que sé lo importante que es.

¿Crees que tienes lo que se necesita para lograr el éxito? ¡Sé que así es! Si te preparas mentalmente, podrás hacer lo que quieras.

Secreto 7: Mantén una actitud positiva

Quisiera ser lo más enfática y clara posible para que entiendas que mantener una actitud positiva es un paso vital para tu éxito.

Cuando piensas en cosas grandes, logras cosas grandes. Tan pronto como renuncies mentalmente a tu meta o te desalientes, comenzarás a dar pasos hacia atrás.

A veces los resultados que obtienes no son los que esperas o los que quieres. Es posible que también estés frustrada porque no te gusta el ritmo al que está ocurriendo el cambio. Todas estas razones, dudas o, incluso, ideas de renunciar a tu objetivo, te harán pensar negativamente.

Somos seres humanos y a veces tendemos a perder la confianza en nosotros mismos y en nuestras habilidades. Sin embargo, tienes que entender que, al comienzo de tu rutina, CUALQUIER tipo de resultado es un buen resultado.

Busca la actitud positiva

Los libros de motivación han jugado un papel crucial en el éxito de mi pérdida de peso. Leo constantemente citas de inspiración y poemas. A veces, solo hacer que tu mente esté lejos de lo que te molesta y vaya en dirección hacia algo positivo es todo lo que necesitas para ponerte de pie nuevamente.

Un truco que hice al principio fue tomarme una foto de cuando empecé y la puse en la nevera, y saqué otra del baúl de los recuerdos, de cuando era joven y delgada, y la coloqué en el baño.

Cada vez que metía la mano en la nevera para sacar algo que fuera poco saludable, tenía un recordatorio brutal de por qué no puedo comer ese pedazo de pastel de chocolate.

Y cada vez que me estaba preparando para empezar mi día en las mañanas, me cambiaba frente al espejo y observaba qué tan cerca estaba de llegar a lucir más delgada, como cuando era joven. Y eso renovaba la esperanza de ser una nueva persona.

Se siente tan bien como se ve

También me propuse como objetivo no botar ni una pieza de mi ropa vieja. A pesar de que esa ropa me había quedado pequeña, la guardé solo para demostrarme a mí misma que podía caber en ella de nuevo. En realidad, no me importaba si las usaba o no; solo quería saber que podía caber en esas prendas.

Cada semana, aquellos *jeans* viejos y pasados de moda me apretaban los muslos. Pero tenía fe en que después de tres meses, me quedarían bien de nuevo.

Por supuesto, no salí en público usándolos, porque esos pantalones descoloridos no estaban más a la moda, pero los usaba en mi casa todo el día solo porque ¡podía! ¡Y eso me hacía feliz!

Sin pensamientos positivos todo esto es una causa perdida. Yo te puedo ayudar y motivar todos los días, pero si no pones de tu parte, no puedo HACER que creas en ti. Así es que créeme, tú puedes encontrar esa fuerza interior. Sé que la encontrarás.

Existen muchas maneras de hacer esas cosas que nunca pensabas que podrías lograr. ¿Crees que siempre supe que podía tener este cuerpo? Una parte de mí sí lo creía…, pero la mayor parte de mí, ¡de ninguna manera!

Pero ¡gracias a que le hice trampas a mi mente y visualicé mi objetivo, ahora lo tengo!

Secreto 8: Atrévete con estos trucos mentales
Hay muchas maneras en las que puedes engañar a tu cuerpo y a tu mente. Confía en mí, me convertí en mi propia "estafadora". He aquí una pequeña lista de cómo puedes entrenar tu cuerpo para hacer más de lo que te gusta y menos de lo que no te gusta:

1) **Por lo menos, bebe un vaso lleno de agua antes de comer**. Usa este truco antes de cada comida. Al beber un vaso de agua antes de comer estás engañando a tu cuerpo haciéndole creer que está lleno.

¿Por qué quieres comer menos de lo que tu cuerpo necesita, te preguntarás? Bueno, esa es precisamente la trampa. En esta época, la mayoría de la gente cree que necesita una porción grande de alimentos para estar satisfecha. Pero eso es un terrible mito. No nos sentimos llenos sino hasta que han pasado unos quince minutos desde que en realidad estamos satisfechos. ¡Eso equivale a más de quince minutos comiendo! Por eso, al beber agua primero, has llenado los minutos adicionales con líquido que te hace bien, ¡no con comida!

2) **Cambia tus platos grandes por platos pequeños**. Se ve tonto cuando uno lo hace, pero funciona. Cuando comemos en platos grandes, tenemos una tendencia a comer todo lo que podemos. Aunque lo más probable es que comamos demasiado, no se ve tan mal porque todavía hay más comida en el plato. Sin embargo, si comes en un plato pequeño, tendrás mucho menos alimento. Una vez que terminas tu plato, tu mente va a pensar que has acabado y enviará la señal a tu cerebro para que pares de comer.

3) **Mastica los alimentos veinticinco veces antes de tragar**. Esta es otra trampa para engañar a tu estómago para que piense que

estás ingiriendo más alimentos cuando en realidad estás comiendo menos. Masticar la comida veinticinco veces antes de tragarla y bajar el tenedor entre cada bocado, te ayudará a llenarte más rápido de lo normal.

Esto es porque cuando tomas más tiempo masticando la comida, a tu cuerpo le resulta más fácil digerir los alimentos y dar la sensación de satisfacción más rápido.

4) **¡Cepilla tus dientes cuando tengas ganas de comer dulces!** La sensación de limpieza en tu boca aplacará el anhelo por el azúcar.

Mientras estés en el baño haciendo gárgaras, mira la foto que pusiste de cuando eras flaca. Entre el aliento fresco y la foto, tu ansiedad por el azúcar desaparecerá.

Me parece que estás empezando a tener una mejor idea de cómo trabaja este estilo de motivación. Se trata más de lo que está en tu cabeza y cómo manejas lo que haces generalmente en una dieta o en un programa de ejercicio.

Secreto 9: Deshazte de la báscula

Tengo amigas que me dicen todo el tiempo que están desanimadas porque no están perdiendo peso. Mi primera pregunta para ellas es: ¿cómo lo sabes?

Me miran por un segundo como si tuviera tres cabezas. "Porque todavía peso lo mismo", me responden a veces con arrogancia. Me causan gracia sus respuestas.

De inmediato, intento informarles de lo mentirosas que son las básculas. Pesarás más por la noche, después de haber comido bien todo el día y de haber hecho ejercicio por una hora, que en la mañana.

Esto no significa que aumentaste de peso. Todo depende de la hora en que comas y hasta de la cantidad de agua que tu cuerpo retenga. Todo se reflejará en la báscula. Incluso, si estás en medio de tu periodo (esa visita tan poco amigable que tenemos las mujeres en una parte del mes), tu cuerpo tenderá a pesar un poco más.

¿Sabes entonces a lo que me refiero? A que no determines tu éxito por cuánto pesas. Las libras o kilos no tienen mucha credibilidad cuando se trata de perder peso. ¿Suena falso? Sigue leyendo y entenderás lo que quiero decir.

Pulgadas > libras, centímetros > kilos

La mejor manera de saber si estás perdiendo peso o no, es a través de la ropa.

Si sientes que tus pantalones entran un poco más fácil, estás en buen camino. Si finalmente puedes cerrar la cremallera de ese vestido, ¡bien por ti! Así es como debes determinar el éxito de la pérdida de peso.

De forma similar, si tus pantalones se sienten un poco apretados, eso significa que tienes que cambiar algo en tus hábitos alimenticios o rutina de ejercicio. Tal vez no hayas perdido nada de peso de acuerdo con la báscula, pero si tu ropa te queda mejor o más holgada, has perdido pulgadas o centímetros.

¡Las pulgadas o centímetros son mejores que cualquier otra máquina con números!

Otra cosa que me ayudó fue tomarme fotos cada tres semanas con un traje de baño para poder ver el progreso de mi cuerpo. Y cada vez que veía grandes resultados, me sentía mucho más motivada y ¡seguía adelante!

Lo que pensemos importa

También necesitas medir el éxito por tus satisfacciones.

Sí, has leído bien; simplemente por lo que sientes. Tal vez desde que comiences esta travesía de perder peso optes por subir las escaleras cuando vayas hacia el trabajo. ¡Muy bien por ti!

Probablemente sea un poco difícil al principio, pierdas el aliento y tal vez tus piernas estén un poco doloridas al día siguiente.

Estos son los efectos normales de volver a *estar en el juego*. Después de un par de semanas, seguramente serás capaz de subir las escaleras con facilidad. Esto es una pequeña victoria que necesitas contar.

Date crédito y ten en cuenta las pequeñas victorias que logres.

No seas tan dura contigo misma. Si eres muy exigente, tu confianza disminuirá. Conozco muy bien ese concepto. Una vez que mi actitud cambió, ¡mi cuerpo también lo hizo!

Secreto 10: Date una palmadita en la espalda

Creo que he dejado todo claro a lo largo de estas líneas, pero por si acaso no lo he hecho, quiero ampliarlo un poco más. Lo que estás haciendo por querer una vida más sana es muy valiente y difícil, pero no imposible.

Teniendo en cuenta que **estás haciendo algo grande por ti,** ese debería ser tu enfoque principal. Con la superación de los desafíos, vienen las recompensas.

¡Así es que ahí lo tienes!

Estás tan cerca de perder peso, ¡lo puedo sentir! Simplemente permite que estos consejos te guíen durante el proceso, ¡y adhiérete a ellos! Esta guía es solo el comienzo de tu travesía.

Espero que estas recomendaciones te ayuden tanto como me ayudaron a mí. ¡Sé que lo harán!

Si necesitas ayuda o tienes preguntas, comentarios o inquietudes, **por favor, por favor, por favor, ¡pregúntame! ¡Ve a mis redes sociales!**

Me encantaría saber cómo te está yendo y escuchar todo acerca de tu progreso.

Has hecho la parte más difícil… Diste el primer paso: **DECI-DIRTE A CAMBIAR TU VIDA.**

Mientras estés dispuesta a cambiar, el resto vendrá. ¡Así es que vamos! ¡Comencemos esta vida nueva! Estoy aquí, detrás de ti.

Estoy esperando tus preguntas y estoy lista para responderlas personalmente. En Adelgaza20, mi comunidad en todas mis redes sociales, encontrarás no solamente mi apoyo, sino el de millones de mujeres que están en la misma situación que tú.

Si estás lista para cambiar tu vida, este es el momento. Y recuerda: "¡Todo es posible para el que cree!".[3]

@adelgaza20

PALABRAS FINALES DE LA AUTORA

Crea en mí, oh Dios, un corazón limpio, y renueva un es-
píritu recto dentro de mí. No me eches de tu presencia,
y no quites de mí tu santo Espíritu. Restitúyeme el gozo
de tu salvación, y sostenme con un espíritu de poder.

SALMOS 51:10-12[1]

Llegar a este punto ha sido el resultado de un largo camino y espero que para ti sea el primer paso para un nuevo comienzo. No
importa cuál haya sido tu pasado y cuánto dolor, resentimiento
o rabia haya guardado tu corazón… No importa si eras una persona de fe o estabas alejada del camino de Cristo… No importa si
tus pensamientos y tu mente se habían llenado de ideas extrañas
que te hacían dudar de ti mismo y guardar recelo hacia los demás…
No importa si tus hábitos anteriores fueron tóxicos, incontrolables
y te llevaron a un estado de salud que no podías controlar… Como
cristianos sabemos que SIEMPRE tenemos la oportunidad de un
nuevo comienzo. Tenemos la promesa de que nunca es tarde para
dejar atrás a ese viejo hombre o esa vieja mujer y renovarnos en
espíritu, corazón, mente y cuerpo.

No olvides que tu naturaleza fue creada a imagen y semejanza
de tu Creador. Y Él no hace malas creaciones. Estamos diseñados
para la perfección, para la grandeza, para vivir en plenitud de gozo
y salud.

Hay muchas situaciones que sabemos que no podemos evitar, pero la mayor parte está en nuestras manos. De ti depende
que puedas sacar para siempre de tu corazón aquellas emociones
y sentimientos que te intoxican y te impiden llenar ese espacio de

amor verdadero, de dicha y de gozo, tal como tu *donante* Jesús lo espera de ti.

Tú decides si quieres continuar viviendo como una persona raquítica espiritualmente, alimentada solo por productos chatarra que no te permiten desarrollar todo el potencial de tu alma o vas por lo que de verdad te toca: vivir en plenitud.

En ti está la voluntad para tomar la decisión de tratar, curar y superar los problemas que quizá han aquejado tu mente durante años; así como de prepararte, informarte y buscar las fuentes correctas para reemplazar los viejos hábitos por nuevas conductas que impulsen tu vida, ayudándote a crecer, a mejorar y a superarte.

En tus manos está el que, de aquí en adelante, tu salud sea un propósito que persigas con alegría, esperanza y determinación para dejar atrás todo aquello nocivo que no nutre tu cuerpo, y en cambio lo deteriora, lo aniquila, lo enferma y lo mata. Ya tienes una idea de cómo hacerlo o, al menos, por dónde comenzar.

Me encantaría continuar en contacto contigo, que me sigas a través de mis redes sociales <@lilianagebel> y me cuentes tu experiencia. También a través de estas, puedes encontrar más herramientas, recursos y conocer a otras personas como tú, que han decidido honrar a Dios con todo su corazón, con toda su alma, con toda su mente y con todas sus fuerzas.

Es tu tiempo de dar el paso para lo que estás llamado a ser. No sigas esperando. Tu ángel, aquel que vive dentro de ti, tiene sus alas listas para impulsarte a volar a grandes alturas y ¡a revolucionar tu vida!

AGRADECIMIENTOS

A nuestros cuatro maravillosos hijos, Brian, Kevin, Jason y Megan: en cada etapa de mi vida ustedes me han enseñado a ser mejor mamá y mejor persona. ¡Gracias por tanto!

A mi amada mamá, Marta Moyano: admiro la entereza con que has enfrentado la vida durante estos últimos años sin papá.

A Carolina y Mariana, mis queridas hermanas: ¡siempre estaremos juntas!

Al genial y talentoso Larry Downs: ¡no tengo palabras para agradecerte que te hayas fijado en esta humilde autora! Aún recuerdo aquel llamado en que me propusiste plasmar este sueño en papel. Gracias por ser sensible a la voz de Dios.

A Rita Jaramillo, mi editora literaria estrella: recordaré siempre lo pendiente que has estado de mí a lo largo de esta travesía. Gracias por no dejarme sola en este maravilloso viaje.

A Omar Herrera, nuestro pastor amigo del sur de Argentina: gracias por tu invaluable ayuda en los primeros pasos de este proyecto. ¡Sé que Dios te compensará tanto esfuerzo!

A quienes me hicieron el honor de acompañarme en estas páginas: Myrka Dellanos, la doctora Cecilia Alegría, la doctora Donna West e Ingrid Macher. ¡Ustedes son el equipo de los sueños que cualquier autora quisiera tener a su lado!

A mis amados lectores de todo el mundo. Celebro que valoren tanto como yo el gran regalo de Dios, único e irreemplazable: nuestro templo.

Y una mención especial para Dániza Tobar. El Señor te cruzó en mi camino en el momento oportuno y a la hora indicada. Sin ti, no lo habría logrado. Eres el ángel asignado para llevar este proyecto a la luz... ¿Ya te lo había dicho?

NOTAS

Introducción

1. Tomado de la versión RVR1960.
2. Salmos 91:11, LBLA.
3. Marcos 12:28-30, RVR1960.

Capítulo I. Con todo tu corazón

1. Tomado de la versión NVI.
2. Proverbios 4:23, RVR1960.
3. H. Fukushima, Y. Terasawa, y S. Umeda: "Association between interoception and empathy: evidence from heartbeat-evoked brain potential" [en línea]. *Int. J. Psychophysiol*: febrero de 2011, 79(2), 259-265. Disponible en <https://www.ncbi.nlm.nih.gov/pubmed/21055427>.
4. Hugo D. Critchley, y Yoko Nagai: "How Emotions Are Shaped by Bodily States" [en línea]. *Emotion Review*: 27 de abril de 2012, 4(2), 163–168. Disponible en <https://journals.sagepub.com/doi/10.1177/1754073911430132>. doi.org/10.1177/1754073911430132.
5. Stephanie Ortigue, F. Bianchi-Demicheli, N. Patel, C. Frum, y J. W. Lewis: "Neuroimaging of love: fMRI meta-analysis evidence toward new perspectives in sexual medicine" [en línea]. *J.*

Sex. Med: noviembre de 2010, 7(11), 3541-3552. Disponible en <https://www.ncbi.nlm.nih.gov/pubmed/20807326>. News Staff: "Falling in love is 'more scientific than you think,' according to new study by SU professor" [en línea]. *Syracuse University STEM Magazine*: 18 de octubre de 2010. Disponible en <https://news.syr.edu/blog/2010/10/18/the-neuroimaging-of-love/>.

6. Mateo 18:18.
7. Mental Addiction Centers: "Mental and emotional impact of stress" [Estrés y su impacto emocional], [en línea]. *American Addiction Centers Resource, Mental help.net.* Disponible en <https://www.mentalhelp.net/stress/emotional-impact/>. Grant S. Shields, Loren L. Toussaint y George M. Slavichc: "Stress-related changes in personality: A longitudinal study of perceived stress and trait pessimism" [en línea]. *J. Res. Pers.*: octuble de 2016, 64, 61-68. Disponible en <https://www.ncbi.nlm.nih.gov/pmc/articles/PMC4991032/>.
8. Amy Cuddy: "El lenguaje corporal moldea nuestra identidad" [archivo de video]. TED: junio de 2012. Disponible en <https://www.ted.com/talks/amy_cuddy_your_body_language_shapes_who_you_are?language=es>.
9. Sobre los suplementos peligrosos para el corazón consultar Clínica Mayo: "No se pueden mezclar los suplementos herbarios con los medicamentos para el corazón" [en línea]. 20 de noviembre de 2018. Disponible en <https://www.mayoclinic.org/es-es/healthy-lifestyle/consumer-health/in-depth/herbal-supplements/art-20046488>.
10. Sobre la relación del Ibuprofeno y los problemas cardiacos ver Clínica Mayo: "Ibuprofen (oral route). Precautions" [en línea]. 1 mayo de 2019. Disponible en <https://www.mayoclinic.org/drugs-supplements/ibuprofen-oral-route/precautions/drg-20070602>. Gregory Curfman: "FDA strengthens warning that NSAIDs increase heart attack and stroke risk" [en línea]. *Harvard*

Health Publishing: 13 de julio de 2015. Disponible en <https://www.health.harvard.edu/blog/fda-strengthens-warning-that-nsaids-increase-heart-attack-and-stroke-risk-201507138138>.

11. Sobre la precaución con los jarabes para la gripe y la presión arterial consultar los recursos que aparecen en la sección "Recursos del corazón" de la Asociación Americana del Corazón. Disponible en <https://www.heart.org/en/health-topics/consumer-healthcare/answers-by-heart-fact-sheets/respuestas-del-corazon>.

12. Acerca del experimento de reflejo condicionado ver Jonathan García-Allen: "El condicionamiento clásico y sus experimentos más importantes" [en línea]. *Psicología y Mente*. Disponible en <https://psicologiaymente.com/psicologia/condicionamiento-clasico-experimentos>.

13. 1 Crónicas 29:17, RVR1960.

14. Sobre la prevención de los problemas cardiacos consultar la Biblioteca Nacional de Medicina de EE. UU.: "Cómo prevenir las enfermedades del corazón" [en línea]. *MedlinePlus*: 22 de mayo de 2019. Disponible en <https://medlineplus.gov/spanish/howtopreventheartdisease.html>.

15. Acerca del uso de Omega 3 para el corazón revisar Biblioteca Nacional de Medicina de EE. UU.: "Grasas Omega-3 - buenas para su corazón" [en línea]. *MedlinePlus*: 3 de septiembre de 2019. Disponible en <https://medlineplus.gov/spanish/ency/patientinstructions/000767.htm>.

16. Daisy Fancourt, Aaron Williamon, Livia A. Carvalho, Andrew Steptoe, Rosie Dow e Ian Lewis: "Singing modulates mood, stress, cortisol, cytokine and neuropeptide activity in cancer patients and carers" [en línea]. *Ecancermedicalscience* 5 de abril de 2016, 10, 631. Disponible en <https://www.ncbi.nlm.nih.gov/pmc/articles/PMC4854222/>.

17. Salmos 30:11, LBLA.

18. Salmos 51:7.

19. Salmos 4:8.

20. 1 Corintios 15:33.

21. Juan Pedro Sánchez-Navarro y Francisco Román: "Amígdala, corteza prefrontal y especialización hemisférica en la experiencia y expresión emocional" [en línea]. *Anales de psicología*, Universidad de Murcia: diciembre de 2004, 20 (2), 223-240. Disponible en <https://www.um.es/analesps/v20/v20_2/05-20_2.pdf>. N. Cohen, D. S. Margulies, S. Ashkenazi, A. Schaefer, M. Taubert, A. Henik, A. Villringer, H. Okon-Singer: "Using executive control training to suppress amygdala reactivity to aversive information" [en línea]. *NeuroImage*: 15 de enero de 2016, 125, 1022-1031. Disponible en <https://www.sciencedirect.com/science/article/pii/S1053811915009866>.

22. Mateo 15:18-20, RVR1960.

23. Proverbios 4:23, NVI.

Capítulo II. Con toda tu alma

1. Tomado de la versión RVR1960.

2. Antonio Cruz: "El alma según la Biblia (y IV)" [en línea]. *Protestante Digital*: 11 de diciembre de 2016. Disponible en <http://protestantedigital.com/magacin/40965/El_alma_segun_la_Biblia_y_IV>.

3. Filipenses 4:4, RVR1960.

4. Efesios 1:3, NTV.

5. Colonses 2:10.

6. Santiago 2:20, RVR1960.

7. Juan 6:35, LBLA.

8. Mateo 13:14-15, RVR1960.

9. Éxodo 4:11-12, LBLA.

10. Mateo 25:23, RVR1960.

11. Salmos 26:2.

12. Romanos 8:28.

13. Filipenses 1:6, NTV.
14. Mateo 13:23, RVR1960.
15. Mateo 11:28, LBLA.
16. Juan 14:16, NVI.
17. Tomado de la versión RVR1960.
18. Salmos 63:5.

Capítulo III. Con toda tu mente

1. Tomado de la versión NVI.
2. 2 Corintios 5:17, NTV.
3. Mateo 7:7-8, RVR1960.
4. Mateo 16:19.
5. Administrador: "Corazón" [significado y sentido bíblico], [en línea]. *Diccionario Enciclopédico de Biblia y Teología*: 4 de febrero de 2016. Disponible en <https://www.biblia.work/diccionarios/corazon/>.
6. Ángel Javier: "Etimológicamente el término educación proviene del latín educare" [en línea]. *Scribd*: 21 de julio de 2011. Disponible en < https://www.scribd.com/doc/60516965/Etimologicamente-el-termino-educacion-proviene-del-latin-educare>. Joan Corominas: "educar". *Breve diccionario etimológico de la lengua castellana*, 3.ª edición. Madrid: Editorial Gredos, 2006.
7. J. J. C. Smart: "The Mind/Brain Identity Theory" [en línea]. *The Stanford Encyclopedia Of Philosophy*: primavera del 2007, Edward N. Zalta (ed.). Disponible en <https://plato.stanford.edu/archives/spr2017/entries/mind-identity/>.
8. Gabriel Rodríguez Alberich y Real Academia Española: "pensar" [en línea]. *Dirae*: 2017. Disponible en <https://dirae.es/palabras/pensar>.
9. Lissa Rankin: *Mind Over Medicine: Scientific Proof That You Can Heal Yourself*, 5ta edición. Estados Unidos: Hay House Editorial, 2014.

10. Oseas 4:6, NVI.

11. Lucas 8:50.

12. Sobre la depresión en Estados Unidos consultar Amanda Mac-Millan: "Mental illness is on the rise in the U.S. for a frustrating reason" [en línea]. *Health:* 18 de abril de 2017. Disponible en <https://www.health.com/depression/8-million-americans-psychological-distress>.

13. Biblioteca Nacional de Medicina de EE. UU.: "Enfermedades mentales" [en línea]. *MedlinePlus*: 28 de marzo de 2019. Disponible en <https://medlineplus.gov/spanish/mentaldisorders.html>.

14. Mateo 8:16, NVI.

15. OMS: "Maltrato Infantil" [en línea]. 30 de septiembre de 2016. Disponible en <https://www.who.int/es/news-room/fact-sheets/detail/child-maltreatment>.

16. Esperanza Cabrera Díaz y Gilberto Mauricio Astaiza Arias: "Secuelas del maltrato infantil" [en línea]. *Revista Psicología Científica*: 22 de julio de 2016. Disponible en <http://www.psicologiacientifica.com/secuelas-del-maltrato-infantil/>

17. Para ver información sobre los efectos en los niños de los traumas por abuso sexual, psicológico y físico consúltese The National Child Traumatic Stress Network. Disponible en <https://www.nctsn.org>.

18. Romanos 15:11, NVI.

19. 1 Reyes 19:4.

20. Jeremías 8:18, NTV.

21. College Hunks: "Scientists: 'Physical Clutter Negatively Affects Focus, Info Processing'" [en línea]. 29 de marzo de 2011. Disponible en <https://www.collegehunkshaulingjunk.com/about-us/blog/2011/march/scientists-physical-clutter-negatively-affects-f/>. Michael Blanding: "Psychology: your attention, please" [en línea]. *Princeton Alumni Weekly*: 3 de junio de 2015.

Disponible en <https://paw.princeton.edu/article/psychology-your-attention-please>.

22. Morgan Kelly: "Exercise reorganizes the brain to be more resilient to stress" [en línea]. *Princeton University*: 3 de julio de 2013. Disponible en <https://www.princeton.edu/news/2013/07/03/exercise-reorganizes-brain-be-more-resilient-stress>.

23. Acerca del tema música y cerebro consúltese Brams. Disponible en <https://www.brams.org/en/>.

24. Salmos 77:12, LBLA.

25. Salmos 104:34.

26. Salmos 1:1-3.

27. Sobre los beneficios de la meditación véase Yi-Yuan Tang, Qilin Lu, Xiujuan Geng, Elliot A. Stein, Yihong Yang, y Michael I. Posner: "Short-term meditation induces white matter changes in the anterior cingulate" [en línea]. *PNAS*: 31 de agosto de 2010, 107(35), 15649-15652. Disponible en <https://www.pnas.org/content/107/35/15649>. Eileen Luders, Nicolas Cherbuin y Florian Kurth: "Forever Young(er): potential age-defying effects of long-term meditation on gray matter atrophy" [en línea]. *Frontiers in Psychology*: 21 de enero de 2015, 5, 1551. Disponible en <https://www.frontiersin.org/articles/10.3389/fpsyg.2014.01551/full>.

28. Hebreos 10:16, NVI.

29. Efesios 4:23.

30. Tomado de la versión RVR1960.

31. Acerca de las posturas de poder consultar Amy Cuddy: *El poder de la presencia*. Barcelona: Ediciones Urano, 2016. Ver también: David Hochman: "Amy Cuddy takes a stand" [en línea]. *The New York Times*: 19 de septiembre de 2014. Disponible en <https://www.nytimes.com/2014/09/21/fashion/amy-cuddy-takes-a-stand-TED-talk.html>. Claudia Juárez: "Mejorar tu postura para reducir el estrés y alcanzar el éxito" [en

línea]. *Transforma tu estrés*: 22 de febrero de 2017. Disponible en <https://www.transformatuestres.com/mejorar-tu-postura-para-reducir-el-estres-y-alcanzar-el-exito/>. Ammy Cuddy: "El lenguaje corporal moldea nuestra identidad" [archivo de video]. TED: junio de 2012. Disponible en <https://www.ted.com/talks/amy_cuddy_your_body_language_shapes_who_you_are?language=es>.

32. 1 Corintios 2:16, RVR1960.

33. Tomado de la versión NVI.

34. Mateo 26:38, PDT.

35. Proverbios 12:25, LBLA.

36. Acerca de los beneficios de los pensamientos positivos ver Lisa G. Aspinwall y Richard G. Tedeschi: "The Value of Positive Psychology for Health Psychology: Progress and Pitfalls in Examining the Relation of Positive Phenomena to Health" [en línea]. *Annals of Behavioral Medicine*: 21 de enero de 2010, 39(1), 4-15. Disponible en <https://academic.oup.com/abm/article-abstract/39/1/4/4569218?redirectedFrom=fulltext>. Sobre los efectos del nivel de estrés y actitud previo a tratamientos médicos y cirugías, consultar Nicole Flory y Elvira V. Lang: "Distress in the Radiology Waiting Room" [en línea]. *Radiology*: 1 de julio de 2016, 260(1), 166-173. Disponible en <https://www.ncbi.nlm.nih.gov/pubmed/21474702>.

37. 1 Corintios 2:11-12, NVI.

38. Jeremías 17:7-8.

Capítulo IV. Con todas tus fuerzas

1. Tomado de la versión RVR1960.

2. Id.

3. Ibid.

4. Ibid.

5. Sobre los probióticos, ver P. C. Konturek, T. Brzozowski, S. J. Konturek: "Stress and the gut: pathophysiology, clinical consequences, diagnostic approach and treatment options" [en línea]. *J. Physiol. Pharmacol*: diciembre de 2011, 62(6), 591-599. Disponible en <https://www.ncbi.nlm.nih.gov/pubmed/22314561>.

6. The state of obesity: "Adult obesity in the Unites Estates" [en línea]. Septiembre de 2018. Disponible en <https://www.stateofobesity.org/adult-obesity/>.

7. Acerca de los países con mayor índice de obesidad a nivel mundial ver Organización para la Cooperación y el Desarrollo Económicos: "Obesity update 2017". Disponible en <https://www.oecd.org/els/health-systems/Obesity-Update-2017.pdf>.

8. Biblioteca Nacional de Medicina de los EE. UU.: "Riesgos de la obesidad para la salud" [en línea]. *MedlinePlus*: 2019. Disponible en <https://medlineplus.gov/spanish/ency/patientinstructions/000348.htm>.

9. Tomado de la versión NVI.

10. Ocean Robbins: "Can Improving Prison Food Help Rehabilitate Convicts, So They Don't Reoffend? 20 Prisons and Organizations Around The World Are Finding Out" [en línea]. *Food Revolution Network*: 19 de septiembre de 2018. Disponible en <https://foodrevolution.org/blog/prison-food/>. KSL.com: "Study: Prison food can affect inmates' behavior" [en línea]. 20 de abril de 2006. Disponible en <https://www.ksl.com/article/220358/study-prison-food-can-affect-inmates-behavior>. S. Comai, A. Bertazzo, J. Vachon, M. Daigle, J. Toupin, G. Côté y G. Gobbi: "Trace elements among a sample of prisoners with mental and personality disorders and aggression: correlation with impulsivity and ADHD indices" [en línea]. *J. Trace Elem. Med. Biol.*: enero de 2019, 51, 123-129. Disponible en <https://www.ncbi.nlm.nih.gov/pubmed/30466921>. Center for Science in the Public Interest: "Food

dyes: a rainbow of risks" [en línea]. 1 de junio de 2010. Disponible en <https://cspinet.org/resource/food-dyes-rainbow-risks>.

11. Eva Selhub: "Nutritional psychiatry: Your brain on food" [en línea]. *Harvard Health Publishing*: 5 de abril de 2018. Disponible en <https://www.health.harvard.edu/blog/nutritional-psychiatry-your-brain-on-food-201511168626>.

12. Bayer, Supradin: "5 señales del cuerpo que pueden deberse a la falta de nutrientes" [en línea]. Disponible en <https://www.supradyn.com.ar/es/vitaminas-minerales-y-tu-energia/5-senales-del-cuerpo-que-pueden-deberse-a-la-falta-de-nutrientes/>.

13. Eric J. Olson: "Falta de sueño: ¿puede enfermarte?" [en línea]. Mayo Clinic: 28 de noviembre de 2018. Disponible en <https://www.mayoclinic.org/es-es/diseases-conditions/insomnia/expert-answers/lack-of-sleep/faq-20057757>.

14. 1 Corintios 15:33, LBLA.

15. Tomado de la versión RVR1960.

16. Idem.

17. Acerca de la digestión y la relación entre el cerebro y el intestino, y sobre el vínculo que existe entre el consumo de cierto tipo de probióticos y su efecto a nivel cerebral y emocional, puede consultarse Timothy G. Dinan, Catherine Stanton y John F. Cryan: "Psychobiotics: A Novel Class of Psychotropic" [en línea]. *Biological Psychiatry*: 15 de noviembre de 2013, 74(10), 720-726. Disponible en <https://www.biologicalpsychiatryjournal.com/article/S0006-3223(13)00408-3/abstract>. Sobre la relación entre las bacterias intestinales y el cerebro ver Rob Stein: "Gut Bacteria Might Guide The Workings Of Our Minds" [en línea]. NPR: 18 de noviembre de 2013. Disponible en <https://www.npr.org/sections/health-shots/2013/11/18/244526773/gut-bacteria-might-guide-the-workings-of-our-minds?ft=1&f=1128>.

18. Proverbios 16:24, NVI.

Capítulo V. Mis refuerzos
1. Génesis 2:24, RVR1960.
2. Mateo 6:33, RVR1960.
3. Marcos 9:23, DHH.

Palabras finales de la autora
1. Tomado de la versión LBLA.

Otras fuentes

1. Don Colbert: *Emociones que matan*, Editorial Betania, 2006.
2. La falta de energía y fuerza es sinónimo de carencia de hierro. Al respecto consultar Administrador: "¿A tu cuerpo le faltan las fuerzas? 5 causas posibles" [en línea]. *Cuerpo Mente*: 29 de noviembre de 2018. Disponible en <https://www.cuerpomente.com/salud/a-tu-cuerpo-le-fallan-fuerzas-5-causas-posibles_1006>.
3. Acerca del tema energía y alimentación ver Ana Solteras: "La falta de energía vital es culpa de la alimentación" [en línea]. EFESalud: 31 de agosto de 2016. Disponible en <https://www.efesalud.com/falta-energia-vital-revise-alimentacion/>.
4. Department of Health and Human Services and US Department of Agriculture: "Dietary Guidelines for Americans (2015-2020)" [en línea]. 8th ed. Disponible en <health.gov/dietaryguidelines/2015/resources/2015-2020_Dietary_Guidelines.pdf>.
5. Estudia la Biblia, Blog de estudios bíblicos: "La correcta alimentación bíblica / La dieta original" [en línea]. 10 de febrero de 2014. Disponible en <https://estudialabiblia.co/2014/02/10/la-correcta-alimentacion-biblica/>.
6. Bibles for America: "Las tres partes del hombre: espíritu, alma y cuerpo" [en línea]. 22 de junio de 2015. Disponible en <https://biblesforamerica.org/es/las-tres-partes-del-hombre-espiritu-alma-y-cuerpo/>.

7. Laura A. Peterson: "Control del estrés/ Disminuye el estrés mediante la respiración" [en línea]. 16 de marzo de 2019. Disponible en <https://www.mayoclinic.org/es-es/healthy-lifestyle/stress-management/in-depth/decrease-stress-by-using-your-breath/art-20267197>.

SOBRE LA AUTORA

Liliana Gebel es esposa, madre y una líder religiosa reconocida internacionalmente. Es, además, autora del libro *El sueño de toda mujer. Detrás de la escena del ministerio y el liderazgo.*

Nació en Buenos Aires, Argentina, en el corazón de una familia cristiana de origen humilde dedicada al ministerio y desde los ocho años decidió seguir los pasos de sus padres.

En plena adolescencia, durante una campaña religiosa, conoció al que se convertiría en su esposo y padre de sus cuatro hijos: Dante Gebel. Juntos iniciaron un vanguardista estilo para convertir la Palabra de Dios en un tema atractivo para la juventud de su país.

Hace más de una década, la familia Gebel se mudó a Estados Unidos y actualmente lideran River Church, en Anaheim, California, una de las iglesias hispanas más grandes y de mayor impacto en Estados Unidos.

Su arduo trabajo ministerial, en contacto permanente con la gente, la motivó a investigar, estudiar y certificarse en diversas áreas del bienestar y la salud como *health* y *life coach*, alimentación a base de plantas, maquillaje profesional, asesoramiento de imagen y mediación de conflictos, entre otros. El resultado de esa formación y de su análisis de los problemas dentro de la comunidad cristiana queda plasmado en este, su segundo libro.